陕西出版基金资助项目

20世纪二三十年代中国农村调查运动研究

杨　鹏　编著

西北农林科技大学出版社

图书在版编目(CIP)数据

20 世纪二三十年代中国农村调查运动研究 / 杨鹏编著. —杨凌 ：西北农林科技大学出版社，2017.7

ISBN 978-7-5683-0322-4

Ⅰ. ①2… Ⅱ. ①杨… Ⅲ. ①农村调查－研究－中国－20 世纪 Ⅳ. ①F32

中国版本图书馆 CIP 数据核字(2017)第 180571 号

20 世纪二三十年代中国农村调查运动研究

杨 鹏 编著

出版发行 西北农林科技大学出版社
地　　址 陕西杨凌杨武路 3 号　　**邮　编**:712100
电　　话 总编室:029—87093105　发行部:87093302
电子邮箱 press0809@163.com
印　　刷 陕西天地印刷有限公司
版　　次 2017 年 7 月第 1 版
印　　次 2017 年 7 月第 1 次
开　　本 710mm×1000mm　1/16
印　　张 15.75
字　　数 267 千字

ISBN 978-7-5683-0322-4

定价:50.00 元

项目资助

2017国家社科基金一般项目“民国时期高校的农村调查活动研究”(17BZS084)

2017陕西省重大理论与现实问题项目“延安时期中国共产党的农村调查活动研究”(2017C065)

中央高校基本科研业务费人文社科项目：民国时期农村调查热潮研究(2015RWYB22)阶段性成果之一。

2013年陕西省出版资金精品项目

西北农林科技大学基本科研业务费人文社科项目(2015RWYB22)及西北农林科技大学思政基金项目(SZ201504)的支持

作者简介

杨鹏，男，1982年生，山东大学历史学博士，北京大学高级访问学者。现任西北农林科技大学马克思主义学院副教授，硕士生导师，研究领域主要涉及农村社会史、中日关系史、近代中国思想文化史、地域文化史等。

曾先后主持教育部人文社会科学研究规划青年基金项目、陕西省社科基金项目、陕西省重大理论与现实问题研究项目、陕西省出版基金项目、陕西省引进人才配套经费项目等省部级课题6项，主持中央高校基本科研业务人文社科项目、西北农林科技大学博士基金项目和西北农林科技大学思政基金项目等校级课题4项。

出版学术专著4部，在《Chinese Studies in History》、《社会科学家》、《世界民族》、《求索》等学术期刊发表相关论文30余篇。

其中A&HCI期刊1篇，CSSCI期刊10篇，北大中文核心期刊12篇，人大复印资料转载1篇。

学术成果先后获得第三届全国农林高校哲学社会科学发展论坛优秀论文奖，第三届高等林(农)业教育研究论文三等奖，北京访问学者科研成果奖。

前言

20世纪二三十年代，国内外主要政治力量和政治派别、各级政府、学术团体和学校以及学者个人深入农村社会，开展了各种形式的农村调查，并由此掀起了一股农村调查热潮。迄今为止，国内外学术界对于这一时期的农村调查活动却缺乏全面和系统的深入研究。因此，从理论和史实的结合上，对本课题进行开拓性的整体研究，尚有广阔的前景和空间。

本书从宏观整体入手进行研究，运用现代历史学、社会学及人类学研究的理论和方法，系统探讨20世纪二三十年代中国农村调查活动的目的背景、实践过程及特点、理论方法、调查内容、重大意义和历史局限，力求对其进行全方位的客观审视与评价。进而能够深入了解民国乡村社会及其诸多问题，并不断深化和丰富中国社会调查史研究，为近代农村社会史研究提供一个新视角。

本书共七章(另有附录)，第一章为绪论，第二章为农村调查热潮的背景与概况，第三章为高等院校的农村调查，第四章为中国共产党的农村调查，第五章为南京国民政府的农村调查，第六章为国内民间组织和社会团体的农村调查，第七章为满铁的农村调查。

本书为陕西省出版基金项目，主编为杨鹏，参编为孟晓婷。第一、二、三、五章由杨鹏撰写，第四、六章由孟晓婷撰写，第七章由杨鹏、孟晓婷共同撰写，附录部分由杨鹏整理完成。全书最后由杨鹏统稿，孟晓婷协助。

在撰写本书的过程中，吸收了部分专家、学者的某些研究成果和著述内容，在此表示衷心的感谢。由于时间短促，水平有限，缺点和错误在所难免，恳切希望广大读者、专家、学者批评指教。

杨 鹏

2017年3月

目录

第一章 绪论

一、选题依据

(一)国内外相关研究的学术史梳理及研究动态

20 世纪二三十年代,中国掀起了一股农村调查的热潮,调查主体包括国内外各主要政治力量和政治派别、各级政府、各学术团体和学校以及学者个人,调查内容涉及农村社会的各个方面。对于这一时期的农村调查,国内学术界已进行了一些有意义的探索。①专门性整体研究。包括陶诚的《30 年代前后的中国农村调查》(《中国社会经济史研究》1999 年第 3 期),崔晓黎、尚晓原的《综述:本世纪以来的中国农村调查——第一部分:1949 年以前》(论文未刊),侯建新的《二十世纪二三十年代中国农村经济调查与研究述评》(《史学月刊》2000 年第 4 期),郑清坡的《试论民国时期农村调查的兴起与发展》(《河北大学成人教育学院学报》2008 年第 1 期),罗平汉的《中国共产党农村调查史》(福建人民出版社 2006 年),赵金朋的《20 世纪 30 年代中国农村调查研究》(山东师范大学硕士学位论文 2010 年),它们意图对民国时期的农村调查作一总体把握,但论述相对简略。②人物调查的思想、活动分析。主要有陆学艺、徐逢贤的《毛泽东与农村调查》(《社会学研究》1991 年第 5 期),周沛的《毛泽东农村社会调查与职业社会学家农村社会调查分析》(《南京大学学报(社会科学版)》1995 年第 4 期),李章鹏的《20 世纪二三十年代陈翰笙农村调查的历史考察》(《河北学刊》,2006 年第 2 期),盛邦跃的《卜凯视野中的中国近代农业》(社会科学文献出版社 2008 年)等,李金铮、邓红的《另一种视野:民国时期外国学者与中国农村调查》(《文史哲》2009 年第 3 期),人物方面的研究以毛泽东、陈翰笙、卜凯的研究为最多。③调查个案的研究。包括曹幸穗的《满铁的中国农村实态调查概述》(《中国社会经济史研究》1991 年第 4 期),李巨澜的《二十世纪上半期日本在中国农村惯行调查述评》(《河南师范大学学报》(哲社版)2004 年第 4 期),小田的《社群心态的解读——围绕 1933 年的浙江乡村调查而展开》(《社会科学》2004 年第 7 期),李金铮的《定县调查:中国农村社会调查的里程碑》(《社会学研究》2008 年第 2 期)等,调查个案的研究相对较少。④探讨清末和民国时期的社会调查,论及农村调查。如李景汉的《中国社会调查运动》(《社会学界》1927 年第 1 卷),刘育仁的《中国社会调查运动》(燕京大学学士论文 1936 年),王万俊的《社会调查方法的研究与社会调查方法的应用——二十世纪上半叶中国社会方法的构成解析》(中国人民大学博士论文 2000 年),《现代社会调查在中国的兴起:1897—1937》(中国人民大学博士学位论文 2006 年),魏宏运的《二十世纪三四十年代太行山地区社会调查与研究》(人民出版社 2003 年),黄兴涛、夏明方的《清末民国社会调查与现代社会科学兴起》(福建教育出版社 2008 年),范伟达的《中国社会调查史》(复旦大学出版社 2008 年),任伟伟的《南京国民政府社会调查研究》(山东大学博士学位论文 2012 年),李志英、罗艳、傅奕群的《认知中国:近代中国社会调查的人群聚类分析与研究》(商务印书馆 2013 年)等[①]。

---

① 国内外学术界关注最多还是这一时期高等院校的农村调查。以往研究主要侧重三方面内容:①对少数具体学者的农村调查活动及成果的分析。钱俊瑞的《评卜凯教授所著＜中国农场经济＞》(1934)、梁方仲的《评卜凯〈中国土地利用〉》(1947)主要围绕卜凯主持的中国农家和中国土地利用调查进行评价。盛邦跃的《卜凯视野中的中国近代农业》(2006)通过对卜凯调查及其成果的深入研究,展现中国近代农村经济发展的概况,揭示其本质特征和客观规律。美国学者 Randalle E. Stross 撰写的"The Stubborn Earth——American Agriculturalists on Chinese Soil,1987—1937"(1986)对卜凯的农村调查成果进行了论述。马若孟的《中国农民经济——河北和山东的农业发展,1890—1949》(1970)采用卜凯的调查资料,对近代中国农村社会的嬗变进行了考察。他经过认真分析后,认为"近代中国农业经济的问题是广义上的技术落后,它没有其他大毛病"。这在一定程度上肯定了卜凯的调查结论。李金铮、邓红的《另一种视野:民国时期外国学者与中国农村调查》(2009)还对卜凯、白克令、戴乐仁等外籍学者的农村调查做了清晰的勾勒。另外,郑杭生的《李景汉与＜北平郊外之乡村家庭＞》(1998)介绍了 1926—1927 年李景汉指导学生进行的家庭生活水平调查。丁元竹的《费孝通三十年代农村调查的理论与方法述评》(1992)概括和分析了费孝通 30 年代的"花蓝瑶社会组织"和"江村经济"两项主要调研活动。韩国学者金京秀的《费孝通人类学研究方法探讨——精读＜江村经济＞》(2013)则细致解读了费孝通田野调查的重要成果《江村经济》,对费孝通的人类学研究方法进行了探讨。②对个别高校社会调查(包括农村调查)的分散研究。朱浒、赵丽的《燕大社会调查与中国早期社会学本土化实践》(2006)首次较为全面的介绍了民国时期以燕京大学社会学系为主体所进行的一批社会调查,并罗列出燕大师生关于农村生活调查报告的题目。李章鹏的《社会调查与社会学中国化——以 1922—1937 年燕京大学社会学系为例的研究》(2008)从社会学史角度统计分析燕京大学社会学系不同时期所作社会调查报告,以揭示社会调查与中国社会学早期发展的关系。其中对李景汉、许仕廉、杨开道等人指导学生所进行的一些农村调查做了简要叙述。聂蒲生的《民族学和社会学本土化的探索:抗战时期迁居昆明的专家对云南的调查研究》(2007)主要探讨抗战时期国立西南联合大学和云南大学的民族学、社会学家对云南的实地调查研究。书中第三章"社会调查研究"具体分析了费孝通的禄村农田调查。孟玲洲的《知中国 服务中国——南开经济研究所社会经济调查述论》(2013)考察了 1927—1937 年南开经济研究所在各地广泛开展的经济、政治、社会与文化等方面的主题调查,对何廉、方显廷、张纯明主持的农村经济与政治调查也有所关注。③探讨民国时期的农村调查概况,论及高等院校。崔晓黎、尚晓原的《综述:本世纪以来的中国农村调查——第一部分:1949 年以前》(1988)较早对民国时期农村调查进行了梳理和评价,文章将民国时期的农村调查按照调查主体不同分为文教系统、研究系统、实验区和其他类型的社会调查,在"文教系统"一目中简要介绍了高校农村调查的情况。此后,陶诚的《30 年代前后的中国农村调查》(1999)、侯建新的《二十世纪二三十年代中国农村经济调查与研究述评》(2000)、张泰山的《20 世纪 30 年代前后的中国农村经济调查与成果回顾》(2002)、郑清坡的《试论民国时期农村调查的兴起与发展》(2008)、赵金朋的《20 世纪 30 年代中国农村调查研究》(2010)也从不同角度梳理了民国时期的农村社会调查,其中都不同程度涉及到了高等院校,但论述相对简短。迄今为止,国内外学术界对于民国时期高校的农村调查活动仍缺乏全面和系统的深入研究。已有成果对高校农村调查的简略介绍则存在这样或那样的片面性,并且论题过于集中。如卜凯、费孝通的农村调查以及燕京大学社会学系组织的调查成为研究者的兴趣所在,而西北农林专科学校、北平大学农学院、浙江大学农学院、沪江大学、四川大学、清华大学、中山大学、岭南大学、中央大学、中央政治学校地质学院、云南大学等高校师生的农村调查却无人问津,或仅做浮光掠影式的概说。同时也缺乏高校与其它调查主体间的比较研究。另外,还忽略了借鉴社会学、人类学等学科的理论和方法对民国高校的农村调查进行分析和阐述。

国外的研究主要以日本学者的中国调查为主。其中日本学者的相关成果比较多,如安藤彦太郎的《满鉄:日本帝国主义と中国》(御茶の水書房1965年),天野弘之、井村哲郎编的《満鉄調查部と中国農村調查:天野元之助氏の肖像あり》(不二书店2008年),本庄比佐子、内山雅生、久保亨编的《興亜院と戦時中国調查》(岩波書店2002年),《華北の発見》(東洋文庫2013年),松村高夫、柳泽游、江田宪治编的《満鉄の調查と研究 その「神話」と実像》(青木書店2008年),内山雅生的《华北农村社会研究和实地调查之原委》(载《中外学者论抗日根据地》1993年)和《日本の中国農村調查と伝統社会》(御茶の水書房2009年)等。另外美国学者黄宗智的《华北的小农经济与社会变迁》(中华书局1986年),杜赞奇的《文化、权力与国家——1900—1942年的华北农村》(江苏人民出版社1996年),马若孟的《中国农民经济:河北和山东的农民发展,1890—1949》(江苏人民出版社1999年)都有运用1939—1943年满铁的华北农村调查资料对近代中国农村社会的嬗变进行考察。

(二)本课题相对于已有研究的独到学术价值和应用价值

1.独到的学术价值:迄今为止,国内外学术界对于20世纪二三十年代的中国农村调查仍缺乏全面和系统的深入研究,已有成果对农村调查的简略介绍则存在这样或那样的片面性,并且论题过于集中,如毛泽东的农村调查及满铁的华北农村实地调查成为研究者的兴趣所在,而许多重要的农村调查却无人问津,或仅作浮光掠影式的概说。因此,从理论和史实的结合上,对本课题进行开拓性的专题研究,尚有广阔的前景和空间。

2.实际的应用价值:当前,中国农村正处在急剧变革之中。在这一历史进程中,古老传统的农业文明正在迅速消逝和变异,新兴的文明正在迅速发育和生长。可以说,当今世界没有什么比中国农村的变迁还迅速和复杂。20世纪二三十年代的中国农村调查集中体现了当时政府、各党派团体及农业问题专家对中国农村和中国农民问题最直接、最有价值的认识和研究。回顾这些调查成果,可以为现阶段的农村调查提供理论依据和学术方法,对于当前乡村治理与建设、农村政策制定以及农业科学研究也具有重要的借鉴意义。

二、研究内容

(一)本课题的研究对象

本课题以民国时期的农村调查为主要研究对象,考察时段界定为1921－1937 年,当然根据需要有必要的上溯和延伸。具体研究内容如下:

1. 农村调查热潮兴起的背景与条件。首先从农村经济危机的出现、农村复兴的热议以及中共革命的兴起等方面分析农村调查热潮兴起的社会历史原因。其次探讨农村调查热潮的学术缘起,旨在说明 20 世纪二三十年代的农村调查热潮还与西方社会学理论的传入以及清末以来社会调查的广泛运用有关。

2. 农村调查概况。从总体上考察 1921－1937 年中国农村调查热潮兴起的过程及其表现。主要通过统计和适当的分析来揭示农村调查主要类型与方法、活跃的数量表现、调查的区域分布、内容分布,力求全面展现农村调查工作的基本特征和总体状况。

3. 高等院校的农村调查。通过统计分析来描述高等院校农村调查的整体状况,在此基础上探讨金陵大学农学院的农村经济调查,燕京大学的农村社会调查,中央政治学校地政学院的全国土地调查以及西北农林专科学校的陕、甘、宁、青四省农村调查,管中窥豹,以了解高等院校农村调查的特点。

4. 国内研究机构、社会团体的农村调查。介绍国内研究机构农村调查的基本状况。重点对当时中央研究院社会科学研究所、北平社会调查所、中华平民教育促进会的农村调查进行细致分析。反映这些机构、团体在推动农村调查的过程中扮演的重要角色。

5. 中国共产党的农村调查。梳理十年内战期间中央苏区和各革命根据地进行农村调查的情况,进而从理论和实践两个方面探讨以毛泽东为代表的中国共产党人对农民问题的早期认识和指导。

6. 国民党政府的农村调查。概述中央机关和各地方政府从事农村调查的基本情况,进一步研究由全国经济委员会、内政部、财政部合组而成的土地委员会对全国 22 省土地调查,行政院农村复兴委员会的农村调查以及陕西省政府主持的农村调查,透视国民政府力图把握农村变化动向,维持农村秩序的调查意向。

7. 个人及国外机构的农村调查。重点研究董时进、费孝通等典范人物组织的农村调查，以彰显他们对中国农村研究的本土化所做出的努力。另外将侧重考察满铁在中国东北、冀东及华东的农村调查活动，突出其帝国主义的本质。

8. 对农村调查热潮的评价。比较分析不同调查主体所从事的农村调查活动，在此基础上归纳总结 1921 年至 1937 年农村调查热潮所呈现的基本特征，并对这一时期农村调查的重要意义、存在问题及现实启示做客观公正的评价。

(二)总体框架

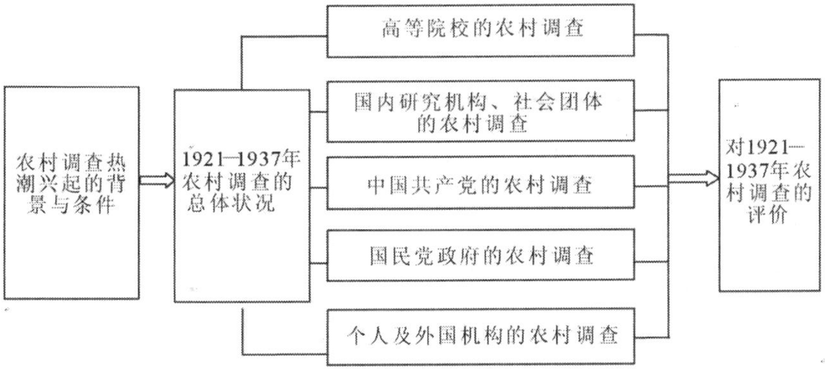

(三)重点难点

1. 重点：本课题将重点放在不同调查主体的农村调查上，通过对大量农村调查的宏观统照和个案分析，系统总结这些调查的方法、内容、指向、宗旨、意义及存在问题，并注意调查、学术、社会三者间的互动研究。

2. 难点：①资料浩如烟海，极为分散，搜集和整理工作难度比较大，课题负责人和成员虽然尽最大努力去搜集，但疏漏之处在所难免。②作为民国农村社会生活的一个缩影，农村调查材料的研究空间比较大，如果将课题做得有深度而不流于泛泛之谈并非易事。③本课题是一个整体性的研究，如果做到概括性把握而又不失偏颇也是极难的。

(四)主要目标

通过系统深入研究 1921—1937 年中国农村调查的成果,明确社会学、人类学等学科是怎样在农村调查的实践中不断被应用、反思、改造、创新,逐渐扎根中国的。进而切实了解民国初期乡村社会的真实面貌,并以旧中国的农村状况为参照物,观测我国农村的发展变化,为解决三农问题提供历史的资鉴。

三、思路方法

(一)基本思路

本课题的研究将在参考借鉴国内外相关成果的基础上,以马克思主义唯物史观为指导,抱持客观求实的态度,按照宏观(导论、总貌)→微观(国民党政府、高等院校、国内研究机构和团体、中国共产党、个人及满铁的农村调查)→宏观(总体评价)的基本思路对 1921 年至 1937 年的农村调查实行多视野、多层次、多侧面的论证与剖析。

(二)具体研究方法

本课题拟采用多种研究方法,主要有:

1.多学科结合。农村调查涉及多个学科领域,单纯的历史学考据法,不足以展示其内在逻辑,所以需要借助经济学、社会学、统计学、文化人类学等相关学科的分析方法和理论。

2.定量分析和定性分析。对 1921—1937 年的农村调查资料进行较为全面的统计、遴选和归纳整理,在此基础上做出进一步分析,力求反映农村调查热潮的整体状况和特点。

3.宏观统照与个案分析交叉应用。在各子项中,为了避免泛泛而谈,每个子项将选取 2—4 个典型个例进行细致考察,在此基础上含蕴其余,达成综观性认识。

4.聚类比较法。处理好纵向陈述与横向铺展之间的关系,并尽可能对不同人群、不同类型的农村调查活动进行对比研究。

(三)研究计划及其可行性

1.研究计划：考虑到本课题涉及多个领域的著作及文献，为了更加客观和有效地达到预期研究目标，将整个研究计划安排如下：

前期阶段：与本项目相关的民国高校农村调查资料，已基本搜集完成。剩余的零散材料，还需再做档案调查。

第一阶段(2013 年 4—12 月)：修订研究计划和拟定写作提纲，并征求同行专家意见；国内调研、访学和档案调查，补充未得材料；系统整理和研读相关文献。

第二阶段(2014 年 1—12 月)：根据研究思路、研究重点和难点，完成主要章节的写作，并向同行专家咨询意见，修订完成的章节，择优刊发。

第三阶段(2015 年 1—12 月)：完成其余章节的写作，并向同行专家咨询意见；其间将个别章节修改成论文，参加相关的学术会议。

第四阶段(2016 年 1—12 月)：对课题成果进行整理，将整体书稿交给专家批评，根据所得意见进行修改、校订，完成整体研究报告并出版，进行项目结项。

2.研究计划的可行性：一是务实的研究目标。课题研究内容定位于 20 世纪二三十年代的农村调查，有研究价值且内容充实；研究思路清晰，研究所要达到的目标，研究方法的运用，都有明确的设计。二是充分的资料准备。农村调查资料丰富，能支撑课题的研究内容，与课题相关的调查资料已基本搜集完成。三是研究的团队优势。课题负责人是高校中国近现代史教研室在编在岗教师，拥有充分的时间保证，课题组成员都在高校从事中国近现代史、社会学研究，具有合作完成本课题的条件与能力。四是已有的学术基础。课题申请人一直致力于民国时期农村调查的整理与研究，对相关学术史研究成果有全面和深入的把握。

四、创新之处

本课题拟在如下方面有所创新与贡献：

(一)研究角度与思考范围的创新

强调按照不同的调查主体，从社会调查史的角度对 1921—1937 年的农村调查本身进行清理和总结，包括调查主旨、调查方法、调查的基本过程、调查区域和人员的选择、调查内容、调查的特点及存在问题等，进而探讨农村调查热潮对于社会发展、学术进步的重要作用。

(二)方法及研究内容的拓展

采用聚类比较、定量分析和定性分析相结合，宏观统照与个案分析交叉应用等方法对1921年至1937年的农村调查热潮进行系统缕析，以全面展现农村调查热潮的基本情况。一些重要的调查个案如：金陵大学农学院的农村经济调查，西北农林专科学校的陕、甘、宁、青四省农村调查，陕西省政府主持的农村调查，农村复兴委员会的调查，董时进、蒋杰的农村调查等尚未有细致的分析和理论总结，需要进一步的深入思考和充分论证。

(三)学术观点的创新与贡献

本项研究的主要观点，从理论上应该是在全面收集资料并进行充分研究之后才能得出，根据目前掌握的史料和初步研究，本课题倾向于认为：

1.许多调查主体之所以从事农村调查，或者是出于认识农村，服务、改良农村的需要，或者是出于发展学术的目的，也可能是两者兼而有之。调查的目的、宗旨的不同，直接导致了调查样式、手段甚至调查结果的差异。

2.对中国这样一个农业大国而言，农村调查的意义非同小可。绝不仅仅在于描述某些农村社会现象，获得具体的统计数字，从而认识农村社会事实。当然，以实地调查反映当时的农村社会风貌，这本身已经为后人留下了极有价值的财富。农村调查更重要的贡献在于它触及了在整个思想观念上如何着手认识、解决中国农村的问题。

3.我们在发掘和借鉴民国时期有关“三农”研究的学术遗产时，农村调查无疑是不可或缺的。回顾这些调查的成果，可以大大拓宽我们的学术视野，使我们对民国时期的乡村社会及其诸多问题有了更切实的理解，同时也对现阶段的农村调查和新农村建设具有重要的借鉴作用。

五、预期成果

(一)成果形式

本课题将首先采取单篇论文的写作形式，形成研究报告，参与国内举办的有关学术会议或者是向学术刊物投稿，在与学术界交流的基础上，修改并完善取得的学术成果，达到专著的出版标准。

(二)使用去向及预期社会效益

本课题成果大体有以下学术应用途径：其一，丰富和拓展民国时期的“三农”问题研究，为高等院校和科研机构有关研究人员的学术研究提供帮助。其二，作用和服务于我国目前中国农村社会发展的现实情况，将可能为我国有关部门提供一些历史资鉴及政策建议。

六、研究基础

(一)《蒋杰与20世纪二三十年代的中国农村调查》(CSSCI)，论文，《西北农林科技大学学报(社会科学版)》2015年第3期，第一作者。核心观点：20世纪二三十年代，作为高校学者的蒋杰深入农村进行实地调查，其调查内容广博而丰富，并意图以精确的调查分析中国农村的症结，以求达到改良农村的目的。这些调查成果推动了社会学的中国化进程，使我们对民国乡村社会有了更为深切的了解。

(二)《民国时期的农村调查热潮述论》(CSSCI)，论文，《求索》2016年第3期，独撰。核心观点：民国时期，农村调查蔚然成风，并掀起一股调查热潮。本文将这一时期农村调查热潮的背景、主体、目的、内容、区域分布、类型、意义及局限作为一个完整的体系进行考察，力求对其进行全方位的客观审视与评价。

(三)《抗战时期毛泽东关于农村改造的理论与实践》(CSSCI)，论文，《西北农林科技大学学报(社会科学版)》2014年第6期，通讯作者。核心观点：抗战时期，毛泽东成功实施了对陕甘宁边区和各抗日根据地的农村改造实验。大量农村调查的事实表明，通过经济、文化教育、基层民主政权建设三方面的改革，中国共产党赢得了最广泛的信任与支持。

(四)《从客观到非理性——近代日本的中国史研究》(CSSCI)，论文，《求索》2013年第6期，独撰。核心观点：在“文明开化”思潮的影响下，日本的中国史研究实现了近代化学术转向。然而，随着“大陆政策”的推行，“满洲学”由此发达。以内藤湖南和白鸟库吉为首的日本史学界，配合满铁对东北史地开展了一系列有组织的调查研究工作，并编造出一系列歪曲中国历史的言论。

（五）《20 世纪上半叶中日学者关于“亚细亚生产方式”的争论》（CSSCI），论文，《社会科学家》2015 年第 2 期，独撰。核心观点：关于中国社会发展史和农村社会性质问题，20 世纪上半叶，中日学者曾围绕“亚细亚生产方式”的概念和理论开展了一次影响深远的论战。通过论战，学界对“亚细亚生产方式”有了清晰的认识，并肃清了“中国社会停滞”谬论在史学领域的影响。

（六）《民国时期的农村职业教育及其当代启示》（北大核心），论文，《职业技术教育》2016 年第 19 期，独撰。核心观点：农村职业教育是职业教育的重要组成部分，其教育对象专指农民，教育内容以农业教育为主，对职业教育及农村社会发展具有重要意义。民国时期的农村职业教育产生并发展于复杂的社会环境，在我国农村职业教育史上占重要位置且相对独立，并在职业教育的制度、政策建设及实践层面有较大进步，具有西化色彩浓、重视程度高、注重实践教育等特点。我们应吸取和借鉴民国时期农业教育的经验教训，转变发展观念，加强职业教育法制建设，注重实效，保障农村职业教育投入，促进多元办学，以推动当前的农村职业教育的发展。

（七）《中国近代史学兴起发展中的日本影响因素研究》，专著，中国文史出版社，独著。核心观点：中国近代史学改革一直走着“步武日本”与“规仿泰西”两条路。而在整个近代的上半时段，日本史学对中国近代史学的影响无疑是巨大的。中国近代史学在兴起、发展的过程中接受了大量来自日本史学的观念、方法及其研究结果，而这一接受过程中必然会对日本史学有所选择、吸收、借鉴，以至内化成中国史学自己的阐释。书中涉及近代日本的中国研究（包括满铁的研究调查工作[①]）。其中指出：明治维新以来，随着东京“东洋

① 拙著谈及满铁时指出：1907 年 4 月 1 日，南满州铁道株式会社（简称满铁）成立，日本台湾总督府总督儿玉源太郎的助手后藤新平调任首任总督。满铁一开始就不是一个单纯的铁道公司，而是日本军国主义在中国进行经济侵略的指挥部，时任满鲜铁路管理局局长的古市公威就曾说：“经营满铁，决非单系铁道问题，此乃面对日本以莫大之血汗而获得之权利，实系树百年之长计，事涉国家永远之大事业”总裁后藤新平主张“为了满州经营的目的，要有文装的武备”，主张“学俗近接”，认为“为了解日本在东洋的特殊使命，阐明东洋人在东洋活动根基，调查历史习俗在殖民政策中是必要的”因而在后藤的领导下，满铁下设“满铁地理历史调查部”，其作业是对满洲进行广泛实地调查并整理史料的基础上，论证“满洲独立的意义”，研究出掠夺满洲、霸占满洲的方案。由此，日本侵略满洲有了“文化”的外衣。

史学派”和京都“支那学派”的形成发展，在帝国大学扩建、东方主义兴盛以及日本政府推行大陆政策的交相作用下，日本的东亚研究阵容迅速扩大，从19世纪下半叶开始，日本以东京帝国大学和国立京都大学人文科部为中心，全面开展中国历史和文化的相关研究，大量日本的历史学家、“大东亚史”专家积极投入于有关中国的史料收集、田野调查和研究机关设置工作，并以“科学”的实证主义历史学去分析史料，乃至建立理论。日本近代中国学由此形成与发达，并在二十世纪初期就确立了世界“汉学” 的中心地位。

七、条件保障

(一)基本素养

项目负责人精力充沛，有以前承担并顺利完成省部级课题的经历与经验。同时具备进行学术研究的英文、日文基础。项目的主要成员均是多年从事历史学、社会学研究与教学的教师，都经过严格的专业学术训练，具备驾驭中外文资料、网络利用、理论思辩、分析问题和研究问题的能力。教学、研究之余，有充足的时间和精力从事本课题研究，有能力按时完成本课题的研究工作。

(二)资料的准备情况

近四年来，课题负责人考察了大量有关民国时期农村调查的文献资料。其中有些资料源于负责人在中国国家图书馆、北京大学图书馆、陕西省图书馆、陕西省档案馆、西北农林科技大学图书馆、西北农林科技大学档案馆、华中师范大学中国近代史研究所资料室等获取的第一手资料，从而为本研究打下了较为坚实的基础。此外，课题组凭借与海外的学术交流获得最新的研究动态及成果，丰富和完善本课题的研究内容，完成课题拟定的研究目标。

第二章　农村调查热潮的背景与概况

调查研究是探求客观事物真相，认识社会和改造社会的途径、基础。毛泽东就曾说过：没有调查，就没有发言权。[①]

农业是国民经济的基础。中国是农业大国，农业生产历来处于重要位置。中国政府机关和民间团体自古以来就重视对农村的调查研究，早在宋、明、清时期就有土地、田赋、租税等调查数字。然而，真正运用经济人类学和社会学一般原理和方法进行农村社会调查并掀起一股风潮的则是在 20 世纪二三十年代。当时，国内外各主要政治力量和政治派别、各级政府、各学术团体和学校以及学者个人深入南方和北方，平原和山区，乡镇和田间，对当时当地的农村社会做了详细的调查和分析，涉及面很宽广，包括农村自然环境、家庭状况、经济生活、行政管理、教育程度、宗教信仰、娱乐方法以及农作物的种类、产量、土地的分配等各个方面，全面真实地提供了民国初期到中期农村社会的基本面貌。本章拟对这一时期农村调查热潮的背景与整体情况作一深入概述。

一、农村调查热潮的背景

农村调查风行于 20 世纪二三十年代是有其特定的背景和目的，究其原因主要有以下四个方面：

（一）农村危机出现

20 世纪二三十年代，由于内战频繁、天灾不断、封建制度的剥削等内因和西方世界经济危机的冲击、日本侵华等外因的综合作用，本来就不算繁荣的中国乡村社会遭到沉重打击，农村经济处于持续衰退的状态，农民生活极度贫困，濒临破产的边缘。时任国联特派农业问题专家特赖贡尼在南京发表

① 中共中央文献研究室编：《毛泽东农村调查文集》，人民出版社，1982 年，第 1 页。

谈话说："中国农民生活，日在变化崩溃之中，中国过去之农民，多半自耕农而食，终岁勤劳，尚足温饱，相让相安，社会呈太平之象。今则不然，农村土地、经济种种盘剥，多集中于少数富绅之手，大部分农民已至无立锥之地，四季辛苦，不得一饱。"[①]"农村崩溃""农民破产"的情况引起全国人民的普遍关切，人们亟须了解这一严峻现实。因此，农村调查，势在必行。

(二)复兴农村的热议

不少知识分子、实业家、政府官员、爱国人士出于善良的愿望，企图挽救农村破产，提出"乡村建设""农村复兴"的口号。陈果夫即指出："我国为农业国，而数千年来，上下习于成法，鲜事改进，降至晚近，灾祸迭乘，民不安业，由农村之破产，酿成社会国家空前之危机。长此因循，日后当更不堪收拾。"因而他大声疾呼采取有力措施复兴农村经济："故为今之计，亟应设法挽救，力谋农村经济之复兴，使大多数贫乏之农民，得以转危为安，以贫为富。一般人民之生计问题解决，而后国家之经济基础以立，进而谋工商业之振兴，亦不难矣。"[②]董成勋也认为："农村为中华民族之命脉，惟复兴农村，方能复兴民族，欲复兴民族，必先复兴农村"，农村复兴成为当时社会各界的共同诉求，"欲复兴农村，应首先了解农村的真相，若单凭主观臆断，随随便便订些政策拿去解决问题，定然不会有效。"[③]因此，必须脚踏实地的调查，获取真实可靠的第一手资料。

(三)清末以来社会调查的广泛运用

现代意义的社会调查最早产生于欧洲。[④] 随着帝国主义贪婪的侵略脚步，社会调查开始进入中国。最早对中国进行社会调查的外国人，可以追溯到 18 世纪俄罗斯东正教传教士对中国社会的窥探和调查。戊戌维新时期至

---

① 董成勋编著：《中国农村复兴问题》，世界书局，1935 年，第 5 页。

② 陈果夫先生遗著编印委员会：《陈果夫先生全集》(二)，近代中国出版社，1990 年，第280—283 页。

③ 董成勋编著：《中国农村复兴问题》，世界书局，1935 年，第 2 页。

④ 1598 年司都(J. Stow)所著的《伦敦的调查》(The Survey of London)和在 1777 年厚窪德(John Howard)所著的《英格兰与威尔士的监狱情况》(The State of the Prisons in England and Wales)就有了社会调查的性质。这两本书已用简单的统计方法制成图表，以数量表现社会状况，不单单是主观的描写。

20 世纪初，受外国人在华调查以及中国社会剧变的影响，现代社会调查在中国逐渐成为一种潮流。在清末，有关学务和商贸实业的调查最多，而其中影响较大的则有清政府各部门组织的民商事习惯调查、矿物调查等。进入民国以后，社会调查仍然受到追捧，1914 至 1915 年，北京社会实进会服务团用简单的问题表调查了北京各区人力车夫职业与生活的情形。1917 年，清华学校教授狄特莫(C. G. Dittmer)指导学生在北京西郊对 195 家居民的生活费作了调查。1918－1919 年，社会学者甘博(S. D. Gamble)和燕京大学步济时教授(J. S. Burgess)等仿照美国春田调查对北京的历史、地理、政府、人口、健康、经济、娱乐、娼妓等项进行了调查。同时，沪江大学教授葛学博(D. H. Kulp H)组织学生在广州潮州调查了有 650 人口的凤凰村，对当地人口、健康、种族、经济、管理、风俗、宗教、会社、教育等情形都有详细地分析。这些社会调查均采用西方搜集事实的典型抽样方法研究中国的社会现象，为 20 世纪二三十年代农村调查的繁荣景象提供了经验和学术支持。

(四)中国共产党领导的土地革命的兴起

1921 年 7 月 23 日，中国共产党第一次全国代表大会在上海召开。这次会议宣告了中国共产党的成立，中国革命从此有了新的领导力量。中国共产党成立的早期，对中国国情和中国革命的认识比较少，还没有形成正确的理论和策略，中国革命遇到了前所未有的巨大挫折。大革命失败以后，以毛泽东为代表的一大批中国共产党人对中国国情有了较多的直观感受和经验，开始意识到中国这样一个小农的国度，农民是革命的主体力量，要想取得革命的胜利必须准确把握革命规律，走农村包围城市的道路。开辟这样一条革命道路，首先要号准中国农村的脉，了解农村的情况，然后才能制定正确的方针政策。欲了解情况，唯一的方法是向农村作调查，调查农村各阶级的生活情况。

(五)日本侵略者在华调查刺探情报

近代以来，通过明治维新日渐强大起来的日本一刻也没有停止对华侵略的步伐。为进一步扩大和巩固在华侵略权益，早在 1906 年 11 月，日本政府宣布建立“南满洲铁道株式会社”，1907 年 4 月 1 日正式营业，随之又创建满铁调查部。这个部的使命是把殖民统治扩展到整个东北、内蒙古甚至全中国。具体任务是调查、搜集各种具体的资料和情报，为日本殖民当局制定各项政策、法令提供依据。正如时任满铁法律顾问的京都帝国大学教授冈松参太郎所说："研究风俗人情不同的殖民地的旧习制度，并据此制定出最后符合实际的法律，这在统治殖民地上，是一项最根本的问题。"[①]满铁存在了近40年，特别是20世纪二三十年代，大批调查人员深入我国各地农村刺探情报，撰写了大量的农村调查报告，积极配合了日本帝国主义的武装占领和殖民统治。

二、农村调查热潮概况

1936年，燕京大学学生刘育仁发表题为《中国社会调查运动》的学位论文，对1927至1935年间社会调查的数量作了不完全的估计，共得9 027次调查，平均每年约1 000次，呈现出极度活跃的状态。[②] 这些调查以农村调查居多，反映了当时人们对农村问题的重视。

(一)调查的主体

20世纪二三十年代的农村调查参与人数众多，从事调查的既有中国人，也有外国人；既有私人学者、革命家，也有学术团体、高等院校、研究机构，还有乡村建设团体、政府机关。如果从人们在社会经济结构中的地位出发，结合身份、政治态度等标准，具体可以划分为：①高等院校的调查，如金陵大学农学院的农村经济调查，燕京大学的农村社会调查，中央政治学校地政学院的全国土地调查以及西北农林专科学校的陕、甘、宁、青四省农村调查等。②国民党政府的调查，如全国经济委员会、内政部、财政部合组而成的土地委员会对全国22省土地调查，行政院农村复兴委员会的农村调查以及陕西省政府主持的农村调查等。③中国共产党的农村调查，如毛泽东、"中国农村派"(陈翰笙、薛暮桥等人)的农村调查。④国内研究机构、社会团体的农村调查，如中山文化教育馆、北平社会调查所、华洋义赈总会、中华平民教育促进会的农村调查。⑤个人的调查，如费孝通、董时进的农村调查。⑥国外机构的农村调查，主要是满铁的农村调查。

---

① ［日］草柳大藏：《满铁调查部内幕》，刘耀武等译，黑龙江人民出版社，1982年，第23页。

② 刘育仁：《中国社会调查运动》，燕京大学学士学位论文，1936年。

(二)调查的主旨

任何社会调查,都是为了达到一定的目的而进行的,大体可分为认知型、服务型、改造型和综合型四类。20 世纪二三十年代的农村调查多数是对中国农村进行的综合型调查,但侧重点又有所不同。国民党政府作为统治当局,掌握了大量的社会财富与权力,为他们进行社会调查提供了便利条件,同时也使他们的社会调查有了明确的统治阶级利益的目的,即力图把握农村变化动向,提供复兴农村计划的政策服务,以维持农村社会秩序。中国共产党代表了中国大多数被压迫者的利益,他们的农村调查以马克思主义理论为指导,注重农村各阶级构成及变动,希望在全面了解农村社会各阶级基本情况的基础上制定出正确的革命路线和斗争策略,达到推翻腐朽的社会制度,实现民族复兴,人民幸福的目的。在各类研究机构或者教育机构从事教育和研究工作的各类学者,有着比普通人优越的生活条件和社会地位,他们的调查更多的是从学术研究出发,通过实地调查获得第一手材料,当作学理的研究,以充实调查之经验,施展学术之体用。当然,在调查走访过程中,他们常常感到农村社会的衰败,也希望通过调查发现解决农村的实际问题,进而达到改良农村的目的。作为给中国人民带来深重灾难的日本侵略者,他们的农村调查往往带有很强的侵略目的和攫夺情报的特点,当时一位中国学者指出:"这种调查的目的,无非要告诉他们怎样可以用抢劫似的低廉价格,来收买农产,这样可以把他们的商品推销到中国农村中来。"[①]但是这些调查同时具有客观性和专业性,这对于提升民国时期农村调查的水平也发挥了一定作用。

(三)调查的内容与区域分布

20 世纪二三十年代的农村调查范围极其广泛,涉及中国的各个省份,但是不同阶段不同区域的调查数量分布是不一致的。1928 年前有关边疆、内地、沿海的农村调查同时存在,且数量差距不是很大。1928－1934 年沿海各省农村社会变迁迅速,问题由此产生,因为接受外来文化的机会多,所以知道问题的人也多,为明了问题的真相,需要不断去调查。不仅如此,由于沿海的

---

① 曹幸穗,王利华,张家炎,等:《民国时期的农业》,《江苏文史资料》编辑部,1993 年,第 50 页。

文化发达，学术机关林立，也易于接受外国的社会调查新模式，所以农村调查也愈益增加。[①] 有关这一时期的调查内容，则涵盖了农村社会的政治、经济、文教、交通、卫生、婚姻家庭、宗教、习俗、人口、社会阶层与组织、灾害与环境等各个方面。其中以农村社会的经济调查为最多，重点调查对象包括农村人口分布、生育状况、居住情况，农作物的种类、产量，农业金融、土地的分配问题、租佃制度、地价、地税、土地利用、垦殖等，这类论著和调查报告主要有：马伦、戴尔仁的《中国农村经济调查》，中央大学经济资料室编的《田赋附加调查》，李景汉的《北平郊外之乡村家庭》，杨汝南的《北平西郊六十四村社会概况调查》，金陵大学农经系主持的《中华民国二十年水灾区域之经济调查》，张培刚整理的《清苑县农家经济》，实业部中央实验研究所的《农情报告》，卜凯的《中国农家经济》等。

(四)调查的类型

20 世纪二三十年代从事农村调查的人们从各自对农村调查的理解、从各自的不同目的出发，进行各种各样的农村调查，由此产生的社会调查类型也是多种多样的。当时采用的调查类型大致可分为三类：①普遍调查，选取一个或几个农村，逐级逐户地进行询问和记录。如巴克令教授指导的上海沈家行实况调查，1923 年他带领沪江大学社会调查班调查上海附近的沈家行农村，逐一对沈家行的 360 位村民进行走访观察，为得到所要事实，并使村民之被问者不致恨恶或怀疑。在调查者中间，有一位调查者由学校儿童的引导，才得与家庭接触；有一位该村的地保为之收集材料，一位该村乡董，一位该村前小学教员；另一位则直接探访农夫与手艺工人。调查涵盖了家庭、宗教生活、地方行政与惩罚制、教育、农工商业、健康与公共卫生、娱乐、居住等项，反映了农村小型社会的情形。[②] ②典型调查，从有关范围内所有的对象中选取几个典型进行调查。如毛泽东的“寻乌调查”，在调查过程中，毛泽东特别邀请了 11 个典型人物开了十多天调查会，参加调查会的主要是“一部分中级干部(包括县委书记古柏)、一部分下级干部、一个穷秀才、一个破产了的

---

① 刘育仁：《中国社会调查运动》，燕京大学学士学位论文，1936 年。

② 张镜予编：《社会调查 沈家行实况》，商务印书馆，1924 年，第 15 页。

商会会长、一个在知县衙门管钱粮的已经失了业的小官吏。”[①]通过开调查会等形式的走访观察，实事求是地对江西省寻乌的政治区划、交通、商业、土地关系、土地斗争进行考察，全面分析了寻乌的政治、经济、文化、社会各阶级的历史和现状。③抽样调查，依一定原则随机选取若干从许多村户中选择一部分有代表性的农户进行调查。如卜凯主持的中国土地实际利用情况的调查，自 1929 年开始，卜凯负责拟具中国土地利用调查计划，采用分层抽样调查法，按照农艺方式的不同，从全国 22 个行省中选出 168 个地区，再自每个地区选定一村(或邻近数小村)为代表，详细调查农场 100 家。此外，在选定的农村中，再选出 250 户农家进行人口调查，20 户农家进行食物消费调查。调查历时 9 载，于 1936 年告成，后集结成《中国土地利用》一书，对中国土地利用现状、改善途径及具体调查方法进行了详尽的论述[②]。

三、农村调查热潮的意义与局限

20 世纪二三十年代的农村调查所涉及的地域之广、内容之多、持续时间之长前所未有，调查成果所产生的意义与影响也是重大而深远的。

(一)农村调查热潮使“唯实求真，不尚空谈”的理念深入人心

20 世纪二三十年代，面对日益衰败的国运和诸多社会问题，在知识分子心目中，传统那根深蒂固的“惟书惟上”的知识观，已逐渐让位于注重物理实证和社会实践的观念。他们开始逐渐信奉理论与实践相结合的原则，认定真知来源于实地考察与研究。吴景超在谈到英国社会调查先驱蒲司(Charles Booth)的调查工作时，对其注重事实不尚空谈的调查精神大加赞赏，称这种精神在今日混沌之中国社会中最可效法。他指出：“蒲司所调查的，是世界上一个大城，非有财及有毅力的人办不到，但调查中国一个农村，该不是一件极困难的事罢？中国今日之学生，大半是从农村中来的，但有几个人，已经懂得他农村中的情形？谁能把他自己农村中的家庭状况，经济生活，教育程度，宗教信仰，娱乐方法等，对他人侃侃而谈，如数家珍？假如自己的一个农村，还没有懂得清楚，如何能懂得全个的中国?”吴先生笃信：“实地研究，胜于据椅

① 《毛泽东选集》第 1 卷，人民出版社，1991 年，第 113 页。

② 卜凯：《中国土地利用》，金陵大学农学院农业经济系，1941 年，第 1－2 页。

高谈，闭起眼睛来瞎说，不如放开眼光，去调查一个社会。”[①]毛泽东在《农村调查》的序言和跋中也特别强调了调查工作的重要性，他说：要了解情况，唯一的方法是向社会作调查，要有计划地抓住几个城市、几个乡村，作几次周密的调查。“只有这样，才能使我们具有对中国社会问题的最基础的知识”[②]。许多从事实地调查的学者正是秉持着这一信念深入中国农村，探究农村问题，以寻求解决之道的。在他们看来，农村调查工作是实现以科学方法改造农村社会的基础，是建设新农村的一个重要工具，是为中国农村寻找出路的先锋。

(二)农村调查热潮推动了社会学中国化的进程

20 世纪二三十年代之前，中国所用的社会学课本皆为洋文原本或译本，缺少本国的材料。中国的史书多半是朝代兴亡的记载，极少注重社会状况和人民生活的事实，仅有的一点也是零零碎碎，且不可靠，对于数量的记载尤为笼统而不精确。陶孟和、李景汉、孙本文、吴文藻、费孝通等一批留洋归来的社会学者开始眼光向下，关注平民，发出到民间去的口号，他们标榜要以精确的调查和统计，来客观地反映事实，揭示社会问题，并以此来验证或发现学说理论，构建中国化的社会学。最早批判传统书写方式和治学方法，提倡实地调查的是陶孟和。1918 年 3 月，他有感于中国缺乏对人民生活的记录，遂撰写《社会调查》《我们政治的生命》等文，试图从社会调查出发，认清社会事实，解决社会问题。陶孟和认为，中国的历史没有一部是描写人民的历史，是写真实的历史。中国是一个哑国民，人民的欢乐，人民的冤苦，一般生活的状态，除了些诗歌小说外，绝未有记载出来。因此，陶先生主张把中国社会的各方面调查一番。这样做，“一方面可以了解我国社会的长处，凡是对人民生活有益指点，皆应保存。另一方面，可以找出种种使人民不得其所，或阻害人民发达之处，再探讨改良的方法。”[③]另外一位明确提出通过精确的调查建立中国化社会学的是吴文藻。他在燕京大学任教时，看到社会学课程主要由外国人教授，教材是外国书，课堂讲的也是外国语，于是呼吁学术界的同仁一起努

① 吴景超：《几个社会学者所用的方法》，《社会学界》第 3 卷，1929 年。

② 《毛泽东选集》第 1 卷，人民出版社，1991 年，第 789 页。

③ 陶孟和：《孟和文存》卷二，亚东图书馆，1925 年，第 25 页。

力，建立适合中国国情的社会学教学体系和科研体系，使中国化的社会学"扎根于中国的土壤之上"。吴先生指出，社会学要中国化，最主要的是深入民间，研究中国国情，即通过调查中国各地区的村社和城市的状况，提出改进中国社会结构的参考意见[①]。在这些有前瞻意识的社会学学者的推动下，大量社会精英将改进农民生活为目标，以构建中国化的社会学体系为宗旨，从事对农村的调查研究工作，取得了丰硕的成果。涌现出如杨开道的《农村社会学》、言心哲的《农村社会学概论》、冯和法的《农村社会学大纲》、李景汉的《实地社会调查方法》、乔启明的《中国农村社会经济学》等一批社会学教材，以及《定县社会概况调查》《中国土地利用》《江村经济》《毛泽东农村调查文集》等众多农村调查的经典之作，由此形成了一整套的调查理论和方法，开辟了社会学中国化的新途径，推动了社会学中国化的进程，同样也成为中国传统学术实现现代转型的重要标志。

(三)农村调查热潮增进了人们对当时农村及一系列社会问题的认识和研究

20 世纪二三十年代的中国农村调查集中体现了当时政府、各党派团体及农业问题专家对中国农村和中国农村问题最直接的分析、透视。在调查过程中，调查者们往往通过对某些农村社会现象的描述，获得具体的统计数字，进而认识农村社会事实，反映当时的农村社会风貌。例如言心哲的《中国乡村人口问题之分析》，作者通过周密的调查得出：中国北方农村，平均每家全年收入约 218 元，食品费占总支出的比例平均约 64%，杂费占 14%；中东部地区平均每家全年收入约 316 元，食品费占总支出比例平均约占 56%，杂费平均约占 21%[②]。这说明当时中国农民的生活程度极低，因各地人口、经济、物价等不同，生活程度也有差异，中部和东部地区比北方要高一些。又如 1929 年陈翰笙主持的无锡农村经济调查，调查团历经三个多月，深入农村最底层，挨户调查了 22 个村，并且还调查了 55 村的概况，和 8 个市镇的工商业，1 204 个农户的经济生活，都得到了详细记录，所得材料的可靠性约在 90%以上，通过调查发现："借贷、押当、起会、放赈等高利贷资本和商业资本在无锡农村中具有雄厚的势力，百分之八九的农户差不多都负有债务。近年

① 刘慧英：《冰心作品新编》，人民文学出版社，2009 年，第 343 页。
② 言心哲：《农村家庭调查》，商务印书馆，1935 年，140－148。

来，因为战争和农村骚动的影响，乡村资本愈益趋向城市。农户借贷，更加困难。”[①]这表明当时的中国是个落后的农业国，农民受帝国主义和封建势力的双重压迫，生活困苦，处于破产边缘。另外还有满铁上海事务所的《常熟县农村实态调查报告书》，尽管调查者的目的并非为了学术，但其调查方法是科学的。在常熟县的县情调查中，举凡地理位置、自然概况（地势、土性、气象、天灾）、沿革、行政、警察及保甲制度、教育及卫生、宗教、财政、户口及面积、交通及通信、产业一般状况、产业管理机构、农业、畜业、工业、商业及金融、货币、度量衡、治安状况，都是调查对象。对严家上村的调查，条目达 32 项，一个村的方方面面，角角落落，全都调查到了。而它的“户别及选择调查统计表”共有 13 份，对农户的各个方面也都调查无遗。这次调查真实反映了常熟县的基本面貌，对于了解和研究抗战时期的常熟地方史也有重要的参考价值。

(四)农村调查热潮对现阶段的新农村建设也有一定的历史启示意义

当前，中国农村正处在急剧变革之中。在这一历史进程中，古老传统的农业文明正在迅速消逝和变异，新兴的文明正在迅速发育和生长。可以说，当今世界没有什么比中国农村的变迁还迅速和复杂。民国时期的农村调查热潮触及了在整个思想观念上如何着手认识、解决中国农村的问题，许多专家学者针对当时农村出现的一系列问题提出了很有价值的对策和建议。例如李景汉、晏阳初领导的定县实验区的社会调查工作，调查者站在平民教育运动的立场上，“是要以有系统的科学方法，实地调查定县一切社会情况，特别注意愚、穷、弱、私，四种现象”[②]。针对农村社会愚、穷、弱、私四大通病，晏阳初相应提出了四大教育：以“文艺教育”作为攻愚的利器，以养成“知识力”；以“生计教育”作为攻穷的法宝，以养成“生产力”；以“卫生教育”作为攻弱的良方，以养成“健康力”；以“公民教育”作为攻私的火炮，以养成“团结力”。如今，农村不少地方民智尚未完全开化，仍然存在愚、穷、弱、私的现象，而这些村落要从传统农业社会中走出来，建立民主、富裕的现代化农村，可以从定县实验中循迹，晏阳初的做法对当前的农村建设也具有很大的适用性。另外，值得一提的是卜凯的开创性大规模农村经济调查，他通过对农场大小、土地

① 陈翰笙：《四个时代的我：陈翰笙回忆录》，中国文史出版社，2012 年，第 46 页。

② 李景汉：《定县社会概况调查》，上海人民出版社，2005 年，第 13 页。

利用、土地占有与租赁、借贷关系、农村副业等项目的调查，指出了一些当时农村的症结，并提出了有见地的调查结论。例如关于小农场如何提高土地生产效率和收入的问题，卜凯提出了改良农田、增加肥料、改善灌溉、控制虫害、消除坟地、移民殖边、集约式种植、改善交通与销售等解决办法。他同时特别强调，从长远来看，为了能够充分利用大量低廉的人力，并灵活协调农业生产的季节性特点，应该在调查、实验的基础上，发展乡村小型工厂。又如卜凯认为中国人口过于稠密，土地负荷过重，由此派生出垦殖过度，森林破坏，草原退化，土地流水等一系列生态问题，因此主张节制生育，控制人口过快增长[①]。卜凯的见解和主张在当时是符合实际的，所提出的解决措施对于今日同样具有适用性。

当然，民国时期的农村调查热潮同样也存在一些局限：由于受当时条件、环境、技术等因素的限制，农村调查多是区域或典型抽样调查，不可能在全国范围内发起，我们也就很难把握和了解民国时期中国农村社会的整体状况。同时，作为一个学科的发展，需要不断开拓基础理论和应用研究的新领域，需要不断更新社会学调研方法论和各种专门技术，以求更好地、科学地认识对象[②]。但在当时的条件下，这些都是难以做到的，以至 20 世纪二三十年代的农村调查在基础理论和研究方面，面还不宽，大量的经验调查材料有待于进一步归纳和总结，有些调查的水平低下，方法和技术也不够科学，调查者主观意愿影响太大，给调查也留下一些遗憾。即便如此，我们在发掘和借鉴民国时期有关“三农”研究的学术遗产时，农村调查依然是不可或缺的。回顾这些调查成果，可以大大拓宽我们的学术视野，使我们对民国时期的乡村社会及其诸多问题有了更切实的理解，同时也对当前乡村治理与建设、农村政策制定以及农业科学研究也具有重要的借鉴意义。

① 钱俊瑞：《评卜凯所著＜中国农场经济＞》，《中国农村》，创刊号，1934 年。
② 吴怀连：《从农村社会学的发展看社会学中国化道路》，《理论月刊》，1993 年第 5 期。

第三章　高等院校的农村调查

20 世纪二三十年代，中国农村调查和研究蔚然成风。高等院校是这次农村调查运动的典范，其调查开展时间最早，所涉及的地域之广、内容之多前所未有，调查成果所产生的意义与影响重大而深远。本章以燕京大学、金陵大学农学院、西北农林专科学校、北平大学农学院、浙江大学农学院等高校的调查为主线，其他高校师生的调查为补充材料，力求给予比较全面、客观、公正的阐述和评价。

一、学理输入：社会调查理论在中国的广泛传播

农村调查之所以在 20 世纪二三十年代最早由高等院校组织开展，离不开社会调查理论在中国的广泛传播。据孙本文先生考证，最初以社会调查方法有系统地介绍国人的学者，为蔡毓骢、樊弘两位先生。蔡毓骢著《社会调查之原理及方法》一书，于 1927 年由北新书局出版（书中标明十五年出版）。蔡氏系本书著者的学生，1926 年秋，著者在复旦大学授“社会调查”一课，蔡先生即在班上听讲，随将笔记整理，略参己意，并参考他书，编成此书。是年冬（1926 年）即送北新付印①。

蔡毓骢指出：社会调查（例案调查 Sampling）属于实地调查的一种。与其相对应的其他概念还有个案调查（Case Work）与全体调查（Complete Enumeration）。个案调查（Case Work）是对某一个个人，或某一个家庭，或某一个其他组织所做严密的考察。例案调查（Sampling）（即社会调查）是对所选择的代表部分，加以调查。全体调查（Complete Enumeration）是一个全体人口的调查，政府所举行的户口调查就是属于这类。这三种实地调查与社会记录中间的三种等级相对应。他认为，实地调查通常所遇到的问题，可以勉强地分成五类：1. 记录的来源；2. 怎样使社会上的事实无偏见地被观察并

① 周晓虹主编：《孙本文文集 第三卷 近代社会学发展史 当代中国社会学》，北京：社会科学文献出版社，2012 年，第 273 页。

记录方法;3. 调查部人员的选择并训练;4. 实地调查的内部组织和检查方法;5. 表格上记录的编制。

就社会调查而言,蔡毓骢说,从目标和方法上的差异,姑且可以把社会调查分为五类:1. 普遍调查(The General Survey):在一个仓促时期以内所举行的简易调查。只要有一二个专家也已经足够了。2. 周详调查(The Comprehensive Survey):是整个的对于全区域的各方面很精细的调查。很费时间,很费经济,同时专家也需要很多,但其内容是最具系统的。3. 单位调查(The Unit Survey):是对于一个村镇,或其他小区域的整个调查,或者对于城市某一部分的调查。它和周详调查以大规模为主的想法相反。4. 概况调查(很多人称之为 Preliminary Survey):这类调查大概是举行周详调查或单位调查以前的初步工作。举行这类调查的时间、人才及范围等,大致和普遍调查相似。5. 继续调查(The Continuous Survey):这类调查的组织大概是永远的,定期举行调查,所以也叫作定期调查。该项调查机关,大都是含有地方性的,所以以本地人士组织为佳。但是,对于专家万不应存有畛域的见解。经费若能筹到基金,当然最好;对于基金的保管,应相当地注意[①]。

樊弘著《社会调查方法》一书,于 1927 年 8 月由中华教育文化基金董事会社会调查部出版,商务印书馆发行,列入该部“社会研究丛刊”。该书大体上系以崔宾(H. Stuart Chapin)的《实地工作与社会研究》(Field Work and Social Research)一书为蓝本,并参考他书编撰而成。据序言,该书编著时系经陶孟和氏的指导与订正,是在陶氏协助之下完成的。全书 7 章 176 页,其章目如次:第一章 实地调查的绪论;第二章 历史的方法;第三章 个体的调查;第四章 标准的调查;第五章 全体的调查;第六章 调查表的编制;第七章 调查表的整理。观此纲目,可知此书对于社会调查的各方面,均已论及。在书中樊弘将任何社会问题的研究划分为五个步骤,即 1. 假定;2. 观察;3. 分析;4. 归纳;5. 求变。在这五个步骤之中,实地调查便是直接观察社会现象的重要工具。如果社会研究者用实地调查的方法观察社会现象,不仅可以不为主观的偏见所蒙蔽,并且还能增加他的器官的观察能力[②]。他将社会调查方

① 范伟达、王竞、范冰编著:《中国社会调查史》,上海:复旦大学出版社,2008 年,第 2 页。

② 周晓虹主编:《孙本文文集 第三卷 近代社会学发展史 当代中国社会学》,北京:社会科学文献出版社,2012 年,第 274 页。

法分为三种:1. 个体调查,深和博的调查个人的社会关系。2. 标本调查,选择和调查小于全体的代表部分。3. 全体调查,调查一个社会的全部分子。这种分法,原是一般社会调查的通例,不过樊氏是一个最早介绍这些方法的人。他在书中说:"社会调查的意义,既然说是以调查社会为对象,何以个体的调查,亦要强称之为社会调查呢? 须知个体调查,便是调查一个个体的社会关系。因为一个人生在世上,不外他与他人的关系。"[①]

1928 年,国立中山大学农学的黄枯桐编写了《农村调查》一书,于当年 4 月间由商务印书馆出版。全书内容共分 5 章,47 面,章目是:第一章 农村调查的必要;第二章 国势调查;第三章 社会调查与农村调查;第四章 农村调查的方法及项目;第五章 结论[②]。黄先生的《农村调查》对今后的农村调查有两个方面重要贡献:第一,这本书是用极简单的文字,最经济的篇幅,来叙述那最复杂的事情的。而且文字方面又能使读者怀感动情,不能自已。因为中国向无调查统计,人民亦不知注重农村统计。《农村调查》的出版,是一种很好的宣传材料,唤醒了不少农村调查的注意者与实行家。第二,大多数关于农村调查的著作多犯一种毛病,就是只谈到农村调查的农村事项,而不论调查的方法,结果用处很少。因为难有精明详细的调查表,而不知怎样询问农人和种种必须注意的地方,则调查结果还是不容易成功。即使把调查表统统填起,恐怕仍然不能免掉错误。黄先生的这本书很注意调查的方法,他搜集了不少农村调查的材料,并把他们的内容用很简单明了的文字表达出来,读者一看就能得心应手。当然,此书也存在一些欠缺之处:如注意调查方法的同时却忽略调查事项的细目;所引述的都是别人提出的农村调查事项的大纲,要是一个初次实行的调查者,若仅知道调查的方法和调查事项的大纲,而不知道每一个大纲里应该包括些什么问题,恐怕这个调查仍是不完备的。虽中国的地方很大,各处的情形完全不同,每个细节绝难一一写出。可是调查表内容的好坏,与将来调查的结果能否代表事实很有关系,调查者既能做一精密完备的调查表,他一定对于农村调查很有经验,自然用不着替他们作推广宣传的工作,那此书对他的作用就不是很大。因此,"我们不但对农村调查的

---

① 周晓虹主编:《孙本文文集 第三卷 近代社会学发展史 当代中国社会学》,北京:社会科学文献出版社,2012 年,第 274 页。

② 黄枯桐:《农村调查》,目录,商务印书馆,1928 年。

方法要详细说明，同时还要把每个事项的问题详细提出，如此调查者有了充分的参考材料，不至于迷失了正路。”①

1930 年 2 月，燕京大学杨开道教授出版了《农村调查》一书，为其所编的“农村生活丛书”之一。此书计 5 章 116 页，包括下列各项：一、绪论；二、农村调查的预备；三、农村调查的大纲（此章分为六节：调查大纲的编制，农村调查大纲，农村自治调查大纲，农家调查大纲，农场调查大纲，农民调查大纲）；四、农村调查的表格；五、农村调查的材料；杨先生在“自序”中说：“本书的目的，是要寻出一个整个的系统来，叫读者可以主持一种农村调查事业，不要依赖人家的大纲和表格，不要依赖人家的指导和帮助。全书的材料，虽十分有限，但是作者已经费了不少的精力，从十几本中西书籍和二三年调查经验慢慢组织成功的，既不是作者武断，也不是作者抄袭。希望三五年以后，我们大家的经验，更丰富的时候，能够大加改造，成功一本真正系统的农村调查指南。”据杨氏的意见，“了解农村社会生活的方法有三个：一个是历史的方法，去了解过去的农村社会；一个是单例的方法；一个是调查的方法，都是去了解现在的农村社会生活”②。他又说：“调查方法就是个例方法的总和，许多的个例，便成了调查的通例。农村社会调查有两个目的：一个是学理的研究，一个是改良的根据；农村社会学者要的是学理研究，农村社会领袖要的是实地改良。”③本书因为应变双方需求起见，对于两种调查的办法，都有相当的注意。由此可以看到此书的用意。

此外，值得一提的是 1933 年出版的李景汉所撰写的《实地社会调查方法》。全书计分 16 章 470 页。为社会调查方法书本中最充实的一书。其要目如下：第一章 社会调查与今日之中国；第二章 社会调查的意义及种类；第三章 社会调查的起源与发展；第四章 社会调查在中国举行的困难；第五章 如何使地方人士接受社会调查；第六章 实地社会调查之步骤；第七章 实地社会调查举例：农村人口调查之试验；第八章 农村概况调查；第九章 农村土地调查；第十章 农村工商业调查；第十一章 家庭生活费调查；第十二章 家庭记账调查；第十三章 教育调查表格；第十四章 关于农村社会的各项调查表

① 乔启明：《黄枯桐编的农村调查》，《社会学刊》，1929 年第 2 期。

② 杨开道：《农村调查》，世界书局，1930 年，第 2 页。

③ 杨开道：《农村调查》，世界书局，1930 年，第 3 页。

格选录；第十五章 关于都市社会的各项调查表格选录；第十六章 全县社会调查纲目；附录 关于社会调查方法与社会调查成例参考书目①。李景汉对于社会调查活动的主要观点可以概括为：(1)中国的社会调查要特别注意应用，而不要纯为研究学理，求得知识，“为调查而调查”，要举行调查必有一定清楚的目的，使人们根据调查的结果来改善社会实际生活，解决社会问题，增进人类幸福；(2)社会调查方法的内容不尽在于编制问题表格、选择标本和统计，更重要的是有辨别真伪的能力；(3)要把社会调查办得圆满成功，最重要的是使一般人尤其是老百姓，接受、相信和欢迎调查，甚至到达积极帮助合作的态度；也就是要让人们不拒绝、不反对、不怀疑、不讨厌调查活动；(4)社会调查工作者要具备浓厚的兴趣和强烈的信仰，这样才能取得社会调查的成功。李景汉还总结出社会调查对于中国的十大益处：(1)社会调查能促进产生建设国家的具体办法，能帮助寻找民族自救的出路；(2)社会调查可以尽快使中国成为有条理的现代国家；(3)社会调查能帮助人们正确地认清中国民族社会的特点；(4)社会调查是建立中国社会学的基础；(5)社会调查能帮助人们彻底了解中国的社会问题；(6)社会调查使有志救国者，尤其是青年，多用理智，少用感情；(7)社会调查能使民众具有相当的公民常识，不易受奸人的欺骗；(8)社会调查能提高人们的公共精神，增加合作的效率；(9)社会调查能预防灾祸；(10)社会调查可以免除一些国耻②。从上可以看出，在李景汉看来，社会调查具有革命的意义，这种革命能够融合东西方的长处，借用西方现代科学文明的成就来认识和改造中国传统社会，同时保存中国传统文化的精髓，如知识分子的民族责任感。社会调查是实现科学方法改造社会的基础，是建设新中国的重要工具，是为中华民族找到出路的先锋，是立国之本。

二、为改良农村而努力：开展时间最早的农村调查

最早开展农村调查的高校学者是清华大学的社会学教授狄特谟(C. G. Dittmer)，他可能是第一个系统调查中国农民生活水平的人。狄特谟(C. G. Dittmer)教授于1917年对北平西郊195户居民的生活费进行了调查。1923年，清华大学的教授陈达博士，对该校附近的成府村的91家农户和安徽休宁

① 李景汉：《实地社会调查方法·目录》，北京：星云堂书店，1933年。

② 钱颖一，李强主编：《老清华的社会科学》，北京：北京大学出版社，2011年，第273页。

县 56 家农户的生活费进行了调查。不过当时的多数调查，都是对某个地区的个别村庄的调查，而中国幅员广阔，千差万别，以此代表中国农民的生活，其代表性是有限的。

当时，金陵大学农林科的农业经济和乡村社会学系，看到了这种局限性，于是在 1922 至 1925 年开展了一次对全国 6 省 11 县区 13 个调查点 2 370 家普通农户的调查，平均每个家庭人口 5.94 人(家庭指包括与家长常年共居共食的家属及雇工)。调查主要在华北地区、华中地区和华东地区选点，调查点包括江苏省的江宁(淳化镇、太平门)、武进，福建省的连江，安徽省的来安、怀远、宿县，河南省的新郑、开封，山西的武乡，河北的平乡、盐山(1922 年、1923 年)。生活程度的调查内容是食物、衣服、房屋、器具设备、燃料、医药、生活改进费、个人嗜好、保险与储蓄、杂类(如婚丧诉讼等不列入以上项目者)。根据这次调查的资料，乔启明写了《中国农民生活程度之研究》一文。这是一篇在问题意识、研究深度和学术规范等方面在今天看来甚可称赞的论文。乔启明在这篇文章的结论中指出，每一农家的全年生活用品价值为 228.32 元(当时的货币)。中国北部农民的生活程度不若中东部，中东部农民用于食物的费用较少，而用于衣服与其他方面的北方农民居多。与美国 2 886 户农家的调查比较，则每家全年费用之比是 1∶16.6，可见，中国农民的生活程度事实上已低到极限。其原因概括起来有四点：第一，农村人口过多，家庭过大，生产者少而消费者多。第二，农场面积过狭，总产量和收入自然就低。中国当时农家平均拥有约 18 华亩，南部种稻区域每户农家平均 10 华亩，北部种杂粮区域每户农家平均约 20 华亩，而美国当时平均每农户拥有 342 华亩，是中国农户的 19 倍。第三，生产效率低，净利收入少。因为农场狭小不能利用机器，只能多用人力，如当时美国生产 1 公顷(约合 16 华亩)的棉花，从种到收需要人 1 289 点钟，而中国需要 1 620 点钟；甘薯美国只需 203 点钟，中国需1 184点钟；玉蜀黍美国只需 47 点钟，中国需 663 点钟；小麦美国只需 126 点钟，中国需 600 点钟；黄豆美国只需 86 点钟，中国需 610 点钟。所以中国人工虽比美国低廉得多，但人工费用反而高，美国的农产品可以进入中国市场竞争。第四，交通不便，影响了农产物的销售，“谷贱伤农”的事就在所难免。农民要提高生活程度，非先排除这些障碍。为此乔启明提出了四项改进方法：一是实行移民殖边，发展实业，由工场吸收部分农场人口，节制生育，使人口不至过密；二是通过降低人口密度，扩大农场面积，增加农户产量和收入；三是扩大农场面积后，利用机器提高劳动效率，降低生产费用，使获利丰厚；四是发展交通，使农产物销路畅通[①]。这样，工业化的问题就作为解决农村人口过密化问题和提高农民生活水平的措施之一提了出来。乔启明的结论，是很具有现代学术水平的，即便是在今天，那些自认为很有深度的研究如何提高农民收入的文章，提出的途径也无非就是多种经营、劳动力转移、非农化、兼业、发展乡镇企业等等，并无新意。倒是今天提出的防止环境污染和生态恶化这样的后工业化时代的问题，是 20 世纪 30 年代的前工业化时代学者无法考虑到的[②]。

在乔启明开展中国农民生活调查的同时，金陵大学农学院卜凯教授也指导学生开展了两次农村调查[③]。这两次调查可以说是民国时期调查范围最为广泛，数据最为详细，影响最为深远的调研活动，后来卜凯又根据调查所得，编写而成《中国农家经济》和《中国土地利用》两本著作，并相继于 1930 年和 1937 年出版。第一次社会调查是从 1921 年到 1925 年，共涉及 7 个省份 17 处 2 866 家农户，耕地面积大约占有 8 500 公顷，人口约 17 000 人，调查的重点是农业经济，包括农村田场布置与利用、田场周年经营状况，适宜的田场企业，耕地所有权与农佃问题，作物家畜，田场劳力，农家家庭人口，食物消费，生活程度等[④]。第二次农村调查的时间从 1929 年开始，到 1933 年结束，此次调查涉及的范围更广，可以说史无前例，除了黑龙江、吉林、新疆、西藏以及当时外蒙古（现蒙古国）之外，其余省份均有涉猎，涵盖了中国的 22 个省、146 县、156 个地区、15 646 个农场。本次调查的主要内容包括：土地粮食、人口、土地使用情况、运销及物价、自然因素、生活程度等 6 个方面进行[⑤]。

---

① 乔启明：《中国农民生活程度之研究》，《社会学刊》，1930 年第一卷第 7 期，第 40—43 页。

② 王先明：《走近乡村——20 世纪以来中国乡村发展论争的历史追索》，山西人民出版社，2002 年，第 129 页。

③ 卜凯的第一次农村调查是在 1921 年到 1925 年间开展的，第二次是在 1929 年到 1933 年间进行的。

④ 叶公平：《卜凯的中国农村调查》，《书城》2007 年第 12 期，第 43 页。卜凯的第一次调查基本内容都包含在 1930 年出版的《中国农家经济》这本著作中。

⑤ 1937 年，卜凯第二次的调查成果——三卷本的《中国土地利用》终于面世，该书 1938 年由芝加哥大学出版社出版，1964 年由帕拉贡出版公司再版。全书共三册，第一部分为文字部分，第二部分为地图集，第三部分为统计资料。该著作对当时中国土地利用的情况和影响土地利用的自然、社会因素以及土地的最优化利用问题等都作了详细论述。在该书中，首次将我国的农业区域划分为小麦和水稻两个农业带来进行调查，进而又细分为八个农业地区，这种划分具有深远的影响意义。

卜凯两次社会调查的主要内容主要是农业经济问题，主要讨论了农场经营（主要指家庭农场经营）和土地利用两个大方面，而对当时的社会结构、政治、文化涉及较少。他认为中国的农业经济在19世纪和20世纪上半叶发展出现了迟滞，其根源在于中国土地利用出现了问题。他在调查中发现近代中国的土地经营大多数以家庭为经营，非家庭经营的农场少之又少，因此他们将家庭经营农场作为主要研究对象。还按农场所经营的规模的大小，将农场分为若干组别，研究不同规模农场的经营绩效[①]。卜凯认为有多种计算方法可以衡量农场规模，“如田场面积，作物面积，作物公顷面积，牲畜数目，人口多寡，工人等数，以及所成就的工作量等皆是”[②]。以作物面积为例：在2 866个田场中，各处的作物面积，用中数平均，为2 113公顷，约合5.26英亩。这个规模仅高于当时日本的1.08公顷，而大大低于美国的24.69公顷、丹麦的13.25公顷[③]。在田场投资方面，中美两国也存在巨大差距，当时每公顷耕地的投资，美国在土地、房屋、牲畜、农具方面的投资分别为10 774元、3 356元、1 389元、768元；而中国在土地、房屋、牲畜、农具方面的投资分别为1 374元、250元、66元、46元[④]。据此我们可以得出，中国农业经营的特点：规模小，效率低。卜凯还调查分析了中国农村的租佃关系，调查结果显示：中国佃户的比例同日本和德国的比例相似，处于英国与丹麦、加拿大之间。

在扎实的社会调查研究和较为科学的统计分析数据基础之上，卜凯诊断出农业生产规模的大小是阻碍中国农业发展的病因。“无论从哪方面观察，在本书中总可以看出田场周年间的企业内容，却嫌过小，利润当然也因此很低。这种由于企业过小的低利润，当然能影响于农民生活的内容，而生活不得不因此艰窘迫，这就是中国几千万农民，弄成今日一般状况的主因。”[⑤]

对于中国农村经济的发展的解决对策，以卜凯为代表的“技术学派”，提出的解决的方案是：广义的技术进步及扩大耕地面积。具体措施包括：发展

① 张霞：《民国农业问题研究的“技术派”：卜凯视野下的中国农村与农业》，《贵州社会科学》2010年，第9期，第120页。

② 卜凯：《中国农家经济》，上海：商务印书馆，1936年，第56页。

③ 卜凯：《中国农家经济》，上海：商务印书馆，1936年，第79页。

④ 卜凯：《中国农家经济》，上海：商务印书馆，1936年，第82页。

⑤ 卜凯：《中国农家经济》，上海：商务印书馆，1936年，第132页。

现代农业、改良耕作技术、科学化管理田场等。后来卜凯被聘为国民政府农业技术顾问,他提出的108条改进农业经济的建议也被部分采纳,采取改良种子、增加肥料、防治病虫害等生产技术来提高农业的生产的措施也在一定程度上提高了农业的产量。但是其调查忽略了中国的政治、经济、社会等因素,单纯地从农业科学的角度来出发,忽略了中国半殖民地半封建社会状况,受到了中国的马克思主义经济学家陈翰笙、钱俊瑞等人的强烈批判;在调查中过程中,选取的调查地点其代表性也由于调查人员自身的因素,其代表性也不够典型;在数据处理中,多采用中位数,也有失科学性。即便如此,卜凯所进行的两次社会调查为研究当时的农村社会发展提供了大量详实的客观资料,大体上反映了二三十年代中国农村经济发展状况,具有非常重大的学术价值,其调查结果后来也被学者所引用,如费正清等,也对当前我国的"三农"问题的解决大有裨益。卜凯的一生都致力于中国农村经济的发展,同时也为中美两国人民的相互了解做出了巨大的贡献。

1928年秋,燕京大学社会学系获得美国罗氏基金捐款,充作教授及研究社会学之用,遂决以清河镇为研究对象进行调查,调查为期两年时间,其目的是试图从中国固有的民众仪式和实地环境中寻找改造农村的途径。清河镇虽然在当时河北省昌平县(现北京市昌平区),但实际距离燕大北边约4公里处,步行1个多小时即可到达。调查范围包括40个村,面积达200多平方公里,22 444名人口,3 996个家庭。根据初步调查和反复研讨,他们制定出包含12个问题的详细调查大纲,即历史背景、地理背景、生态关系、人口、家庭婚姻、经济状况、政治状况、教育状况、健康与卫生、宗教信仰、游戏、社会病态等[①]。1930年,发表了Ching Ho: A Sociological Analysis, the Report of a Preliminary Survey of the Town of Ching Ho, Hopei, North China, 1930. 许仕廉(于恩德译),《一个市镇调查的尝试》《社会学界》,第5卷,民国二十年(1931年)6月。内容包括历史、地理、生态、人口、家庭和婚姻、商店、经济、经济机构、政治、教育、宗教等各个方面,成为我国"第一部"市镇调查报告[②]。

---

① 赵晓阳:《寻找中国社会生活史之途:以燕大社会调查为例》,《南京社会科学》,2016年第2期。

② 李文海、夏明方,黄兴涛编:《民国时期社会调查丛编 乡村社会卷 二编》,福州:福建教育出版社,2014年,第29页。

根据调查结果,《报告》提出了五项社会改造的措施。(1)成人教育。当地居民的文盲率极高,男子为45%,妇女为96%,应该开办识字班和图书室等。(2)儿童教育。6—11岁的学龄儿童入学率仅为45%,可将已经停办了的小学重新开放,由燕大师生义务教学。(3)乡村医疗。农村民众看病困难,公共卫生意识淡薄,缺乏基本的卫生认识和卫生习惯。为方便民众,请协和医院每周派医生来一至两次,收费低廉。还配合国民政府卫生署颁布的种痘条例,为当地民众施种牛痘。还从北平第一助产士学校请来助产士一名,特别开展接生、产前产后检查,普及妇女生育知识等。(4)帮助农民建立销售合作社,提倡改良农副业,推广优质家禽养殖,向民众推广科学养殖的知识和品种。(5)当地政府部门与当地民众合作,修建道路及排水系统,最终将清河镇建成本地区的模范镇。试验期间为7年,经费每年约七八千元,前四年由燕大社会学系负担,之后逐渐增加自筹比例,七年之后全部由当地筹办①。

在调查的基础上,1930年2月,开办清河社会试验区。“区之范围包括40村,属于宛平县者计16村,昌平县9村,尚有15村则尽属于本市北郊区署第二十一段派出所所辖各村。其工作人员,计主任会计各1人,于主任之下没经济、社会、卫生、研究4股,各股设股长1人,股员若干人,每年经常费约万元:葆琦于5月1日,协同调查员涤生到该区参观毛织业、少女团、医院、研究股等处,精神均极团结,各项工作,各有相当之成绩,其最足令人注意者,即葆琦前请培育本市主要农作物新种一节,该校已在清河镇西之上的地方设作物试验场一处,得金陵农科大学之合作,从事小麦、玉米、谷、高粱之选种试验,定期10年,现已经过6年之久。据云小麦产量较前已增20%至24%,谷24%至34%,高粱30%,惟玉米以方法关系,尚无具体成绩,一俟试验期满,即可推行。是为百年根本之大汁,实足为我全市及邻县各农民额手称庆者也。兹因赍呈表册之便,谨举所知附旱鉴核。”②

清河实验区成立后,又相继开展了众多调查,出版或发表了数十篇调查研究成果,其中已发表者和已写成专刊而未发表者,可分类举要如下:

---

① 李文海、夏明方,黄兴涛编:《民国时期社会调查丛编 乡村社会卷 二编》,福建教育出版社,2004年,第9—10页。

② 李文海、夏明方,黄兴涛编:《民国时期社会调查丛编 乡村社会卷 二编》,福建教育出版社,2004年,第21页。

1. 镇的研究：张折桂，《清河镇人口调查初稿》（未刊），民国二十二年（1933 年）调查；梁树祥，《清河小学》（社会学系学士论文），民国二十四年（1935 年）；郑宝沪，《清河市集的经济研究》（经济学系学士论文），民国二十六年（1937 年）；黄迪：《清河村镇社区——一个初步研究报告》《社会学界》，第 10 卷，民国二十七年（1938 年）6 月。

2. 村的研究：万树庸，《黄土北店村社会调查》《社会学界》，第 6 卷，民国二十一年（1932 年）6 月；张折桂，《宛平县五区十村人口调查初稿》（未刊），民国二十二年（1933 年）调查。蒋旨昂，《卢家村》《社会学界》，第 8 卷，民国二十三年（1934 年）6 月。

3. 村镇礼俗的研究：张折桂，《礼俗调查的尝试》《北平晨报·社会研究》，第 40 至 50 期，民国二十三年（1934 年）6 月 27 日至 9 月 5 日；邱雪峨，《一个村落社区产育礼俗的研究》（社会学系学士论文），民国二十四年（1935 年）。

4. 试验区工作的研究（涉及社区生活者）：邓淑贤，《清河妇女工作》（社会学系学士论文），民国二十三年（1934 年）；李鸿钧，《清河小本贷款研究》（社会学系学士论文），民国二十三年（1934 年）；杨骏昌，《清河合作》（社会学系学士论文），民国二十四年（1935 年）[①]。

进入 20 世纪 30 年代，由高等院校发起并组织的农村调查活动依然非常活跃。许多学者身体力行，深入农村进行实地调查，显示了“用脚做研究”的实证研究的作风，并意图以精确的调查分析中国农村的症结，以求达到改良农村的目的，并发表了一大批调查报告。主要有：金陵大学农经系主持的《中华民国二十年水灾区域之经济调查》、北平大学农学院主持的《北平西郊六十四村社会概况调查》和《河北省二十六县五十一村农村概况调查》、南京东南大学农科的《江苏农业调查录》、浙江大学农学院的《浙江八县农村调查报告》以及费孝通主持的江村调查等。这些调查报告多数是县乡个案，对于认识和研究当时的农村经济问题发挥了一定的作用。这些调查中，最具代表性的是费孝通教授的江村调查。

1936 年夏，费孝通在当时江苏省吴江县庙港乡的开弦弓村进行了为期一个多月的实地调查，他给开弦弓村起了一个学名江村。在导师马林诺斯基

① 李文海、夏明方，黄兴涛编：《民国时期社会调查丛编 乡村社会卷 二编》，福建教育出版社，2004 年，第 31 页。

教授的指导下，基于开弦弓村社会调查，完成了博士论文《开弦弓——一个中国农村的经济生活》，以《Peasant Life in CHINA》（中文名《江村经济》）的书名在 1938 年出版，系统反映了近代中国乡村生活的全貌。1939 年《中国农民的生活》（Peasant Life in China）在英国出版（后又以《江村经济——中国农民的生活》为名重印多次），成为人类社会学名著之一，并因此获得英国皇家人类学会授予人类学界的最高奖——赫胥黎奖[①]。

《江村经济》共 16 章，包括前言、调查区域、家、财产与继承、亲属关系的扩展、户与村、生活、职业分化、劳作日程、农业、土地的占有、蚕丝业、养羊与贩卖、贸易、资金、中国的土地问题等内容。当时著名的人类学家布·马林诺夫斯基在为这本著作所写的序言中赞扬这本著作是"人类学实地调查和理论工作发展中的一个里程碑"[②]。费孝通先生从 1936 年到 2002 年的 66 年中，先后 26 次赴江村进行实地调查研究，产生的学术成果颇丰，如：《重访江村》《三访江村》《小镇再探索》《江村五十年》等。

基于上述调查，费孝通提出了一个创造性的观点："人多地少，农工相辅。"即以恢复农村副业，增加农民收入来解决中国的农村和土地问题。他指出，男耕女织作为传统中国农村经济的模式，具有农工相辅的内涵。他说："我们必须认识到仅仅实行土地改革，减收地租，平均地权，并不能最终解决中国的土地问题。因此，让我再重申一遍，恢复农村企业是根本的措施。"[③]费孝通先生认为解决这一问题的方法，不在于紧缩农民的开支，而应增加农民的收入，恢复农村企业是根本的措施。他进一步指出，中国问题的根源是手工业的衰落，表现为经济破产。走发展乡村工业的工业化道路是解决中国农村问题和复兴中国经济的根本出路。中国人多地少，农业为主，工业停留在手工业状态，只能靠恢复乡村工业，农工相辅，扩大农民收入来源，解决中国农民的贫困问题。

关于走乡村工业化道路，费孝通先生认为中国的工业发展并不像人们以为的那样，基础薄弱，中国从来都不是一个纯粹的农业国家，工业的发展也一

---

① 冯月根：《费孝通江村调查纪事》，《乡村规划建设》，2015 年第 3 期。

② 费孝通：《江村经济：中国农民的生活》，北京：商务印书馆，2001 年，第 13 页。

③ 马戎：《费孝通与中国社会学人类学》，北京：社会科学文献出版社，2009 年，第 311 页。

直都在进行着,工业基础也相当发达[①]。传统的工业不是集中在都市里,而分散在无数的乡村里,所以是乡土工业[②]。在费孝通《乡土中国》中,明确指出乡土工业的作用:1.增加收入:"中国传统工业在技术上不易进步,但却是一个传统经济中的重要事实,使普通土地不足的农家可以靠这些家庭工业里的收入,维持小康生活。"2.转移剩余劳动力:"农业虽则在短期需要大量劳动力,但是有三分之二的日子是没有农作可做的,于是发生周期性失业的情形。"[③]费孝通在《江村经济》中所设想的乡土工业组织的新形式大致可分为两种:家庭工业的合作组织和合作性质的服务工厂;而资本、现代工业技术和知识分子下乡是发展乡土工业所必需的三个条件。他希望走一条从乡土工业发展到民族工业,进而振兴整个中国的路线。发展乡土工业只是振兴民族工业的开始,乡村建设也只是全国建设的起点,最终目标还是要回到整个中国问题的解决。"我们得从土地里长出乡土工业,在乡土工业长出民族工业。这条路线是比较慢的,但也比较稳的。"[④]费孝通先生将毕生精力奉献给了中国的乡村建设,始终肩负着文人应有的责任和意识心系乡村发展。

此外,值得一提的是南开大学经济研究所的农村调查。经济研究所的创办人何廉教授认识到研究中国乡村社会的经济是极为重要的,他认为"我国本系农业国家,研究工业经济而不及农业经济,将有舍本逐末之讥"。[⑤]因此1931年秋天,南开经济研究所的社会经济调查转向农村。南开经济研究所社会经济调查的转向除了对自身学术研究的规划外,应该说与当时国内对乡村建设的关注分不开,并且影响了调查内容的选择。"受到农村复兴运动的推动,我们把主要精力集中到我们认为农村人口所面临的最重要的问题之上。这些问题有:土地所有权、贷款、集市与租税。"[⑥]农村的调查涉及华北地区的农业经济、乡村工业以及地方行政与财政。这三项调查课题相互联系、

---

① 时武喜:《20世纪30年代前后梁漱溟费孝通乡村建设思想比较研究》,吉林大学硕士研究生论文,2008年。

② 费孝通:《乡土中国》,上海人民出版社,2006年,第173页。

③ 费孝通:《乡土中国》,上海人民出版社,2006年,第174页。

④ 费孝通:《乡土中国》,上海人民出版社,2006年,第237页。

⑤ 南开大学经济研究所:《十年来之南开大学经济研究所》,南开大学经济研究所印,1937,第4页。

⑥ 何廉:《何廉回忆录》,朱佑慈等译,中国文史出版社,1988年,第81页。

相辅相成,农业经济、乡村工业调查"对于中国经济生活及组织之了解,实属至不可少",但"尚不足以表示中国农业生活之全部,因为在一方面,内地许多政治组织对于经济生活很有影响,在另一方面,经济情形亦影响于政治组织之形成",因此还要开展县乡行政调查。[①] 目的是为了完整了解中国的农村生活与组织。农业经济调查主要包括静海县典当业调查、河北省西河棉区棉花产销调查、山东农产调查、四川省稻米产销调查以及农村合作事业调查。静海县典当业调查1933年冬天开始,1934年冬天结束。河北省西河棉区棉花产销调查1934年春天开始在赵县进行,秋天初步结束,调查资料于1934年9月在《大公报》发表《棉运合作特刊》三期。"嗣以各地原始市场,尚有分别调查之必要",由权裕源前往宁晋、束鹿、晋州市、藁城、正定等县,分别详加调查,1934年底结束。[②] 山东农产调查由叶谦吉主持,开始于1934年夏天,调查内容涉及棉花、小麦、花生、烟草及丝茧等,费时约一年。四川省稻米产销调查是南开经济研究所与四川大学西南社会科学研究所合作调查项目,注重四川盆地稻米生产及川西稻米的运销。[③] 农村合作事业调查实际上贯穿于上述农村经济调查之中,由方显廷、吴知、曹康伯、李自发等对华北棉花运销合作的调查,业树旗对山东邹平合作事业的调查,王文钧对华北合作事业的调查等,大规模的合作事业调查由经济研究所的研究生黄肇兴、梁思达、李文伯三人完成。他们于1935年12月起在河北、河南、陕西、山东、江苏、浙江、江西、安徽等8省进行为期5个月的合作事业调查,考察合作机关30余处、金融机关10余处、合作社及合作社联合社80余处,写成《中国合作事业考察报告》[④]。由上可知,这一时期南开经济研究所的农业经济调查主要集中于农业生产和农村合作事业。

乡村工业的调查于1932年冬天开始筹划,由方显廷指导,吴知负责组织

① 静一、王元照:《介绍南开大学经济学院之研究事业》,《清华周刊》第38卷第5期,1932年5月,第61页。

② 《西河棉花调查结束》,《天津南开大学经济研究所事务月报》第45期,1935年2月,第5页。

③ 南开大学经济研究所:《十年来之南开大学经济研究所》,南开大学经济研究所印,第8页。

④ 梁思达、黄肇兴、李文伯:《中国合作事业考察报告》,南开大学经济研究所印,1936年,前言。

调查，以河北省高阳县为调查中心，兼及附近的蠡县、清苑、安新、任丘等县。[①] 1934年春天高阳一带调查工作完成，接着进行调查当时河北宝坻县乡村工业调查，由方显廷指导，毕相辉负责组织调查，历时一年。[②] 在进行农村经济调查的同时，"又以经济政治二者，设非兼筹并顾，亦不足以窥社会经济之全豹"，[③]"而改革政治，尤非从县政着手，难见效果"，[④]因而又着手进行地方行政与财政的调查与研究。这项调查由张纯明教授指导进行。1932年冬开始做概况调查，"冀于县行政上之各种问题，得一概念之认识"[⑤]。经济研究所研究员冯华德、王恒志、乐永庆等分别赴涿县(今河北省涿州市)、满城、大名、高阳、献县等十一县进行调查，1933年夏天结束，调查内容涉及赋税、包税、田房契税以及地方财政、司法与行政等。在对十一县进行概况调查之后，又分别进行了静海和定县县政专题调查，调查问题包括行政组织与效率、施政方法与手续、县司法制度及其与民间公断制的关系、田赋的行政制度、包税与摊款、地方财政与军事负担等方面。[⑥] 静海县县政调查注重县政府层面，而定县县政调查除调查县政府外，还将调查范围推及乡镇政府。定县的调查工作分三组进行，王维显负责民政组，李陵负责土地问题组，冯华德负责地方财政组。[⑦] 1934年冬三人开始驻扎定县，从事实地调查和档案整理工作，历时8个月完成。[⑧] 静海县和定县县政调查既进行了实地调查，又充分利用了县政府的档案，注重历史性的考察。[⑨]

许多调查主体之所以从事农村调查，或者是出于认识农村，服务、改良农村的需要，或者是出于发展学术的目的，也可能是两者兼而有之。主体的倾

---

① 吴知：《乡村织布工业的一个研究》，商务印书馆，1935，何序，第1页。

② 方显廷、毕相辉：《由宝坻手织工业观察工业制度之演进》，南开大学经济研究所印，1936。

③ 南开大学经济研究所：《十年来之南开大学经济研究所》，南开大学经济研究所印，第4页。

④ 《南大经济研究所县政研究近况》，《行政效率》第1卷第9期，1934年11月，第414页。

⑤ 南开大学经济研究所：《十年来之南开大学经济研究所》，南开大学经济研究所印，第10页。

⑥ 《南大经济研究所县政研究近况》，《行政效率》第1卷第9期，第414页。

⑦ 李陵：《定县县政研究工作一瞥》，《天津南开大学经济研究所事务月报》第45期，第1页。

⑧ 冯华德、李陵：《河北省定县之田赋》，《政治经济学报》第4卷第3期，1936年4月，第443页。

⑨ 孟玲洲：《知中国服务中国——南开经济研究所社会经济调查述论》，《民国研究》，2013年春季号。

向、目的决定其调查的重点、结论以及是否客观等。在民国高校从事教育和研究工作的各类学者，有着比普通人优越的生活条件和社会地位。他们的调查更多的是从学术研究出发，通过实地调查获得第一手材料，当作学理的研究，以充实调查之经验，施展学术之体用。当然，在调查走访过程中，他们常常感到农村社会的衰败，也希望通过调查发现解决农村的实际问题，进而达到改良农村的目的。同时，这些农村调查推动了中国农村调查研究的本土化进程，使我们对民国乡村社会及其诸多问题有了更为深入的了解，同时也对现阶段的新农村建设具有重要的现实借鉴作用。

三、个案研究：西北农林专科学校蒋杰的中国农村调查

20 世纪二三十年代，中国的知识分子深入农村社会，开展了各种形式的农村调查，并在三十年代形成了一股农村调查的高潮。蒋杰是这次农村调查运动的主要代表人物。他致力于乡村社会的自然环境、人口、土地、教育及农民生活的调查研究，收集了大量的调查数据和原始资料，并对当时的农业、农村和农民问题都有非常精辟、独到的见解，具有不可替代的学术价值和现实意义。迄今，学术界对蒋杰所进行和组织的农村社会调查并未给予应有的关注。有鉴于此，我们有必要从社会调查史的角度对其调查的内容、特点、意义作细致的分析和研究。

（一）蒋杰农村调查之概况

蒋杰（1910—1986）江苏武进人，1935 年毕业于金陵大学农业经济系，1944 年至 1948 年留学美国明尼苏达大学农业经济系，先后获硕士、博士学位。曾任国立西北农林专科学校（1938 年改为国立西北农学院），金陵大学农学院，贵州大学农经系教授、系主任，并任国民政府农业部农技推广委员会技正。建国后调任西南农学院农经系，兼任系主任 30 余年。蒋先生长期从事农业经济的教育与科研工作，学术造诣精深。他对农村人口、教育与农业推广等方面的研究，都具有开创性意义。20 世纪二三十年代蒋杰所参与和主持的农村社会调查主要有江宁自治实验县乡村教育的调查、乌江乡村建设调查、南京郊区农村社会调查、关中农村人口调查、中国人口与粮食问题调查等，这些调查能够很大程度上反映蒋杰农村调查的主要内容。

1933 年底，为了解乡村教育状况，以改进乡教计划。蒋杰参与了金陵大

学农学院乡村教育系乡教161班设计主持的江宁县乡村教育调查，此次调查“计参加工作者凡21人，共完成7学区，计中心小学7，初级小学16，实验小学及完全小学4，合得表格256”[①]。后完成《江宁自治实验县乡村教育初步调查》的报告，于1934年1月11日在《农林新报》刊发。报告对调查区域、教职员情况（包括年龄、省籍、婚姻状况、学历、任职年限、进修、薪俸等级）、学生概况（包括入学年龄、各级留读学生、性别、毕业生及其出路）、学校的课程、教学设备、教育经费以及江宁县教育行政（包括行政组织、中心小学设立及任务、私塾、校区划分、视导办法）等作了细致论述。对于江宁自治县首取乡村小学为乡村建设中心机关的做法，蒋杰给予了肯定，称这一教育途径“实为乡村教育一种新动向”“实为最有价值之实验”[②]。

不久，蒋杰因目睹安徽和县的乌江农业推广试验区各项建设的成就，有感于试验区的农业推广工作少于文字宣传，又深觉乌江的建设事业有研究与探讨的价值。他指出：“安徽和县之乌江农业推广试验区，为中央农业推广委员会及金大农学院合办，主要工作除推广优良品种外，还包括经济、教育、卫生、政治及社会诸项，虽以农业推广为工作重心，实兼谋整个乡村之建设，值此举国营求农村复兴之际，乡村改进工作，几如风起云涌，然以农业推广作出发点，以谋乡村之建设，在乡村运动中尚属一种崭新姿态，受否为可采取之路线，殊值得我人之研究与讨论。”[③]于是着手试验区现状的调查，旁搜远索，用两年时间完成《乌江乡村建设研究》一书，分过去、现在及将来三篇，凡举该区事业进行的困难得失，服务人员的心得，地方各界之舆论，及该区将来的计划，均详述无疑。全书注重学术上之探讨，务使事实与理论打成一片，而谋求研究乡村建设的新途径。

1935年夏，蒋杰协助恩师乔启明完成了南京郊区一镇四乡（即秣陵镇、孝陵乡、仁陵乡、信陵乡、爱陵乡）的农村社会调查。此次调查的内容有三：一是将农村社会的各项问题作一概况调查，并探讨同一区域的农村社会问题是否具有差异。其二是在该五个镇乡调查家庭情况，借以明了各农家经济及社会的状况。其三是进行农民生活调查，用以探讨该农村社会内各项问题之缩

① 章之汶、辛润堂、蒋杰：《江宁自治实验县乡村教育初步调查》，《农林新报》，1934年第2期。
② 章之汶、辛润堂、蒋杰：《江宁自治实验县乡村教育初步调查》，《农林新报》，1934年第2期。
③ 蒋杰：《乌江乡村建设研究》，南京：金陵大学农学院农林新报社，1936年，第1页。

影。调查人员包括金陵大学专科一年级同学薛维亚等 53 位,他们于 1935 年 7 月 10 日分三组,分往秣陵镇的来复会堂及合作社联合会,孝陵乡的嘉禾农场及信陵乡的小里村合作社。住秣陵镇的同学占全体 3/5,仁陵乡及爱陵乡各占 1/5,各自调查居住所在之乡。调查最终获农家概况调查表格 188 份,农家生活表格 113 份。根据调查所得,蒋杰认识到农村经济机构的调整,农民信仰的纠正,农民迷信的扫除,农村习俗的改良,农村教育的普及,农村娱乐的提倡,农村卫生的革新等等事宜都亟待革新。

1935 年秋,受西北农林专科学校校长辛树帜的嘱托,蒋杰主持关中地区农村人口调查。(20 世纪二三十年代,我国农科大学和农业专门学校发展迅速,但主要分布于东南沿海和长江中下游,在北方和西北地区未有大的发展。20 世纪三十年代初,中华民族处于风雨飘摇的灾荒战乱年代,外有日本帝国主义的入侵,内有饥荒遍野,尤其是西北连年苦旱,民不聊生。在国家和民族危亡之际,大批有识之士极力主张"开发西北""建设西北"。1934 年,在国民政府的支持下,辛亥革命元老于右任选址杨陵,创建了西北农林科技大学的前身,中国西北第一所农业高等专科学校——国立西北农林专科学校。)蒋杰与学生一行在渭河以东调查三原、蒲城及华阴三县,渭河以西调查鄠县(现西安户县)、武功及凤翔三县,分布统计,以资比较。具体情况如下:

此次调查的数据包括灾前人口、灾后人口、死亡人口、死亡人数分布、生育率等。在历时三年的整理、分析、统计之后,出版了《关中农村人口问题——关中 1 273 农家灾荒与人口之调查研究》。报告以翔实的资料论述了灾荒对人口的影响作用,并明确指出"凡经过灾荒欲多的社会,其人口质量退化的程度亦欲深"①。

1937 年,蒋杰与乔启明开展了中国人口与粮食问题的调查,这次调查主要是文献的调查,他们依据中央农业试验所农情报告、金陵大学农业经济系 22 省调查材料以及民国各省市部门的档案资料等,从人口数量、耕地面积、粮食的生产、人用粮食的人口支持力与不足的数额以及作为其他用途的粮食与剩余的数额等方面对抗战前中国的人口与粮食生产供应状况进行了分析和研究。报告认为,"粮食解决的方案可归纳在政治、经济、社会、农业科学研

① 蒋杰:《关中农村人口问题——关中 1 273 农家灾荒与人口之调查研究》,杨凌:国立西北农林专科学校,1938 年第 6 页。

究等等工作事项之上。”战前政府亟应“安定农村，抚辑流亡，使达农民能安居乐业的首决条件，然后选择政府现有机关中和粮食问题有密切关系者，使各负完全责任”①。

陕西关中地区农村人口调查时期及农家户数

调查地点	调查时期	调查农家数
关中全部	—	1 273
关中东部	—	618
三原	1935.11—1936.10	209
蒲城	1935.12—1936.11	206
华阴	1936.3—1937.2	203
关中西部	—	655
鄠县	1936.4—1937.3	201
武功	1935.10—1936.9	239
凤翔	1935.11—1936.10	215

（二）蒋杰农村调查的特点

蒋杰的农村调查侧重点各有不同，调查的内容丰富而广泛，很大程度上反映出20世纪二三十年代中国农村社会的时代特征。综观这些调查，有以下三个特点：

1. 运用科学方法，因地制宜地开展专门性调查。受中国农业经济研究的技术学派②的影响，蒋杰注重运用现代经济学、人类学、社会学等科学的方法

① 乔启明、蒋杰：《中国人口与粮食问题》，上海：中华书局，1937年第4页。

② 近代以来，在如何解决中国农业问题方面，一直存在“技术学派”与“分配学派”之争，技术学派以金陵大学农经系卜凯为代表，主张发展现代农业科技和市场经济。蒋杰是卜凯的学生，他的农村调查研究深受其影响。卜凯特别强调运用调查方法研究中国的农村问题能否取得良好的效果，关键在于“调查表的性质，调查员的能力，与农人的自身三者”“前二者尤居首要”。关于调查表，卜凯认为关键在于“表格之编制，能否于田场经营上的各项紧要特质，予以适当之理解”；关于调查员，卜凯认为调查员必须具备专业素质，在进行农村调查询问农民时应该“善于诱导而询问之”，这样，“所需求的真相，自不难获得其真相”。

进行农村调查，同时为了确保调查的顺利展开，他特别注意依靠乡村传统的社会关系取得农民的信任，让他们说实话，以获取第一手、真实精确的材料。（近代以来，在如何解决中国农业问题方面，一直存在“技术学派”与“分配学派”之争，技术学派以金陵大学农经系卜凯为代表，主张发展现代农业科技和市场经济。蒋杰是卜凯的学生，他的农村调查研究深受其影响。卜凯特别强调运用调查方法研究中国的农村问题能否取得良好的效果，关键在于“调查表的性质，调查员的能力，与农人的自身三者”“前二者尤居首要”。关于调查表，卜凯认为关键在于“表格之编制，能否于田场经营上的各项紧要特质，予以适当之理解”；关于调查员，卜凯认为调查员必须具备专业素质，在进行农村调查询问农民时应该“善于诱导而询问之”，这样，“所需求的真相，自不难获得其真相”①。）例如，在研究关中人口问题时，蒋杰对关中各县进行了大规模的农村人口抽样调查，为了保证有准确的代表性和可靠性，蒋杰至少每县调查 200 家农户以上。其调查所用的表格，系采用金陵大学农业经济系所制的“人口调查表”。为了研究家庭大小变迁，“另附带询问民国十六年（1927年）未遭灾荒时的家庭人口数及代数”，以与人口调查表比较。同时又制作三种表格：其一为“近十年农村户口与土地变迁调查表”，分别调查各村民自民国十六年（1917 年）至民国二十五年（1936 年）户口、土地面积、地价等等变迁。其二为“县概况调查表”，偏重在一县的经济、教育、医药卫生及风俗习惯等项，用以探讨各地农村人口问题发生的背景，以及改进时应采取的途径。其三为“关中大旱农家人口损失调查表”，研究该区人口民国十七年（1928年）至民国二十一年（1932 年）的灾荒过程中，“究与自然选择诸因子，如死亡、贩卖、送养、逃亡等，发生何项相关反应。”②此外，蒋杰了解到关中民气闭塞，一般乡村民众，大有“多见树木，少见人”之概，对于调查工作的认识，当然极为浅薄，为防止“彼等对这次调查，系抽丁及纳税用的疑惧态度”起见，“酌用政治力量，以协助工作进行。先由学校当局正式备函致所须调查区之县政府，再由各该县县长手谕联保主任，转示各乡镇保甲长，代为召集农户，挨次调查。”后又因为当地民众历年感受政治上的痛苦甚深，对官员有诸多恐惧，

① 卜凯：《中国农家经济》，上海：商务印书馆，1936 年第 1—2 页。

② 蒋杰：《关中农村人口问题——关中 1273 农家灾荒与人口之调查研究》，杨凌：国立西北农林专科学校，1938 年，第 47 页。

以是推诿效尤，或含糊答复等情形常易发生。于是改变方针，“凡遇保长及一般农民的态度欠佳时，乃拜访该地小学教师，或地方领袖要求帮忙”[①]，其中尤以各县小学教师最为尽心，对调查的协助最多。武功县的调查几乎全部利用该地学校所组织的合作社。可见，这种传统关系与现代科学方法相结合的调查方式适应了当地的情形，其成效是显而易见的。

2. 具有深刻的历史感。蒋杰试图将社会现实看成是一种历史的结果。在调查中他力求从历史发展中去认识现实，进而找寻社会问题过去与现实的联系。如《乌江乡村建设研究》一书，蒋先生在谈到乌江乡村社会的演进时说：“任何乡村社会之形成，大部分系昔日逐渐进化而来，若探究其进化之历程，可察知今日之社会现象，何由发生。继而根据此项发生原因，作为控制之张本，按美国社会学者薛末士氏（N. M. Sims）曾谓，一切社会问题均含有历史性，今阐明此项历史情形，即成为发生原因及解决方法之最大助力，目下乡村生活已日趋于严重化，依照作者管见，此项问题实与社会进化历史有关，若能寻求历史上之处置，当能用今日问题之钥匙，并能扶协我等明了阻碍乡村文明之因子何在，以及建议救治此项病态之途径。”[②]有鉴于此，他追溯了乌江自晋以来的历史，并特别调查了民国以后乌江乡村社会支离破碎的现象，蒋杰指出：“近十年来，乌江乡村社会被军队及土匪抢劫凡五次，损失达五十余万元，至于受天时方面之损失，益数倍于此，他如烟赌盛行，捐税繁重，人民知识低落等等，为害亦非浅显”。因此，“时至今日，唯有望乌江乡运人员会同当地民众，通力合作，以求乡村建设之成效，得以日进耳。”[③]

3. 以了解农村事实，改良农村为调查宗旨。从社会调查的目的来看，社会调查大致可分为认知型、服务型、改造型和综合型四类。认知型即纯粹学理的调查，重在描述事实，为人们提供真实而详尽的田野报告和有限的理论分析。服务型调查为某一设计目标服务，重在提供实现目标的依据。改造型调查主要是发现问题，提出改革方案；综合型调查是以上几种类型的综合

① 蒋杰：《关中农村人口问题——关中1273农家灾荒与人口之调查研究》，杨凌：国立西北农林专科学校，1938年，第42页。

② 蒋杰：《乌江乡村建设研究》，南京：金陵大学农学院农林新报社，1936年，第35—40页。

③ 蒋杰：《关中农村人口问题——关中1273农家灾荒与人口之调查研究》，杨凌：国立西北农林专科学校，1938年，第234页。

体[①]。蒋杰的农村调查是在认知基础上，更加偏向服务和改造，甚至融入了强烈的民族情感。他对乌江乡村建设进行调查，其目的是通过介绍乌江乡村建设的特色，即"以农业推广为出发点，以农业生产增加为基础，而期达到乡村建设之完成"[②]，从而为国内从事一般乡村建设者之取法。他调查江宁自治实验县乡村教育，主要是因为江宁县自改为自治实验县以来，即"锐意谋乡村教育之改进，尤以假乡村中心小学各种社教，作建设乡村之中心机关，为最有意义之实验"。为明了现在乡村教育状况，"备作将来改进乡村教育计划之根据，并期证实江宁自治县现有之实验是否可行。"[③]他对人口与粮食问题的调研，其目的有二：一是粮食问题是绝端重要的，其本身富有永久性，正确的产消统计决不能少。二是除希望政府现有的农情报告力求准确外，更冀在最短时，另进行全国人口和农业的总清查，然后对粮食和人口问题有更精密的认识。他调查关中农村人口，则是由于："陕西农村之衰弱与破坏，凡履其境者类能言之。各种农村问题中，当以人口问题为首要，设一观察陕西农村人口之现状，更当为之惊心动魄！民国十七八年间，西北大旱，其中罹灾最烈者即陕西关中，人民死亡枕藉之惨，至今谈者犹有余悸！时隔十年矣！"故而，"所有人口结构及其消长情形，已演变至何种程度？事关复兴当地农村之基本条件，不可不察也。"[④]他从事南京郊区农村调查是希望对当时"各农村问题之症结，能得到统一充分认识，而后略供刍荛，以为解决方案"[⑤]。蒋杰的这些调查具有很强的实用性，它可作为了解农村事实的参考资料，也可作为改良农村的初步调查工作，为解决当时中国农村的实际困难提供了依据。

（三）蒋杰农村调查的意义

蒋杰的农村调查至少在如下两个方面为我们提供了较为深广的反思的空间：

---

① 李金铮：《定县调查：中国农村社会调查的里程碑》，《社会学研究》，2008年第3期。

② 蒋杰：《乌江乡村建设研究》，南京：金陵大学农学院农林新报社，1936年，第2页。

③ 章之汶、辛润堂、蒋杰：《江宁自治实验县乡村教育初步调查》，《农林新报》，1934年第2期。

④ 蒋杰：《陕西关中农村人口现状》，《西北导报》，1937年第1期。

⑤ 李文海主编：《民国时期社会调查丛编·乡村社会卷》，福州：福建教育出版社，2005年，第334—351页。

第一，推动了中国农村调查与研究的本土化。在近代中国农村调查史上，最早开展农村调查与研究的是外国学者，1899 年，美国传教士明恩溥（A. H. Smith）以独有的视角和眼光写成《中国乡村生活》，对乡村中的商店、集市、民间借贷团体等多有描述。进入民国时期，一些教会学校中的外籍教授为指导学生实习，主持了具有现代意义的农村调查研究，这些调查主要包括 1914 年清华学校狄德莫（C. G. Dittmer）主持的南京郊区农户生活费用的调查，1919 至 1920 年沪江大学葛学博（D. H. Kulp）指导的广东潮州凤凰村调查，1922 年燕京大学戴乐仁（J. B. Tayler）开展的 5 省 240 村的经济调查，以及金陵大学农学院卜凯（J. L. Buck）进行的两次大规模的农村经济调查（第一次是 1921—1925 年间，共对 7 省 17 县的 2 866 户农家进行调查，调查成果《中国农家经济》于 1930 年在美国出版。第二次是 1929—1933 年，组织对中国 22 省、168 个地区、16 786 个农场和 38 256 户农家的调查，在此基础上编写了《中国土地利用》一书，并于 1937 年出版）等。面对国外学者的调查活动，中国社会学者逐渐意识到“研究自己，了解自己”的重要性，20 世纪 30 年代初，杨开道为瞿同祖所著《中国封建社会》一书作序时，曾指出：“中国社会科学的毛病，是只用国外的材料，而不用本国的材料。尤其社会学一门，因为目下研究的朋友，大半归自美国，熟于美国社会情形，美洲实地研究。所以美国色彩甚浓，几乎成为一个只用美国材料，而不用中国材料、欧洲材料的趋势。这种非常状态，自然会引起相当反感的。”[①]因此，他们积极行动起来，开始从对于“西学”、“国外材料”的兴趣，转向将社会学的理论和方法与中国的社会实际结合起来，对中国农村进行调查，以自觉的倡导本土社会的研究取向。蒋杰是推动是中国早期农村调查研究本土化实践的重要代表，综观他的农村调查，均以调查报告甚至学术论文作为最终的成果形式，保存了大量的调查数据和原始资料，这些文字凝聚了蒋杰对自然、社会及政治、经济等问题的分析、透视。以《关中农村人口问题——1923 年农家灾荒与人口之调查研究》为例，它是目前有关中国近代灾荒与农村之相互关系最系统、最细致的一份调查。夏明方在《民国时期自然灾害与乡村社会》中对这份珍贵的灾害史料作了如是评价：“这份调查的发现，使我论文之中有关灾荒与人口问题特别是灾荒与人口结构的问题黯然失色。往正面说，就是这份调查为我的研究提

---

① 瞿同祖：《中国封建社会》，上海：上海人民出版社，2005 年，第 3 页。

供了最好的实证，往反面说，就是我曾经做过的努力有很大的一部分都变成了无用功，甚至我的不少自以为是的结论也因这份调查而变成了谬误。”[①]不仅如此，这份调查还提出了许多新的、有价值的理论与观点。例如在灾害学研究里面有一个假说，叫人口死亡的补偿机制，就是说一个地区在遭受大灾荒之后，老百姓会拼命生孩子，结婚的比率会增大，之后生育率也会增大。关中人口调查证明了这一点，蒋杰在调查结论里面就特别提到，灾后的生育率突然升高，死亡率降低。死亡率的降低，生育率的提高，反而会形成一个生育的高峰，就是人口增长的一个高峰。

第二，对中国农村建设具有重要的借鉴意义。20 世纪二三十年代，军阀割据，战乱频繁，加之帝国主义入侵以及各种天灾人祸，造成中国农村经济日渐衰敝，一批有远见中国人特别是知识分子将视野转向广阔的乡村，把解决中国农村长期以来积贫积弱的问题放在救国救民任务的首位，他们纷纷呼吁“建设农村”、“救济农村”，认为“每个乡村不啻一细胞体，现欲求建设目的之抵达，当由巩固此项下层基础始，故不论其县政建设或国家建设，其着眼点自必以乡村建设为最后归宿”[②]，由此，一场规模浩大的农村复兴运动轰轰烈烈的展开。在这一背景下，蒋杰从事农村调查始终是为了服务乡村社会、增进农民福祉，他的调查研究属于乡村建设活动的一部分。他的总体上甚为广博的调查研究，是对当时农村社会状况的直接描述和记录，是供给中国农村复兴的参考资料，同时这些考察和研究的结晶也为解决诸多农村问题与症结提出了可贵的对策和建议。例如，蒋杰在调研灾荒和人口问题过程中，为提高农村人口质量所提出的一系列途径：首先，实行生育革命，使人口政策与育儿制度皆切实合理化，应以社会选择政策来代替自然选择。这种社会选择政策主要包括(1)严禁早婚；(2)打破“不孝有三，无后为大”与“重男轻女”的旧观念。(3)废除娶妾娼妓及贩卖妇女等恶习。(4)节制性欲与生育。其次是从旁的补救，包括(1)慎防旱灾，重要措施有造林防灾，兴修水利，建仓积谷等；(2)普及教育。(3)改进农业；(4)促进农村经济组织；(5)开发实业；(6)整理交通；(7)提倡副业；(8)开垦荒地；(9)注意医药卫生；(10)改除吸食鸦片、缠

---

① 夏明方：《民国时期自然灾害与乡村社会》，北京：中华书局，2000 年，第 437 页。

② 蒋杰：《陕西关中农村人口现状》，《西北导报》，1937 年第 1 期。

足、蓄辫、迷信等恶习[①]。这些补救办法对于当今农村社会仍有适用性，可为解决现阶段农村人口问题提供参考依据。另外值得一提的是，蒋杰对抗战时期中国人口与粮食问题的论述，在探讨战时粮食短缺问题时，蒋杰分析了四个主客观原因：第一是帝国主义的经济侵略，使农民不得不挨着饥饿，将其主要的粮食，换取不等价的工业品；第二就是交通运输的不发达，使农民的粮食，不能调节饥荒和丰收的地方，而演成一方面谷贱伤农，流亡载道的奇景；第三就是生产方法太陈旧，不能利用新技术以从事于耕地的改良，及大规模的精耕，以增加产量；第四就是苛捐杂税的繁重以及奸商地主的剥削，使广大的农民陷于饥寒交迫，不能自拔的惨境。针对这些不利因素，他认为，中国的战时粮食政策，最重要的是力求消费的调节与生产的增加双方并进；同时计划分配的公平，与设立必要的统制机关，施行各种统制方法。为此蒋杰提出了调解消费，增加生产，平均分配等一系列解决战时粮食短缺问题的基本对策。这种思考为我们探讨如何解决粮食安全，保障粮食生产和供应，能够确立更为清晰的历史维度。

我们在发掘和借鉴民国时期有关“三农”研究的学术遗产时，蒋杰的农村调查无疑是不可或缺的。他身体力行，深入农村进行实地调查，在实证研究的基础上提供了许多复兴农村、建设农村的经验。回顾这些调查的成果，可以大大拓宽我们的学术视野，使我们对民国时期的乡村社会及其诸多问题有了更切实的理解，同时也对现阶段的新农村建设具有重要的借鉴作用。

① 蒋杰：《关中农村人口问题——关中1273农家灾荒与人口之调查研究》，杨凌：国立西北农林专科学校，1938年，第234页。

第四章　中国共产党农村调查述论

20 世纪的二三十年代，由于中国农村经济的破产、帝国主义的侵略，中国共产党对中国的现状极为忧虑，但碍于对农村问题认识的不足，必须先对中国农村存在问题做详细的调查研究，然后才能对症下药，找到解救中国农村的良方。正是因为如此，以毛泽东、彭湃及陈翰笙等中国共产党人的农村调查为主线，对当时农村社会的农民生活状况、土地、经济和教育等方面进行调研，形成了对中国国情特别是对农村经济关系和社会状况的正确认识。中国共产党进行的农村社会调研数量众多，其中不乏精品之作，这些社会调研的开展，不论是从调研的理论方面，还是从调研方法的系统性方面都为日后农村社会发展提供了足够的借鉴经验。

一、中国共产党农村调查的必要性

(一)风雨欲来的中共革命

1927 年 4 月 12 日，在人们还没有来得及享受工农运动和北伐战争胜利的喜悦之时，蒋介石在国内外反动势力的支持下，在上海发动了“四一二”反革命政变，大肆捕杀共产党员和革命群众。4 月 18 日，蒋介石在南京建立南京国民政府，与汪精卫主席的武汉国民政府相对抗。革命紧要关头，陈独秀坚持右倾错误限制工农运动，放弃革命领导权，企图以退让寻求汪精卫的扶持。但共产党的让步并没有换来汪精卫的“和平共处”，1927 年 7 月 15 日，汪精卫领导的武汉国民政府发动反革命政变，宣布与共产党决裂。至此，第一次国共合作彻底破裂，国民革命失败了。

此时的中国共产党急需重新调整党的纲领路线，纠正右倾错误，以谋求新的出路，独立的武装政权及农村的重要性逐渐凸显出来。事实上在建党之初，中国共产党把主要精力集中在城市和工人运动方面，虽然以毛泽东、彭湃、陈翰笙、瞿秋白等人为代表的中国共产党人在党成立初期已经开展了大量的农村调查和农民运动，但并没有充分认识到农村的重要性，对农村问题的关注度不够。

大革命失败后，中国共产党对大革命失败的原因进行了理性分析与思考。1922 年中共在二大上制定的“消除内乱，打倒军阀，建设国内和平”的革命纲领，旨在统一中国为真正的民主共和国，而历时四年之久的轰轰烈烈的国民大革命却因蒋汪二人的残酷反革命政变终告失败。这其中的原因就包括中共对武装领导权的放弃和对农村及农民重要性的忽略。调查和运动的事实证明，在中国这样一个农民占人口大多数的国家里单搞城市暴动是行不通的，必须扎根于广大农村，建立广泛的农村革命根据地，并开展土地革命和进行根据地的政权建设。1927 年八一南昌起义爆发，第一支人民军队建立。这是中国共产党独立领导武装斗争的开始，为中国革命从城市转入农村，建立农村革命根据地，开展土地革命拉开了序幕。1927 年 9 月秋收起义及之后井冈山革命根据地的建立，使农村正式成为了共产党的革命根据地。由此，中共逐步完成了城市向农村的革命道路的重大转变，中国共产党人对农村的调查也成了中共革命中至关重要的内容之一。

(二)毛泽东、陈翰笙对农村调查理论的阐释

1. 毛泽东——“没有调查，没有发言权”

毛泽东早在新文化运动时期就已经开始了对农村问题的调查研究，1924 年以后，毛泽东开始重点研究农民问题，通过大量调查研究，对中国农村社会进行了深刻的分析。1925 年，毛泽东在《中国社会各阶级的分析》一文中最早论述了“中国革命的敌人是地主阶级和买办阶级，工业无产阶级是中国革命的领导力量”①。1926 年，毛泽东在《国民革命与农民运动》中指出：“农民问题乃国民革命的中心问题，农民不起来参加并拥护国民革命，国民革命不会成功”②。1927 年在《湖南农民运动考察报告》中肯定了农民的作用及党领导农民革命的重要性，明确指出“国民革命的中心问题是农民问题”③。1928 年至 1934 年，毛泽东在革命根据地亲自作了宁冈、永新、寻乌、兴国等 10 多

---

① 《毛泽东选集》第 1 卷，人民出版社，1991 年，第 9 页。
② 《毛泽东选集》第 1 卷，人民出版社，1991 年，第 37 页。
③ 《毛泽东年谱》上卷，中央文献出版社，2002 年 8 月，第 168 页。

个调查，这些调查与大革命时期的调查相比内容要丰富得多，这些农村调查文献成为指导根据地内开展土地革命的基本依据。1930 年，毛泽东完成了关于调查研究问题的重要著作——《反对本本主义》。文章开篇便提出“没有调查，没有发言权”这一科学论断，这是毛泽东调查研究理论的核心，这篇文章科学地论述了调查研究的基本观点、调查研究与中国革命的关系、调查研究的意义、调查研究的方法和技术等，是与教条主义做斗争的经验总结，是马克思主义认识论在实际工作中的具体运用，该文的发表标志着毛泽东调查研究思想的形成①。

纵观毛泽东的农村调查，无论是早期利用暑假到长沙及其附近县的农村做调查、对中国佃农的调查、对湖南农民运动的考察还是后来的寻乌调查、兴国调查、长岗乡调查等，他都是亲自深入群众，通过开调查会、制作调查表格、实地考察、访谈等方法，立足于当前的中国实际进行分析研究。特别是在 1931 年 4 月，毛泽东为红军总政治部起草了《总政治部关于调查人口和土地情况的通知》，并附有调查表格，规定了调查研究的内容和方法，不仅再次强调“不做调查没有发言权”，而且更进一步提出“不做正确的调查同样没有发言权”②，其中所提出的“正确调查”使毛泽东调查研究思想更加完整和周密。

毛泽东在实践中形成的调查研究理论，继承和发展了马克思主义的实践观，又立足于中国革命的具体实际，在一些社会调查研究工作的基础上对中国的社会各阶级状况及革命运动发展的规律有了比较深刻的理解，为取得革命的胜利奠定了坚实的基础。

2. 陈翰笙——中国农村实际同马克思主义的结合

陈翰笙的农村调查中最重要的理论成果就是马克思主义基本理论同中国实际的结合。1924 年留学德国的陈翰笙回国后，在李大钊的影响下，对马克思主义产生了浓厚兴趣并进行了学习研究。在之后的调查中，以陈翰笙为首的“中国农村派”将马克思主义政治经济学原理与中国农村实际相结合，提出了一系列农村思想。

(1)创造性地提出了五类农户分类法。根据非马克思主义社会学分类

---

① 吴增基、吴鹏森、苏振芳主编：《现代社会调查方法(第四版)》，上海人民出版社，2014 年，第 16 页。

② 《毛泽东选集》第 1 卷，人民出版社，1991 年，第 118 页。

法，中国农户可分为自耕农、半自耕农、佃农，或分为小农户、较大农家、大农家、更大农家。在这种划分方法下，全体农民都被“平等”了。这便无形中抹杀了各阶层之间的差别。抹杀了阶级关系和剥削关系，不利于发现农村问题的症结所在[①]。陈翰笙在领导农村调查期间，力求用阶级分析方法对农户进行分类。根据调查结果，他将农户分成地主、富农、中农、贫农、雇农五类。不仅如此。他还提出了分类标准：基于富力而同时参照雇佣关系。根据经济地位和剥削关系对农村进行阶级分类，有助于发现中国农村问题的症结所在，并有利于团结争取革命力量。这一农户分类方法的提出，是陈翰笙的一大贡献。

(2)揭示出农民承受的种种剥削和沉重负担。近代中国农村，由于生产资料占有的悬殊，农民承受着种种剥削，如地租、高利贷、税捐等。地租剥削是最普遍的一种剥削。只要存在封建土地制度，土地就会集中在少数人手中，这种剥削就不可避免，地主等土地占有者就会通过各种形式的租佃对农民进行剥削。据统计，1929 年无锡 11 个村单地租剥削就达糙米 301 135 斤，占农民租入土地净收入的 93.14%。其中贫农交租总额为 209 441 斤(糙米)，平均每人须交租 122.7 斤；中农交租 91,24 斤(糙米)，平均每人达 116.4 斤。高利贷同地租一样，是地主、富农等剥削农民的一种方式。高利贷者利用农民日益贫困这种时机，借给农民种子、工具、食粮等，到收获季节，便加倍收取本息，导致许多农民变卖田产，甚至卖儿卖女。这种高利贷，加重了封建社会对农民的剥削。税捐，又是加在农民身上的一把枷锁。名目繁多的苛捐杂税又进一步加重了农民的生活负担。以江苏社礼镇为例，“民国十六年，田赋赋税仅有地方纳税及义务教育两种，约当正税的百分之五。至前年赋税已增至六种竟及正税的百分之一百以上”[②]。田赋以外的捐税名目繁多，有烟酒税、屠宰税、牙税、经营税等。面对沉重税费，农民常常会出售田产以当费用。

(3)提出农村土地改革主张。经过分析摸底，陈翰笙等人选择了江苏无锡、河北保定和岭南广东这三个工商业比较发达而农村经济变化最快的地方

① 程恩富主编：《马克思主义经济思想史 中国卷》，北京：东方出版社，2006 年，第 48 页。

② 陈翰笙、薛暮桥、冯和法编：《解放前的中国农村 第三辑》，北京：中国展望出版社，1989 年，第 306 页。

作为调查重点。通过调查，陈翰笙等人指出了中国农村土地分配不合理的状况，揭示了近代中国农村经济的衰落足与不合理的土地制度紧紧连在一起的。针对这种情况，陈翰笙发表了《中国的土地改革》一文，提倡土地改革。他曾高度评价解放区的土地革命："共产党进行土地改革后，贫农显著减少，中农和真正的经营富农则明显增加，在很多地方产量和生产力都有所提高。"[①]在陈翰笙看来，土地改革是改变中国农村地主和农民不可调和的对抗矛盾、拯救农村经济社会危机的根本途径。此外，陈翰笙对土地革命必要性的论述，还为中国共产党进行土地革命提供了重要理论基础。

二、彭湃、毛泽东的农村调查

（一）彭湃的农村调查

彭湃是中国共产党农村调查中不得不提及的一个人。1896 年彭湃出生于广东省海丰县的一个大地主家庭，21 岁时东渡日本进入早稻田大学学习。在留学期间，他深受俄国十月革命的影响，开始和一批留学日本的同学共同研究学习社会主义学说，并积极参加了由学生发起成立的"建设者同盟"，同"同盟"中研究农民运动和农民问题的有识之士走在了一起。此时的彭湃逐渐认识到农民问题的重要性，他认为，中国是农民人数占多数的国家，农民阶级是中国进行革命的重要力量。

1921 年 5 月，彭湃毕业回国，不久便在广州参加了社会主义青年团并满怀革命热情回到家乡海丰县，于 1921 年 7 月创办了社会主义研究社和劳动者同情会，积极宣传社会主义思想。1921 年 10 月彭湃出任海丰教育局长时，在与陈炯明的家乡报《陆安日报》进行思想大辩论的过程中，彭湃逐渐把眼光投向农村实际工作，开始"放弃《陆安日刊》无谓的笔战而下决心到农村去做实际运动。"[②] 1922 年 6 月，彭湃在海丰正式开始从事农村调查和进行农民运动，揭开了海丰农民运动的序幕。

在开展农民运动之初，彭湃这个富家公子并不为农民所信任，但他没有

---

① 陈翰笙、薛暮桥、冯和法编：《解放前的中国农村 第二辑》，北京：中国展望出版社，1989 年，第 139 页。

② 薛农山：《中国农民战争之史的研究》，上海：上海书店出版社，1996 年，第 561 页。

气馁，而是穿布衣、光脚板，亲自到农民队伍中宣传革命思想。1923 年元旦，彭湃克服重重困难，领导成立了海丰总农会，并为农会撰写了《海丰总农会成立宣言》，对农民在社会各阶级的重要性作了充分肯定，号召农民团结起来，反抗不合理制度，反抗敌人的压迫，为解除困苦，争回自己的权利而斗争。从 1922 年初彭湃领导海丰农民运动到海丰总农会正式成立，入会会员已达 2 万户，10 万余人，约占全县人口的四分之一。自此，彭湃领导的农村调查活动如火如荼地展开了。

1923 年 5 月，海丰总农会改组为惠州农民联合会，彭湃任会长。同年 7 月又将惠州农民联合会改组为广东省农会，彭湃被推选为执行委员会委员长。1923 年“海丰县农会调查部”调查统计了海丰县农会的会员情况，制有会员成分表、海丰农民加入农会各时期之不同及其原因一览表、海丰农民失业离去乡村所到区域及其职业调查表等调查统计表格。调查结果为农会了解现实情况提供了翔实可靠的数据。彭湃无论刮风下雨，常常日行数十里，坚持不懈地到各乡各村进行演说和调查，还呼吁更多的同志参加到农村调查中来。

1924 年 4 月，彭湃正式加入中国共产党，并按照党的安排，以个人身份加入国民党，担任国民党中央农民部秘书。同年 6 月，在全国革命形势蓬勃发展、农民运动不断高涨的情势下，为培训农运干部，第一届农民运动讲习所在广州建立，彭湃担任主任。在讲习所授课的过程中，彭湃把海丰农民运动的经验和教训传授给学员，提出“入民间去”的口号，引导学员把理论与实践相结合，注重对学员实践和调查研究能力的训练，经常带领学员到郊区农村进行调查实践，农村调查方法随着学员毕业到各地而成为各地农村工作的重要的方法之一。农民运动讲习所的建立，培养了大批农民运动的骨干，成为我党培养革命干部的一大壮举。

1924 年 11 月，彭湃以国民党中央农民部特派员的身份到达广东省广宁县，开展了长达 3 个月的广宁农民反对地主武装的斗争。3 个月间，彭湃通过调查深刻认识到建立农民武装的重要性，在写给中共广东区委的报告中，他说：“农民总是向我们的宣传鼓动员指出，光有宣传鼓动而无武器是什么也干不成的。”“不建立农民的武装队伍，不把好的武器发给他们，我们的工作就得不到必要的结果。”[①]

1925 年 10 月 18 日，彭湃在省港罢工工人代表第 36 次大会上作的报告中对农民的阶级成分初步进行了划分。他认为，中国 80%的农民可以分为自耕农、佃农、雇农，其中佃农约占 50%，半自耕农约占 30%，自耕农、雇农约占 20%，并具体讲述了农民在政治上、经济上、文化上受压迫的情形：农民在政治上艰苦万分，深受土豪劣绅、民团乡团、警察、县长、军阀等的压迫，毫无权利与地位可言；在经济上深受地租剥削，要将一半以至三分之二的稻谷交于地主，自己年年都亏本，只好靠做工、卖东西甚至鬻妻卖子来还债；在文化上则没有书读。由此彭湃认为，农民只有起来革命才有活路，而农民革命必须有人去发动和组织，因此必须重视对农民运动的领导[②]。

1926 年初，彭湃完成了《海丰农民运动》一书，这本书是对农民的革命性、重要性以及农民运动开展的过程和斗争经验的整理和总结。书中彭湃详细分析了农民在政治上、经济上、文化上受压迫的情况。在书中，他指出：在政治上，“辛亥以前，海丰的农民一直是隶属于满清的皇帝、官僚、绅士和田主这班压迫阶级底下，农民怕地主绅士和官府好像老鼠怕猫的样子，终日在地主的斗盖，绅士的扇头，和官府的锁链中呻吟过活。”辛亥革命后，在陈炯明统治下非但不能摆脱这些压迫，并且“增加了新兴地主的护弁及手枪之恫吓”。在经济上，由于帝国主义的入侵及军费负担、苛捐杂税之沉重，使自耕农入不敷出，零落变成佃户，逐渐无产阶级化；佃农更要受 50%至 75%地租的剥削，更加亏空得厉害，日陷于悲哀和不幸。在文化上，由于无钱读书，80%的农民连自己的名字都不会写。在这种情况下，农民不革命只有“死”路一条。彭湃对农民生活状况的深入调查和具体分析，可以说在中国共产党内是最早的。正因为他了解农民、熟悉农民、深知农民的苦难，所以他坚信农民的革命性，全力以赴地投入到农民运动中去[③]。

1926 年 5 月，由彭湃领导和主持的广东省第二次农民代表大会通过的《广东农民一年来奋斗经过报告决议案》明确提出要联合全体农民，以实现多

---

① 中共广东省委宣传部编：《彭湃文集》，北京：人民出版社，2013 年，第 81 页。

② 李志英、罗艳、傅奕群：《认知中国——近代中国社会调查的人群聚类分析与研究》，北京：商务印书馆，2013 年，第 288 页。

③ 叶佐能编：《彭湃研究论集（上册）》，北京：中共中央党校出版社，2007 年，第 98 页。

数人的幸福为原则，夺回被劣绅土豪垄断的乡村政权，派员参加地方政治，以取得实际的利益。这次会议通过的《农民运动在国民革命中之地位决议案》进一步指出："半殖民地中国国民革命运动便是一个伟大的农民解放运动。在经济的观点上和群众的观点上，农民问题是国民革命的一个中心问题。国民革命能否进展和成功，必以农民运动能否进展和成功为转移。占人口绝大多和占经济地位最重要的农民如果不起来，中国的国民革命绝对不能有真正成功的希望。所以农民运动在中国革命运动中，是占一个最主要的地位，农民运动问题是国民革命运动中的根本问题。"[①]

彭湃从自己的亲身体验中，认识到从事农民运动、进行农村调查要讲究方式方法。1926 年 6 月 2 日，他在第六届农民运动讲习所的讲演中，明确提出作农民运动的十二条"注意之点"，其中有："要吃苦，忠诚勇敢，受党的指导""要明白农民的生活及其心理""与农民交接应严密，决然不可生金钱关系""不要贪恋农民妇女""不要出无所谓的风头，夸自己能干""谈话不要深奥，用俗语，且要耐烦""初次与农民谈话，可以白话告以历史""不要显出与农民不一律的动作"等[②]。

彭湃被毛泽东称为"中国农民运动大王"，他是党内最早关注农村问题并坚决从事农民运动的领导人之一，在领导中国农民运动的实践中，彭湃写下了许多关于农民运动和农民问题的著述，创立了独特的农民运动理论，为中国共产党农村调查提供了宝贵的借鉴经验。

(二)毛泽东的农村调查

毛泽东是中国共产党从事社会调查特别是农村调查的开拓者之一。他亲自进行农村社会调查，其时间之久、规模之大、内容之广、作风之深入，在中国共产党的历史上是空前的。他既注重社会调查的实践活动，又重视总结调查的技术和方法，并对调查成果进行理论概括。在 20 世纪二三十年代，毛泽东进行了卓有成效的农村调查工作。

1. 毛泽东农村调查的起步阶段

在中国共产党人早期农村调查中，毛泽东取得的成果最大，他对中国农

---

① 卢丽刚:《中国共产党是怎样凝聚力量的？井冈山斗争时期中国共产党凝聚力量的历史经验》，南昌:江西人民出版社，2014 年，第 52 页。

② 中共广东省委宣传部编:《彭湃文集》，北京:人民出版社，2013 年，第 207—208 页。

村深入而周密的调查研究是他能在中国成功领导革命的决定性因素之一。调查研究是毛泽东一生中重要的组成部分。毛泽东从参加共产主义运动、缔造我们党的最初年代开始，就一直提倡和实行对于社会客观情况的调查研究。正因为毛泽东在民主革命时期对调查研究的重视，尤其是对农村调查的重视，他才对当时的中国社会状况有着透彻的了解，也才能在“众人皆醉”的社会氛围中，号准中国农村的脉，准确把握革命规律，找到一条符合中国国情的革命道路。

毛泽东对农村和农民问题的调查研究经历着一个逐渐深入过程。新文化运动时期，毛泽东在湖南第一师范学校读书，在老师杨昌济的引导下，开始向社会学习，向实践学习。他认为除了读有字之书外更要读无字之书，以前人们很少用社会实际说话，这样不利于从实际出发去研究和探索真理。

在这样的思想指导下，毛泽东开始了其初期农村调查实践。他常利用课余和星期天，到农村做社会调查，到工农群众中访问。1916 年，毛泽东与蔡和森一起从长沙出发，用一个多月时间，绕洞庭湖南半圈，游历了浏阳、湘阴、岳阳等地。1917 年 7 月，毛泽东与长沙楚怡小学教员萧子升一起，利用暑假到长沙及其附近的宁乡、安化、益阳、沅江 5 县的农村做调查，给学校、商店、庙宇等写对联，历时一个多月，采用“游学”的办法，广泛接触社会各阶层人士和贫苦劳动者，调查当地的历史、地理、民情、风俗等情况，了解社会世态，熟悉风土民情。同年冬天，毛泽东又到浏阳文家市铁炉冲一带做调查，广泛了解农村和农民的情况，进一步熟悉社会。1918 年 8 月 15 日，毛泽东在赴北京的途中行至河南郾城时适逢沙河涨水，铁路被冲断，火车无法通行，停留在郾城城郊。此间，毛泽东组织同行的青年到农村开展调查，了解情况，他与两位同伴到漯河寨调查，次日徒步行至许昌。1919 年 9 月 1 日，毛泽东在长沙发起成立“问题研究会”，拟定《问题研究会章程》，第 5 条称：“问题之研究，有须实地调查者，须实地调查之”①，将调查研究的认识和方法推广至同志群体之中。1921 年春夏间，毛泽东同易礼容、陈书农到沿洞庭湖的岳阳、华容、南县、常德、湘阴等地，考察学校教育，进行社会调查。

1921 年 7 月 23 日，中国共产党正式成立。同年 10 月，中国劳动组合书记部湖南分部在长沙成立，毛泽东担任分部主任。根据中共“一大”所确定的

① 梁柱主编：《毛泽东思想若干理论研究》，北京：高等教育出版社，1999 年，第 19 页。

工作重点，毛泽东将精力投入到城市和工人运动中，并没有过多关注到农民问题和农村问题。这一点可以从1923年他对恽代英到农村去的回复中反映出来，他认为此时城市工作都忙不过来，怎么能再去搞乡村？

1923年6月，中国共产党第三次全国代表大会上，他提出应该注重农民运动，应该重视全国广大的农民，他认为如果共产党也注重农民运动，把农民发动起来，就不难像广东一样取得革命成功，此时的毛泽东逐渐认识到农民运动的重要性。

1924年底，毛泽东患病，经中共中央同意，离开上海回到家乡韶山疗养。回到家乡，他一边养病一边借机串门、走亲访友，作一些社会调查。他访问了韶山一带的知名人士，如老学者毛简臣、李漱清，开明绅士庞坦直等。经过同各种人的接触和调查，了解到韶山附近农民的生产、生活情况，农村的阶级状况和各种社会情况。在进行社会调查的同时，毛泽东还秘密建立了中共韶山支部和社会主义青年团组织，组织起农民协会，成立了20多所农民夜校，并领导家乡农民进行了“阻禁平粜”和争夺教育权等斗争。

1926年1月，国民党在广州召开第二次全国代表大会。会议根据中国共产党人的提议，通过了农民运动的决议案，设立了农民运动委员会，毛泽东、林祖涵(林伯渠)、萧楚女等九人为委员。同年3月16日，农民运动委员会举行第一次会议，决定由毛泽东担任第六届广州农民运动讲习所所长。可以说毛泽东对农民运动以及对农村问题的广泛调查主要是从参与举办农民运动讲习所和指导农民运动开始的。这一届学员来自全国20个省，共300多人，是历届农讲所规模最大的一次。这些学员大部分是工人、农民、小学教师和青年学生，他们把各自所熟悉的当地农村情况带进农讲所。毛泽东认为这是了解农村的极好机会，他将这些学员作为调查对象，向他们了解各地农村各方面的情况。获得了丰富的能够反映全国农村情况的调查材料。除了亲自调查研究外，毛泽东还主持并召集来自各省的学员开调查会，不能参加调查会的，发给调查提纲，调查的范围包括租率、田赋、主佃关系、抗租减租、农村组织、风俗习惯等，要求学员把家乡的情况，按调查项目填写。为了使学员学习的理论能够与实践相互结合，掌握实际的调查研究方法，毛泽东训练学员学会用马克思主义观点去认识分析农村问题，组织一批学员到韶关农村实习，组织全体学员在毕业之前专门到海丰县实习两个星期。毛泽东通过这些方式，让学员到革命群众中考察其组织和生活，坚定学员投身农民运动的决心。每当学员外出调查归来，他总要仔细询问调查情况，帮助学员总结提高。毛泽东对学员们调查研究的成果十分重视，他将一部分调查报告和材料，经过整理分析，编进《农民问题丛刊》中出版。

1926年9月，他为《农民问题丛刊》撰写了序言《国民革命与农民运动》。文章中指出："农民问题乃国民革命的中心问题，农民不起来参加并拥护国民革命，国民革命不会成功；农民运动不赶速地做起来，农民问题不会解决；农民问题不在现在的革命运动中得到相当的解决，农民不会拥护这个革命。"① 要发动农民起来革命，就必须了解农民，开展深入的农村调查。为此，他还号召应当有大批的同志下定决心去组织农民工作下定决心研究农民问题，下定决心深入到农民群众中，引导他们组织起来，同土豪劣绅斗争，引导他们同城市的工人、学生、中小商人合作建立起联合战线，引导他们参与反帝国主义反军阀的国民革命运动。在中国共产党内，毛泽东不是中国共产党内最早从事农民运动的人，但他此时在党内对农民问题认识的深度已走在前列。

毛泽东在组织和领导韶山一带农民运动的过程中，收集了许多关于农民生产和生活的材料，以这些材料为根据，再加上同湘潭西乡佃农张连初进行的详细交谈，写成了《中国佃农生活举例》一文。1927年3月，这篇调查作为中央农民运动讲习所丛书之一正式出版。这是目前保存下来的毛泽东用文字写成的最早的一篇调查材料。在这本书中，毛泽东假定一个壮年勤敏的佃农，"租人十五亩田（一佃农力能耕种之数），附以相当之园土柴山，并茅屋一所以为住宅。此佃农父母俱亡，仅一妻一子，妻替他煮饭喂猪，子年十二三岁，替他看牛。这个佃农于其租来之十五亩田，可以全由自己一人之力耕种，不需加雇人工。因穷，田系贩耕，没有押租银可交，所以田租照本处通例要交十分之七。"那么这位佃农每年的收支状况到底如何呢？毛泽东虽出生农村，但要细道出庄稼人艰辛的每一笔细账则需要拜农为师了。先算支出，这个佃农一年的支出包括食粮，猪油，盐元，灯油，茶叶，工资，种子，肥料，牛力，农具消耗及杂用，以上各项共计一百六十七元三角六分五厘五 。再算收入，这个佃农一年的收入包括田收，喂猪，冬秋砍柴或挑脚，工食省余四项。其中田收一项以每亩年获稻谷四石计算，十五亩共获六十石，交租四十二石，自得十八石，每石价四元，共七十二元；再加上其他三项收入，每年共计一百四十七元

---

① 罗惠兰：《中华苏维埃共和国人权建设》，长沙：湖南人民出版社，2007年，第242页。

七角二分。最终收支相抵，亏空十九元六角四分五厘五。终年劳动而入不敷出，这就是中国佃农生活的一般情形。而就算这样，还须假定在下列六个条件同时具备才有可能：绝无水、旱、风、雹、虫、病各种灾害；身体熬炼，绝无妨碍工作之疾病；精明会计算；所养猪牛不病不死；冬季整晴不雨；终年勤劳，全无休息。事实上，这六个条件同时具备的人几乎不存在。所以，毛泽东调查后得出的结论是："中国之佃农比牛还苦，因牛每年尚有休息，人则全无。然事实上佃农不能个个这样终年无一天休息地做苦工，稍一躲懒，亏折跟来了。这就是中国佃农比世界上无论何国之佃农为苦，而许多佃农被挤离开土地变为兵匪游民之真正原因。"①《中国佃农生活举例》着眼于以比较严谨的数量统计为基础的经济关系和状况的考察，揭露了中国农村封建重租制度的罪恶。

2. 毛泽东与《湖南农民运动考察报告》

毛泽东对湖南农民运动的考察实践意义更为重大，不仅在调查实践上有更大的突破，更为重要的是《湖南农民运动考察报告》是中共党内第一次倡导调查研究理论建设的有益尝试。

大革命时期，随着国共合作的深化与北伐战争取得重大进展，革命形势不断高涨。随着北伐战争的胜利进军，由广东开始的农民运动迅速发展到全国。在中国共产党领导下，广东、湖南、湖北、江西、河南、陕西、四川、广西、福建、安徽、江苏、浙江等省农民运动相继展开。1926 年 6 月，农民协会已遍及粤、湘、鄂等 17 个省，全国 200 多个县成立了县农民协会，会员达 915 万多人。农民运动的蓬勃发展引起了中国社会的极大震动，尤其冲击了以劣绅土豪阶级为主体的中国国民党右派的利益，他们极端仇视并猛烈抨击农村革命，污蔑农民运动是"痞子运动""惰农运动"，叫嚷农民运动"糟得很"。民族资产阶级和革命队伍内的中间派，也跟在反动派后面叫喊农民运动"过分"。面对日益高涨的农民运动和日趋尖锐的阶级斗争，中共中央内部也出现了激烈的争论。1926 年 12 月 13 日，中共中央在汉口召开特别会议，在这次会议上，一些共产党人对农民运动产生了极大的质疑与责难，陈独秀指责正在兴起的农民运动"过火""过左"，是所谓的"左倾幼稚病"，并对农民运动的发展

① 毛泽东：《毛泽东农村调查文集》，北京：人民出版社，1982 年，第 33 页。

作了种种的限制，力图通过限制工农运动的发展来消除国民党右派的“误解”，拉住资产阶级。最终这次会议错误地根据陈独秀所代表的右倾主义指导方针，做出了限制工农运动发展的决议。与此同时，共产国际指令中国共产党要坚持维护与国民党的合作，力主回避农民运动所带来的矛盾以迁就国民党。这些对农民运动的发展无疑具有严重的不利影响。在这样的舆论环境下，为了解释与回击来自党内外的质疑、不满与责难，反击地主阶级和国民党右派的猖狂进攻，并澄清中国共产党内对农民运动的偏见，毛泽东以中共中央农民运动委员会书记的身份，做了大量的工作。

1927 年 1 月 4 毛泽东动身前往湘潭，考察湖南农民运动。从 1 月 4 日到 2 月 5 日，毛泽东行程 700 多公里，历时 32 天，实地考察了湘潭、湘乡、衡山、醴陵、长沙五个县的农民运动，得到了大量的第一手资料。在考察的各乡、各县城，毛泽东召集有经验的农民和农运工作同志开调查会，仔细听他们做报告。他发现从农民口中讲出的道理和在绅士阶级那里听到的道理完全相反。他发现农会运动开展得如火如荼，农会在乡村简直独裁一切，土豪劣绅，不法地主，完全被剥夺了发言权。在农会的威力下，土豪劣绅中头等的跑到上海，二等的跑到汉口，三等的跑到长沙，四等的跑到县城，五等以下土豪劣绅崽子则在乡里向农会投降。

回到长沙后，毛泽东马上向中共中央提交了《关于湘区一月份农民运动报告》，报告中说道：“我们在此社会群向农运进攻之包围中，我们亦自认现在农运的确是太左稚（这是当时对左倾幼稚的简称），于是通告禁止农协罚款、捕人等事，而且限制区乡农协执行委员，皆须现在耕种之农民担任，对于罚款、逮捕之人，皆须扫除，几乎不自觉的站到富农、地主方面而限制贫农。自润之同志自乡间视察归来，我们才感贫农猛烈之打击土豪劣绅实有必要，非如此不足以推翻现在乡村之封建政治”[①]。2 月 12 日，毛泽东由长沙回到武汉。16 日，他将考察的情况给中共中央写了一个报告。报告中说：“在各县乡下所见所闻与在汉口在长沙所见所闻几乎全不同，始发见（现）我们从前对农运政策上处置上几个颇大的错误点。”《报告》中还提出，需以“农运好得很”的事实，纠正政府、国民党、社会各界一致认为农运“糟得很”的议论；以贫农

① 中共中央文献研究室，逄先知，金冲及主编：《毛泽东传 1》，中央文献出版社，2013 年，第 127 页。

乃革命先锋的事实，纠正各界一致的“痞子运动”“惰农运动”的议论；以“从来没有什么联合战线存在”的事实，纠正“农协破坏联合战线”的议论。

很快，毛泽东又将他在湖南考察农民运动的所见所闻、所思所想，写成了《湖南农民运动考察报告》（以下简称《报告》）。3 月 5 日，《报告》在中共湖南区委机关刊物《战士》周刊最先作了刊登。3 月 12 日，中共中央机关报《向导》周刊开始刊载，后由于陈独秀的反对被迫停止。4 月，在瞿秋白的支持下出版单行本，由汉口长江书店印行。瞿秋白亲自为该书作序，热情地赞颂了农民运动，驳斥了污蔑和攻击农民运动的种种谬论，号召广大革命者要为农民说话。两个月后，共产国际执委会机关杂志《共产国际》俄文版和英文版转载了这个报告。

《报告》强调，革命党人必须极端重视农民斗争，支持农民的革命行动，指出：“所有各种反对农民运动的议论，都必须迅速矫正。革命当局对农民运动的各种错误处置，必须迅速变更，这样，才于革命前途有所补益。因为目前农民运动的兴起是一个极大的问题。很短的时间内，将有几万万农民从中国中部、南部和北部各省起来，其势如暴风骤雨，迅猛异常，无论什么大的力量都将压抑不住。他们将冲决一切束缚他们的罗网，朝着解放的路上迅跑。一切帝国主义、军阀、贪官污吏、土豪劣绅，都将被他们葬入坟墓。”①

《报告》肯定了湖南农民在运动中所做的十四件大事：将农民组织在农会里；政治上打击地主；经济上打击地主；推翻土豪劣绅的封建统治，推翻地主武装，建立农民武装；推翻县官老爷衙门差役的政权；推翻祠堂族长的族权和城隍土地菩萨的神权以至丈夫的男权；普及政治宣传；农民诸禁；清匪；废苛捐；文化运动；合作社运动；修道路；修塘坝。这些事情都是农民在农会的组织领导下，依靠自己的力量进行的。毛泽东指出：“农民的主要攻击目标是土豪劣绅，不法地主，旁及各种宗法的思想和制度，城里的贪官污吏，乡村的恶劣习惯。这个攻击把几千年封建地主的特权，打得个落花流水。”②毛泽东充分肯定了农民在革命中的作用及中国共产党领导农民革命的重要性。

《报告》热烈赞颂了大革命中的农民群众推翻乡村封建统治势力的革命行动和历史功绩，尖锐地批驳了党内外对农民运动的各种责难，充分肯定了

① 《毛泽东选集》第 1 卷，人民出版社，1991 年，第 12 页。
② 同上。

农民运动在中国革命中的重大作用，阐明农民斗争同中国革命成败的密切关系。《报告》指出，宗法封建性的土豪劣绅、不法地主阶级，是几千年专制政治的基础，帝国主义、军阀、贪官污吏的墙脚。打翻这个封建势力，才是国民革命的真正目的。他强调国民革命需要一个大的农村变动，辛亥革命没有这个变动，所以失败了。现在有了这个变动，才是革命完成的重要因素。孙中山先生致力于国民革命凡四十年，所要做而没有做到的事，农民便在几个月内做到了，这是四十年乃至几千年未曾成就的奇勋。毛泽东认为，一切革命的党派，革命的同志都应当站在农民的前头领导他们，而不是站在他们的背后指手画脚地批评他们，更不是站在他们的对面反对他们。这是"好得很"，完全不是什么"糟得很"①。

在《湖南农民运动考察报告》中，毛泽东还提出了"推翻地主武装，建立农民武装"的思想，强调共产党人应站在前面领导农民运动。他在报告中强调，必须依靠广大贫农作革命先锋，团结中农和其他可以争取的力量，把农民组织起来，从政治上打击地主，彻底摧毁地主阶级的政权和武装，建立农民协会和农民武装，由农民协会掌握农村一切权力，然后进行减租减息、分配土地等的斗争。

诚然，当年的湖南农民运动"不可避免的出现一些'左'的偏差，诸如擅自捕人游乡，随意罚款打人，以至就地处决，驱逐出境，强迫剪发，砸佛像和祖宗牌位等。这些做法容易失去社会同情。对谷米的平粜阻禁，以及禁止榨糖酿酒，禁止坐轿，禁止穿长衫等等，易使商人、中农和小手工业者产生反感，也使一般农民感觉生活不便"。在运动中"还冲击了少数北伐军官家属，引起同湖南农村有联系的湘籍军官的不满。"②毛泽东的《湖南农民运动考察报告》本身，由于它的主要锋芒是对当时党内外对农民运动的责难与抨击，回答农民运动到底是"好得很"还是"糟得很"，因而对于一些具体问题的分析也确有不妥当之处，如将那些"踏烂皮鞋的，挟烂伞子的，打闲的，穿绿长褂子的，赌钱打牌四业不居的无业游民，列入革命先锋中，说他们"最革命"，就缺乏一分为二的分析。这些无业游民固然有很强的革命性，但他们身上具有的流氓无产者的各种弱点，往往给革命带来很大的破坏性，而且这些人也很容易为反动

① 《毛泽东选集》第1卷，人民出版社，1991年，第12页。
② 《毛泽东选集》第1卷，人民出版社，1991年，第16页。

派所利用作为反革命的工具。又如,《报告》中提出的“矫枉必须过正,不过正就不能矫枉”的观点,也有些绝对化,因而《报告》在提出反右的同时,对于防“左”没有引起注意。就整个全党特别是党内领导层而言,当时的农民运动主要是解决右的问题,但对于一些运动发展迅猛的地方,也确实出现了一些过左的做法,湖南农民运动兴起迅速,而在蒋介石、汪精卫背叛革命之后又顿时退潮,固然是由于反动派对农民运动的残酷镇压,但与运动中那些过“左”行为失去社会同情亦不无关系。

尽管如此,毛泽东对湖南农民运动的考察和《湖南农民运动考察报告》,在中国革命史上占有极为重要的地位。这次对农民运动的考察,使毛泽东看到了农民中所蕴含的革命力量,认识到动员组织农民参加革命,组织农民武装,建立革命政权的极端重要性,为他后来对农民问题的高度重视,为他形成新民主主义革命的理论,为他成功开辟农村包围城市的革命道路,起到十分重要的作用。

《湖南农民运动考察报告》不仅包含着丰富的农民运动思想,而且还特别强调了调查研究的重要性。这个报告,不是靠引证书本和文件,而是通过调查研究,从实践中总结经验,据此制定党领导农民运动的革命路线和策略,是分析 20 世纪 20 年代中国湖南省农民运动的一篇重要著作,成为无产阶级及其政党领导农民革命斗争光辉的纲领性文献。

3. 毛泽东与寻乌调查

1929 年初,共产党内部产生了“左”的思想偏差,一部分人安于现状,不去调查研究,不结合实际情况分析研究问题,照本宣科,不仅解决不了问题,还失去了群众的信任。1930 年 4 月 30 日,红军由会昌进入寻乌,在澄江击溃了谢嘉献、钟文才的反动武装力量后,于 5 月 2 日进驻江西赣南寻乌县。在此期间,毛泽东认为对富农还没有一个充分的认识,因此利用当时的各方资源在寻乌开了长达十几天的座谈会,对当时寻乌的基本状况有了大致的了解,并完成了《寻乌调查》这一报告书。《寻乌调查》是毛泽东的一系列农村调查的报告中最长的一篇。

这次调查以调查会的形式开展,组织者是寻乌的书记古柏同志。郭友梅、赵镜清、刘亮凡、刘茂哉、刘星五、钟步赢等人给毛泽东提供大量的参考资料。此次调查会由毛泽东自己做主席和记录。

寻乌调查是毛泽东所做的一次规模最大的社会调查，调查分为五个部分：包括寻乌的政治区域、交通、商业、旧有土地关系、土地斗争。其中寻乌的商业、旧有土地关系、土地斗争是调查的重点所在。

通过调查寻乌的商业，毛泽东了解了寻乌的商业、手工业状况。《寻乌调查》列举了大量事实，包括寻乌47家商店和94家手工业店铺经营商品来源、种类、销售和竞争以及彼此盛衰荣枯的情况以及调查的货物门类或行业就包括盐、杂货、油、豆、屠坊、酒、水货、药材、黄烟、裁缝、伞、木器、火店、豆腐、理发、打铁、爆竹、打首饰、打洋铁、修钟表、圩场生意等，同时还调查了店主的出身、发家经历、性格特点、政治态度、资本多寡、势力大小、家庭人口、营业状况、店铺变化等，涉及的店铺达90多家。从这些事实中毛泽东深刻解剖了中国城乡的社会结构：城市贫民地位极其低下，都属于被压迫、被剥削的阶层。即使是占5%的商人，除几个和豪绅地主勾结，参与政治外，绝大多数是中小工商业者，也是在外国资本主义商品入侵和封建高利贷的压榨下处于破产和半破产的威胁之中。他们从事正常经营，活跃城乡经济，有利于国计民生。寻乌的商店和手工业店铺，多数不雇人或雇少数几个店员（徒工），都是中小商业者。通过调查毛泽东了解到小商人、手工业者一般是能够参加和拥护革命的，是革命的同盟者，应争取和保护①。

在旧有的土地关系上，毛泽东详细地分析了寻乌的人口成分、旧有田地分配、地主种类、富农、贫农、剥削情况、寻乌文化等九个方面。通过调查分析发现，占人口不到8%的剥削阶级，占有80%以上的土地，而贫苦农民却占有不到20%的土地。而且地主阶级对农民的剥削十分严重，阶级矛盾十分尖锐。这种现状揭示了封建剥削的吃人性，也揭示了实行土地革命的重要性和必要性。在土地斗争上，毛泽东分析了土地分配的方法、土地分配的区域标准以及有关土地的各种问题处理法。通过分析得出了几个主要结论：在土地问题上否定了按劳动力分配土地的主张，肯定了按人口分配土地的办法；在土地分配上（农民对地主、富农的斗争）采用，抽多补少，抽肥补瘦的原则②。

---

① 中共中央文献研究室毛泽东研究组编：《寻乌调查与马克思主义中国化的起步》，北京：中央文献出版社，2006年，第11页。

② 中共中央文献研究室毛泽东研究组编：《寻乌调查与马克思主义中国化的起步》，北京：中央文献出版社，2006年，第11页。

毛泽东还详细地调查了小地主的情形。寻乌的小地主包含两个部分，一部分是从所谓老税户传下来的，这一部分的来源多半是由大中地主的家产分拆，分成许多小地主。这部分的人数在整个地主阶级中占32%。依据他们的经济地位，其政治态度又有三种区别：一是每年有多余收成的，人数占地主阶级总数的0.96%，他们在斗争中是反革命的。二是一年比一年差，要靠变卖田地才能维持生活。这一部分人占地主阶级的22.4%。他们很有革命的热情。三是破产更厉害靠借债维持生活的。这一部分占地主的8.64%，他们也是革命的，有很多参加了寻乌的实际斗争①。

在寻乌调查的过程中，毛泽东写出了著名的《反对本本主义》一文。强调没有调查，没有发言权。而且指出调查的终极目的是要明了各种阶级的相互关系，得到正确的阶级估量，然后定出我们正确的斗争策略，确定哪些阶级是革命斗争的主力，哪些阶级是我们应当争取的同盟者，哪些阶级是要打倒的。我们的目的完全在这里。通过这次调查毛泽东得出，对地主阶级必须实行消灭政策。针对富农大都出租土地兼营商业和放高利贷的性质，给予限制。对中小工商业者应该采取保护措施。这次调查意义重大，得出的重要结论为1931年土地法制定和土地革命的开展奠定了良好基础。

4. 毛泽东与兴国调查

“一九三〇年九月，红军第一方面军从打长沙回到江西，十月初打开吉安，进到袁水流域，兴国送了许多农民来当红军，”毛泽东趁此机会做了一个兴国第十区即永丰区的调查。此次调查选择了兴国的永丰区。永丰区位于兴国、赣县、万安三县的交界，分为四个乡，旧凌源区为第一乡，洞江区为第二乡，三坑区为第三乡，江团区为第四乡，以第二乡之永丰圩为本区政治经济中心。人口分布情况：第一乡三千，第二乡八百，第三乡三千，第四乡二千，总共八千八百。永丰区处在兴、赣、万的交界地带，了解了永丰区，则赣、万二县和整个赣南土地斗争情况也都相差不远②。

这次调查采用典型调查法和开座谈会的方法，通过与8个受调查者座

① 中共中央文献研究室毛泽东研究组编：《寻乌调查与马克思主义中国化的起步》，北京：中央文献出版社，2006年，第12页。

② 中共中央文献研究室：《毛泽东文集 第一卷(1921.1—1937.6)》，人民出版社，1993年，第254页。

谈，获得了所需要的材料，包括对傅济庭、李昌英、温奉章、陈侦山、钟得五、黄大春、陈北平、雷汉香八个人家庭的土地、财产、收入、支出、人口、劳动力、婚姻、文化、政治地位、对革命的态度等内容。通过调查发现，在该区旧有土地关系中，真正的剥削阶级（地主富农），人数不过 6%，他们的土地却占到 80%，中农人口占 20%，土地却只占 15%。平分土地，中农是需要的，因为他们土地不足，平分土地对于他们是增加而不是减少土地。那些平分要损及中农的说法是不对的。通过对剥削状况的分析，得出土地革命中贫农与富农的决斗，无疑是剧烈的。而且富农往往充当地主剥削贫农的中间人[①]。

毛泽东还通过对地主、富农、中农、贫农、雇农、手工工人、商人、游民各阶级的分析，得出了以下结论："地主是剥削阶级、富农大都反革命，而且富农投机革命的很多。中农参加革命很勇敢，和贫农一样'出发'（谓编在自卫军中，有时要出发作战），一样放哨，一样开会。贫农、雇农都强烈的要求分田。分田后的贫雇农生活水平都较以前提高。手工工人在土地革命后，上头命令是分半田的。实际上，并不完全分半田。有极少数不分田（像剃头工人，他们在别人家吃饭），有分全田的。所以大多数乡村手工工人，总是兼耕田。而且百分之八十欠债。商人，本钱在五十元以上的商店（其实多数均是小商店），在革命中受了严重打击，是当地过左政策的结果。二十元、十元的贫民小贩，则在革命中得到了很大利益，除了分得田之外，应酬消耗减少，老婆容易讨，死了人不费钱财，政治上出了头，都是与贫农相同的。这种贫农小贩与贫农同阶级的，因此他们所得的利益，也与贫农所得利益差不多。"[②]分到土地的农民一般都是欢迎革命的，而且很多在乡政府担任指导工作，因为他们在革命中得到了很多利益。通过这次调查，毛泽东更深刻地感受到了一切从实际出发的重要性。他强调政策的决定要依据实际情况，如果政策不合实际或"想当然"的，是危险的。

5.1933 年 11 月的长岗乡调查

1933 年 10 月，蒋介石向各革命根据地发动了第五次"围剿"，一时间苏区的形势十分严峻。为了打破敌人的围剿，夺取胜利，中华苏维埃临时中央政府号召各级苏维埃政府"动员一切力量支援革命战争"，并提出了"中心任

① 《毛泽东农村调查文集》，北京：人民出版社，1982 年，第 200 页。
② 《毛泽东农村调查文集》，北京：人民出版社，1982 年，第 230 页。

务是动员广大群众参加革命战争,以革命的战争打倒帝国主义和国民党……”①在这种情况下,不少县、乡苏维埃政府的干部片面强调“中心任务”,只顾扩大红军、筹粮筹款,却忽视了群众的生活、生产,因而使得工作成效不大。但有的乡苏维埃政府工作却有声有色,他们在许多地方创造了动员群众的好方法,与群众打成一片,工作取得了很大的成效。为了发扬这些经验,收集更多的经验,为落后的乡苏、市苏树立榜样,把群众团结在苏维埃周围,争取一切苏维埃工作适合于粉碎敌人“围剿”的要求,毛泽东作了长岗乡调查。

1933 年 11 月中旬,毛泽东对长岗乡进行了为期一周的调查,调查的内容包括长岗乡的政治区划及人口、代表会议、选举、乡苏下的委员会、地方部队、群众生活、劳动力的调剂与耕牛问题、公债的推销、合作社运动、文化运动、卫生运动、社会救济、妇女、儿童、反帝、工人等方面。同年 12 月 15 日,毛泽东将调查材料整理成《长岗乡调查》一文。通过调查,毛泽东系统总结了长岗乡密切联系群众,充分发动和依靠群众,把群众生活和革命战争紧密联系起来的经验,认为长岗乡是“苏维埃工作的模范”为其他乡的工作提供了榜样。在长岗乡的榜样力量下,各乡都大力工作,成效显著。有力地支持了红军的反围剿斗争。

6.1933 年 11 月的才溪乡调查

1933 年 11 月,对长岗乡的调查结束不久,毛泽东又率中央政府检查团到福建省上杭县才溪乡进行调查。此次调查通过开调查会和走访的形式,通过分别召集乡工作人员、工人以及贫农代表等各种类型的人员开调查会,走访红军家属和贫困农民,对乡苏维埃政权建设、扩大红军队伍、经济建设、文化教育等问题进行了详细的考察和调查研究。经过半个月的调查整理,毛泽东完成了《才溪乡调查》一文。

《才溪乡调查》比较全面系统的总结了乡苏维埃工作的成果和经验。才溪乡在青年壮年男子成群地出去当红军、做工作之后,生产超过了之前的 10%。以前的荒地被开荒了,有了可耕种的土地,群众生活得到了很大的改善。通过对才溪乡经济工作和农民生活的考察,毛泽东得出了“只有经济建设和政治动员相互配合才能扩大红军更大的高潮”的结论。才溪乡组织了劳

① 《毛泽东选集》第 1 卷,人民出版社,1991 年,第 136 页。

动合作社、消费合作社、粮食合作社，组织了全乡群众的经济生活，经济上的组织性提高到了很高的程度。毛泽东在调查报告中写道："这一铁的事实，给了我们一个有力的武器，去粉碎一切机会主义者的瞎说，如像说国内战争中经济建设是不可能的，如像说苏区群众生活没有改良，如像说群众不愿意当红军，或者说扩大红军便没有人生产了。"①

三、陈翰笙的农村调查

陈翰笙，原名陈枢，我国早期马克思主义的农村经济学家、社会学家、世界历史学家、卓越的国际活动家。20 世纪 30 年代中国农村经济研究会的创始人。他坚持以马克思主义立场、观点、方法，分析研究我国农业、农民和农村问题，以第一手的农村调查材料论证我国农村半封建、半殖民地的社会性质，指明我国农业发展的道路。

(一)陈翰笙与中国农村经济研究会

陈翰笙是"中国农村派"学者中重要的代表人物之一，他早年留学美国、德国，1924 年回国后，由李大钊、于树德介绍加入中国共产党。1927 年初，刚从苏联回国的蔡和森与陈翰笙通宵长谈，蔡和森向陈翰笙详细介绍了广东海陆丰的农民运动情况，并建议他注意研究中国农村经济的历史和现状，引起陈翰笙的极大兴趣。1927 年，"四一二"事变后，陈翰笙处境危险，遂偕夫人经日本前往苏联，抵达莫斯科后，在共产国际（即第三国际）刚成立的国际农民运动研究所任研究员。

20 年代末，共产国际内部对中国社会的性质发生争论，一些学者认为中国已是资本主义社会，由于中国共产党没有弄清中国的社会性质，因而所采取的革命方针、政策都是错误的，所以导致了革命的失败。当时陈翰笙虽然不同意这种看法，但由于不了解中国农村的具体情况，因而拿不出更充分的理由、实例去反驳这种观点，"莫斯科的争论，使我认识到，作为革命者，不了解自己的国家，就无法决定革命的方针路线，因而决心返回祖国，一定要对中国的社会作一番全面的调查研究。"②

---

① 《毛泽东农村调查文集》，北京：人民出版社，1982 年，第 253－253 页。

② 房列曙等著：《中国近现代文化史专题研究》，安徽师范大学出版社，2012 年，第 391 页。

1928年5月陈翰笙夫妇回国，次年在蔡元培先生主持的中央研究院里担任社会科学研究所副所长，并主持社会学组工作。陈翰笙接任工作后，鉴于所内图书资料极为缺乏，就答应铁道部部长顾孟余之请，兼任铁道部顾问，以其兼职月薪充实图书资料。同时开展社会调查，搜集第一手资料。他的第一个调查目标，是上海日资纱厂。1929年，陈翰笙在上海日资纱厂组织调查团，调查纱厂包身工受帝国主义资本家和中国包工头的双重剥削情况，他将调查材料写成小册子加以揭露，引起买办资产阶级和国民党政府某些人的不满，这促使他转向农村经济调查，实现他在莫斯科工作时萌生的愿望。

中国农村经济研究会的成立与陈翰笙的工作是分不开的。他在社会科学研究所担任领导工作的过程中，主张根据实际的调查才能来研究中国农村经济，而不主张发表空洞的议论。他物色了一批进步的青年，先是在东北农村进行了调查，揭露了军阀统治下农民的悲惨境遇，接着，又选择江苏无锡、河北保定、广东番禺等农村经济发达的地区进行了全面的农村经济调查，掌握了农村各阶级的土地占有情和大量封建剥削的事实。

1932年和1933年，陈翰笙对河南、陕西、江苏、浙江四省农村经济的情况进行了调查。1933年他又调查了河南、山东、安徽的烟草产区。1934年，在中山文化教育馆的资助下，他在广东进行了更详细的调查，同时要薛暮桥带着广西师范专科学校的学生进行了广西农村经济调查，1940年他在云南西双版纳调查了傣族的土地制度。

在陈翰笙的努力下，中国农村经济研究会于1933年成立，1939年10月出版会刊《中国农村》月刊。陈翰笙当选为中国农村经济研究会主席。中国农村经济研究会的统计调查工作是密切结合当时的革命运动，同党的政治斗争紧密配合的。大革命失败后，中国共产党正确指出，中国是半殖民地半封建社会，现阶段革命性质仍是资产阶级民主革命。但当时国民政府统治区流行着种种谬论，它们反对中共提出的反帝反封建民主革命的主张，有的美化帝国主义的经济侵略；有的说中国已经没有了封建剥削；有的甚至说中国已经完成了资本主义社会，资产阶级民主革命可以取消了[①]。当时党的地下刊物虽然对此进行了驳斥，但是缺乏大量的有说服力的材料进行有力的批判，

① 张树军主编：《图文中国共产党纪事(1919－1931)》，石家庄：河北人民出版社，2011年，379页。

陈翰生和中国农村经济研究所进行的农村经济调查，以具体生动的时事资料，对上述种种谬论给予了有力的回答。这些调查，在国民政府统治的广大地区有着很大的政治意义。

中国农村经济研究会进行的农村经济调查，不但取得了十分有用的资料，他们进行农村经济调查的方法也是很科学的。他们运用了概括调查和抽样调查相结合的方法。每调查一个省，先作概况调查，把全省分为经济发展程度不同的几个地区，从每个地区中选出一二个有代表性的县，再从这些县里选择其中几个村进行全面调查。在无锡、保定和番禺的调查，对每个县都调查了1 000多户，对省的调查则更为广泛。由于调查点具有代表性，而对每个点的调查十分具体细致，因而能够全面深入地揭示中国农村经济的复杂情况。在人力组织上，不仅依靠骨干分子，而且尽量在当地吸收较多的进步青年，进行简单培训，参加调查。几年中培养了几百个进步青年，造就了不少著名的经济学家。像薛暮桥、王寅生、钱俊瑞、孙治方、张锡昌、姜君辰、秦柳方等，都是在陈翰生的带领和培养下开始研究农村经济，进而研究其他经济问题的。

(二)陈翰生与中国农村调查

1. 陈翰笙对江苏无锡的农村调查

陈翰笙的农村经济调查，从江苏无锡开始，再扩展到河北保定和广东。其用意是，“江南、河北、岭南是中国工商业比较发达，而农村经济变化得最快的地方。假如我们能够彻底了解这3个不同经济区域的生产关系为何在那里演进，认识这些地方的社会结构的本质，对于全国社会经济发展的程序，就不难窥其梗概”[①]。

1929年春天，在陈翰笙的带领下农村经济调查团在无锡正式成立，全团共45人。在进行调查的过程中，陈翰笙采用挨户调查的方法，内容是调查全县各种类型自然村的农村经济实况。他带领农村经济调查团的成员在无锡4乡中选定了有代表性的22个自然村，共计有1 204户。调查人员分成4组，由张稼夫、钱俊瑞、刘端生、秦柳方分任组长，调查内容包括农户和生产的

① 李志英、罗艳、傅奕群：《认知中国——近代中国社会调查的人群聚类分析与研究》，北京：商务印书馆，2013年，第296页。

基本情况，以及租佃、借贷、典当、捐税负担、商业买卖、生活消费、文化教育等等，共用了3个月，挨户调查结束后又调查了55个自然村的概况和8个市镇的工商业。其间陈翰笙曾亲自陪同史沫特莱访问了几个自然村。

这项调查，是我国最初采用阶级分析方法进行的调查。通过调查了解农村生产关系的各个方面，以及生产力水平、农民的物质文化生活等，有助于我们认识半封建半殖民地的农村社会性质和农村革命的中心任务。无锡当时工商业比较发达，通过调查了解到：无锡农村地权比较集中，地租剥削占农民租入土地净收入量的93.14%，贫农交租平均每人122.7斤，中农交租平均每人116.4斤，当时无锡农村还流行高利贷，年利率一般为50%削、捐税，以及商业剥削，在封建半封建生产关系束缚下，生产力陷于停滞状态，生产水平很低（水稻亩产仅401斤，小麦亩产105斤），人均收入很少（中农47元，贫农25元；米价每100市斤8.4元，小麦每100市斤5.07元），生活极度贫困，14岁以上人口中文盲占73.41%[①]。

陈翰笙对这次的调查材料，还聘请王寅生、钱俊瑞、薛暮桥、姜君辰等参加整理。但调查报告写出以后，当时中央研究院领导易人，未能正式发表，许多重要资料只有在陈翰笙和钱俊瑞、薛暮桥等发表的文章中透露，原始资料便保存下来。调查发现，农村中计算土地面积的“亩”差异极大。陈翰笙在《亩的差异》一文中指出：“根据无锡22村1 204户调查，知道无锡的所谓亩，大小不同，至少有173种，最小的合2.683公亩，最大的合8.957公亩，就是在同一村里，至少也发现有5种，邵巷一村就有20种，小的合2.683公亩，大的5.626公亩。工业资本主义还不发达的中国，不可能有统一的度量衡，这样复杂的差异，使浮征税捐的种种弊端更加厉害，同时使地主更可以浮收地租。”[②]

2.陈翰笙对河北保定清苑的农村调查

1930年，陈翰笙带领的农村经济调查团与北平社会调查所合作，对河北保定清苑进行农村经济调查，在这次调查中首先选定10个自然村1 578个农户的劳动力、雇佣农业劳动、工资、畜养、住房及农舍、水井和水浇地、耕地占有与使用、交租形式、复种面积和受灾面积、各种农作物种植面积及收获

---

① 《陈翰笙百岁华诞集》，北京：中网社会科学出版社，1998年，第70—90页。
② 《陈翰笙百岁华诞集》，北京：中网社会科学出版社，1998年，第91—97页。

量、副业收入所占比重、外出人口职业收入等进行挨户调查，并作了全县以及几个集镇的概况调查。调查结果说明，土地仍集中在地主富农手里，但集中程度略低于无锡。交租形式，则有分租、粮租、钱租，以钱租为主。租额占产值的56.65%。保定地区雇佣剥削和高利贷剥削比较普遍，中农每户平均负债39.10元，贫农负债平均每户21.22元，雇农16.92元①。随着帝国资本主义的侵入，逐渐破坏了农村自给自足的经济，广大农民还受商业上的剥削，而且越来越重。

这次调查主要涉及了农业的生产要素，农家的农业经营，农家的收支与贷款。清苑农家经济上的特质上显示，纯自耕农占85%，纯出租地主及纯租佃各不到1%，半出租地主与半自耕农各占1%与12%。其中，农户自己耕种的田地占95%，土地所有权属于农户的占90%，农产品出售比例很低，完全不出手农作物的农家占55%。就产值说，农作物的出售价值仅占14%。上述数据表明了清苑农家经济显著的标志是家族经营和自给经营相结合。经营方式上，主要有作物、畜养及副业等经营。其中畜养并不普遍，有三分之一的农家没有畜养，这使得农作物的经营成为农业经营的主要方式。但由于农田经营户数的累年增加，土地资本受到限制，规模日益缩小。由于土地面积的狭小，畜养副业的不发达，农家生活水平也比较低。调查显示，各农家平均每家生活费160元:其中饮食费占79%，衣服费占10%，住房费占1%，燃料费占3%，杂费项占7%。而且往往欠债。农家借贷的家数，据分村调查，占全体73%；据分户调查，占全体58%，另外押当的占4%，借会的占1%，赊账的占84%。从各级农家经济的差别来看，各级农家在经济地位上的差异，遂使他们在农业经营上盈亏不同，在收支上盈亏不等。就作物经营盈亏言，“盈利的有三种农家，计地主每亩盈利4.95元，富农3.28元，中农2.27元；虚亏的有两种农家，计贫农每亩虚亏1.46元，雇农1.24元。”就家庭收支盈亏言，仅地主盈余，平均每家63.9元，其余的农家都虚短，计富农1.8元，中农21.4元，贫农81.0元，雇农11.9元②。

3.陈翰笙对广东农村的经济调查

1933年11月至1934年5月底，陈翰笙又组织了对广东农村的经济调

① 《陈翰笙百岁华诞集》，北京:中网社会科学出版社，1998年，第91—97页。

② 《陈翰笙百岁华诞集》，北京:中网社会科学出版社，1998年，第238—240页。

查。这次调查得到孙中山夫人宋庆龄及中山县县长唐绍仪等的支持，进行得很顺利。调查人员由当时中央研究院社会科学研究所、中山文化教育馆和岭南大学共同组成。首先对梅县、潮安、惠阳、中山、台山、广宁、英德、曲江、茂名等16个县进行详细调查，历时三个半月；而后用一个半月时间对番禺10个代表村的1 209户进行挨户调查，同时还进行50个县335个村的通信调查。

陈翰笙根据调查结果写成的《广东的农村生产关系与生产力》中指出："劳动力在广东这样不值钱，而全省可耕而未耕地竟占陆地面积的15%，兵灾匪祸更使已耕的田地很多被荒弃。有可用的人力而不用，香港、广州、汕头等处的银行、银号中堆积着大量货币资本而不能用到农业生产上去。这便是农村生产关系与生产力的矛盾。耕地所有与耕地使用的背驰，乃是这个矛盾的根本原因。"并指出"农村劳动力没有出路，更体现着这个矛盾的深刻。解除这个矛盾，然后可以使可耕的土地尽量地开发，可用的人力合理地利用，可投放的资本大批地流转于农村，这样，农村的生产关系便能改善，而农村生产力也会必然提高。这样，中国今日的农村便不难从危机中挽救过来。"①这本小册子后来被译成日文在日本出版。

陈翰笙通过对中国各地的农村调查，清楚地认识到："中国社会，纯粹的封建已成过去，纯粹的资本主义尚未形成，是正在转变时期的社会，在这种社会里，土地所有者和商业资本及高利贷资本三者均以农民为共同剥削目标"。后来，他更明确地认定："这就是半封建半殖民地的社会，废除封建的土地制度，进行土地革命，使无地少地的农民得到土地，是发展农业生产，解决农村问题唯一正确的道路。"②

1933年8月，他出席在加拿大召开的太平洋国际会议，在会上提出的论文，题为《现代中国的土地问题》。利用各地调查材料说明土地分配不均，少数地主富农占有大量土地，广大贫下中农无地少地，遭受地主富农残酷剥削，使农业生产力低下，农村经济贫困现状，为中国共产党领导的民主革命路线，作了理论上的论证，在国际学术界引起重视，认为《中国土地问题》是权威

① 陈翰笙：《广东的农村生产关系与生产力》，《陈翰笙集》，中国社会科学出版社，2002年版，第120页。

② 《中国土地改革史料选编》，国防大学出版社，1998年12月版，第419页。

之作。

从1933年到1936年“中国农村经济研究会”发展会员500多人，会员分头组织读书会，进行有关农村、政治时事讨论和抗日救国活动。上海沦陷后，《中国农村》在桂林出版战时特刊，被禁止出版后，便在重庆《商务日报》、上海《文汇报》出版《中国农村》副刊。对推动农村经济问题的研究，反映农村实际情况，发动和坚持抗日战争发挥了重要作用。陈翰笙始终非常关心会务的发展，每个时期提出工作方针和工作计划，并给予财力上的支持。中华人民共和国成立后，农村经济研究会完成了在民主革命时期的历史任务，以后可以在中国共产党直接领导下工作，于1951年在北京宣告结束。

以上只是中国共产党农村调查中做出巨大贡献的杰出代表，还有许多中国共产党人，如张闻天、瞿秋白等人，也为中国共产党的农村调查作了艰苦努力。在20世纪二三十年代，通过农村调查的开展，中国共产党逐渐明确了中国应该走什么革命道路，应该怎样走的重要问题。虽然经历过大革命的失败，虽然也走过错误的路线，但是中国共产党面对存在的问题进行积极的反思，从获取的社会调查中的经验教训进一步总结正确路线，在确定了中国社会的性质之后，进一步加强和稳定了走中国特色的革命道路，进一步总结出了中国社会要想取得革命的胜利，必须充分依靠中国社会中的最重要的革命力量，也就是农民阶级的力量，国共产党要想在革命中取得胜利，就必须结合这一最广大的群众基础，领导他们走向革命，只有在这种情况下才能最终保证革命的胜利。时至今日，这些调查研究的思想和方法有着普遍的认识论意义和方法论意义，对推动中国特色社会主义事业仍具有重大的现实价值。

第五章　南京国民政府的农村调查

北伐战争结束后，百业凋敝，农村经济趋于全面崩溃的境地。南京国民政府为维护统治，加强农村建设，组织大批农业问题专家及相关人员开展了一系列农村调查，以提供政策咨询。这些专家学者他们深入平原和山区、乡镇和田间，对当时当地的农村耕地面积、土质成分、土地分配、人均占有量、土地所有权、可耕土地状况等等详细登记造册，做成表格，分类填写。同时对当地的人口分布、年龄性别特征、生育状况、居住情况、农作物的种类、产量、人均产值、分配比例等等也进行了详细摸排。在对乡镇的调查中，他们将农村土地的分配问题、农业金融、农业水利、农村教育、农村科技、行政管理、租佃制度、地价、地税、土地利用、垦殖及农村自然环境都做了详细调查和分析，涉及面很宽广，全面真实地提供了民国初期到中期各省农村的基本面貌。本章将对这些调查做梳理和探讨，以反映政府及农业问题，专家认识农村，研究农村问题的观点、方法。

一、《训政纲领》的颁布及迫在眉睫的农业危机

1927 年，南京国民政府基本实现了对全国名义上的统一。事实上，南京国民政府面临的依然是一个四分五裂的局面。一方面党内有派，国民党内部各派系各怀心思，纷争不已；另一方面党外有各种武装势力，各军阀集团之间纷争不已，武力上的明争暗斗依然不断发生。为了巩固统治，1928 年 8 月，国民党二届五中全会召开，宣布实行“训政”，由国民党全国代表大会代行国民大会权力领导国民。这样，国民党就可以将统治权力集中到自己手中了[①]。但是，根据孙中山的政治理论，“训政”的实行是为未来实行“宪政”做准备的。因此“在训政时期，政府当派曾经训练考试合格之员，到各县协助人民筹备自治。其程度以全县人口调查清楚，全县土地测量完竣，全县警卫办

① 李志英、罗艳、傅奕群：《认知中国——近代中国社会调查的人群聚类分析与研究》，北京：商务印书馆，2013 年，第 148 页。

理妥善，四境纵横之道路修筑成功，而其人民曾受四权使用之训练，而完毕其国民之义务，誓行革命之主义者，得选举县官以执行一县之政事，得选举议员以议立一县之法律，始成为一完全自治县”①。

1929年7月，国民政府又通过了《训政时期国民政府施政纲领》，对训政时期农业方面的任务、大政方针作了明确规定：

（一）改进农业。1.推设农事试验场；2.设立农具及肥料制造厂；3.设立农产物及肥料检查所；4.调查土壤；5.整理耕地；6.改良种子；7.改良棉业及蚕桑事业；8.预防各种灾害。

（二）进行垦殖事业。1.划分垦殖区域；2.举办大规模国家垦殖事业；3.设立垦殖银行；4.实行公私荒地限期垦殖办法。

（三）发展林业。1.规定全国林业行政系统；2.规定国有森林区域；3.推设林业试验场并改进苗圃；4.施行强制造林办法；5.设立林产研究所。

（四）改良渔牧。1.防止兽疫；2.改良畜种；3.设立水产试验场；4.开辟渔港。

（五）发展农民经济。1.推行农民合作事业；2.设立农民银行；3.改良农产运输。

（六）改进农民生活。1.改进农民设备；2.增进农民知识；3.保障雇农佃农；4.实行调节粮食。

（七）改善农民组织。1.推行新村制度；2.健全农民团体。

（八）促进农业技术。1.提高农业学术；2.养成农业人才②。

这些训政任务和目标，涉及农业生产的各个方面，可见国民政府对农业问题的重视。究其缘由，主要是因为自国民政府上台以后，农业问题、粮食问题一直是最大的社会问题之一，“农业则赤地千里，荒者固荒，而不荒者亦濒于荒。农村则十室九空，流亡载道，良者举失其所，而莠者转多出路，致廉耻道丧，生资破产，民族岌岌不可终日”“可谓内忧外患”③。鉴于粮食生产形势的严重性和粮食问题的重要性，国民政府必须拿出对策应对。

---

① 孙中山：《国民政府建国大纲》.《孙中山全集》第9卷，北京，中华书局，1986年，第127页。

② 中国第二历史档案馆编：《中华民国史档案资料汇编 第五辑 第一编 政治（一）》，南京：江苏古籍出版社，第10—11页。

③ 中国第二历史档案馆编：《中华民国史档案资料汇编 第5辑 第1编 财政经济 8》，南京：江苏人民出版社，1994年，第850页。

1933年,针对以往发生的严重的粮食困难问题,行政院出台了粮食管理法,并制定了实施程序。对粮食的运输、供应、购销等都做了相应规定,并规定实行粮食调查及登记,“以迅谋民食问题之解决”,并于2月发布了实施训令。但是,具有讽刺意义的是:由于西方经济危机的发生以及国内天灾人祸的影响,管理法实施后并未显现成效,许多省市反而于当年秋就发生了粮食困难,主要是发生了麦产滞销问题。粮食问题是民生的基本问题,如果不能及时解决,不但会带来社会的动荡,还会严重威胁国民政府的统治。同年9月24日,铁道部、实业部、财政部、南京市政府等部门举行联合会议,制定了救济办法:一方面减轻小麦、面粉的运费,一方面调查面粉业使用同麦和外麦情况,“以便规定定比制度”[①]。次年,又制定了《统制全国粮食办法纲要》。这个纲要除要求对粮食情况继续进行全面细致的随时调查外,还对全国粮食的生产、分配、消费实行统制,制定了实施办法。同时成立了粮食统制设计委员会,专门负责管理粮食统制。

二、国民党对社会调查的一贯重视

“社会调查”最根本的意义,是如何着手认识社会。作为社会学研究的基本方法,它与传统治学方法不同。“社会调查要从数量众多的普通人民的琐碎生活中,发现规律,提炼原理。”[②]社会调查可以使我们知道人民的实际情形,来谋求国家的建设与改革。只有对于社会的情形进行实地的观察,深入到社会中去调查人民生活情形,才能得出真实反映中国现状的结论。

一直被国民党崇奉的孙中山先生向来非常重视社会调查。他认为要实现三民主义,解决中国的重大社会问题,必须随时举办关于国势民情的各种基本社会调查,并进行详实的登记,这样才有事实可循。在其所著的《地方自治实行法》中认为实行地方自治,“其事之次序如左:一、清户口;二、立机关;三、定地价;四、修道路;五、垦荒地;六、设学校。”[③]孙中山将清户口放在第一位,可见其对于调查的重视。对于物质建设中各种计划的实施,他主张:“必

① 中国第二历史档案馆编:《中华民国史档案资料汇编 第5辑 第1编 财政经济8》,南京:江苏人民出版社,1994年,第847页。

② 阎明:《近代中国社会调查的涓涓之水》,《中国社会导刊》,2008年4期,第46页。

③ 孙中山:《孙中山全集·第五卷(1919.1—1921.11)》,中华书局,第220页。

当再经一度专门名家之调查,乃可从事。"[①]在论述民生主义时,孙中山又再次强调了调查的重要性,他认为"要解决民生问题应该用什么方法呢?……我们要拿事实作材料,才能够定出方法;如果单拿学理来定方法,这个方法是靠不住的。这个理由,就是因为学理有真的有假的,要经过试验才晓得对与不对。好像科学上发明一种学理,究竟是对与不对,一定要做成事实,能够实行,才可以说是真学理。科学上最初发明的许多学理,一百种之中有九十九种是不能够实行的,能够实行的学理不过是百分之一。如果统统照学理去定方法,一定是不行的。所以我们解决社会问题,一定要根据事实,不能单凭学理。"[②]由此可见,孙中山认为现代国家的建设,必须适应国家和人民的需要,因为调查统计是决定施政方针和施政计划的根本,只有以统计事实做参考,国家民族以及社会文化才能突飞猛进才能制定合乎国情的政策方针,也才能真正推动国家的富强。孙中山的这些思想对于一直尊奉三民主义为建国指导思想的国民党政府有着重要的指导意义。

另外,在当时政府部门组织编写的刊物及书籍中也都对调查统计的重要性进行了系统的阐述,从中可见南京国民政府对社会调查的重视。《统计论丛》序言中指出:"国家一切政治设施与经济社会文化教育诸事业,皆缺乏精确之统计以供参考。今后我们欲发奋图强,勇猛精进,使我们国家的共同生活和国民的个人生活,均更为安全牢固,更为高尚文明。则统计事业当欲趋重要,统计功用亦应愈见昭著。方能适应时代之需求。"[③]由国民政府主计处统计局所编写的《中国统计提要》中也认为:"近世纪来,科学进步,一日千里,生产方式,根本变更。国家组织,社会形态,经济机构,以及人类各方面诸种关系,均有绝大之变动。在此变动过程中,多数国家,运用科学规律,调整统计数字,聚精会神,努力迈进,形成今日经济统计之世界。我国科学进步较迟,生产事业落后,以致经济枯竭,国难频仍,政府感觉责任重大,一方面努力于科学的防难除弊,一方面努力于科学的经济建设,以期渡过难关。然此二者,均非有精确之统计数字以为根据不可。"[④]葛敬猷在《内政统计季刊》发刊

---

① 孙中山:《孙中山全集·第六卷(1921.12—1922.12)》,中华书局,第249页。

② 孙中山:《孙中山全集·第九卷(1924.1—1924.3)》,中华书局,第381页。

③ 陈长衡编:《统计论丛》序言,黎明书局,中华民国二十三年六月出版(1924年),第1页。

④ 陈其采序:《中国统计提要》,国民政府主计处统计局编,民国二十四年。

词中说道："国民政府奠都南京，鉴于大政措施，非基计政，无由检讨已成往绩，确定未来方针；因是统计与岁计会计同时并重。本部于十九年成立统计司，以专责成，举凡内政范围之一切庶政，如人口、土地、户籍、仓储、警察、礼俗诸大端，其施行至若何程度，均需表现于统计数字，乃有裨于行政参考，与改进之依据……"[①]有些甚至直接论述了统计调查与政府的行政能力之间的关系，陈长蘅认为"现代国家之一切政治设施举措，均须力求适应国家与人民之实际需要，以期利国而福民。故各种施政方针之决定皆应根据统计事实，方可收事半功倍之效。否则南辕北辙，徒劳无功。又对于办事成绩，亦须有统计结果以显示行政效能之高低，而策励各种事业之进行。又专辑学者欲将各种现在与过去的事实情况，甲地与乙地的事实情况，或本国与外国的事实情况，作相互的分析比较，亦非有统计数字不为功。因为专恃学理空论是不行的。"[②]

可见，当时的国民政府已经清楚地认识到统计调查对于国家建设的重要性。而且国民政府在各个行业的具体建设计划之中也分别提到了调查统计对于行业建设发展的价值和意义。如对于工业普查，南京政府认为"基本国势调查包括国家之人民、土地资源及政治社会经济文化等，同在某一时期内举行之普查。此项大规模整个之普查，在我国尚未举办，致国家基本条件之状况无从明了，整个之计划不易编制，此建设前途之障碍也。现值中央各机关统计组织次第设置，主要统计法规逐渐完成，全国上下努力国民经济建设之时，度于最近之将来，必有排除万难，举办基本国势调查之一日。爰将有关与工业普查各问题如普查之范围，应用之表格，及其他有关调查技术者，做成草案，以供研究。工业普查为基本国势调查之一部分，在初次举办时，以与人口农业等普查联合举办较为便利，故行政方面之问题，留待拟定方案时作通盘之筹划，兹姑不论。"[③]

对于农业调查，中央方面认为"外邦为明了民食情形，安定农业经营起见，虽至卵产乳产之微，果实蔬菜之细，关于其产额存量销数，皆有详细统计，我国则虽米麦产额，尚不能举一概数，以言民生政策，经济设施，其将何从着

① 葛敬猷：《内政统计季刊》发刊词，1936年第一期，第4页。

② 陈长蘅：《内政统计与三民主义之实施》，《内政统计季刊》，1936年1期，第4页。

③ 芮宝公，宋彦科：《普查方案·工业普查》，《统计季报》，民国二十五年(1926年)，第1页。

手？故知农业建设之根本，莫先于调查”[①]。

在孙中山、葛敬猷等人的提倡下，国民政府主持进行了大量的农村调查，成为这一时期政治生活和政府统治手法引人注目的突出现象。如1929年，立法院统计处农业专项调查了江苏省江宁县270各村的1 421户农民，调查结果刊登在《统计月报》上。1931年，当时内政部对全国各县市土地人口进行了调查，调查结果在1935年整理成为《全国各县市土地人口调查》。1932年，参谋本部国防设计委员会举办句容县人口调查，调查结果于1934年整理成《参谋本部国防设计委员会第四号：试办句容县人口农业总调查报告》。1933年，农林部中央农业实验所在全国各地设立农情报告员对各地区农业情况进行调查，调查结果每月出版一次。同年，国民政府行政院农村复兴委员会对江苏、云南、陕西、广西、浙江进行了调查，调查结果整理成《江苏省农村调查》《云南省农村调查》《陕西省农村调查》《广西省农村调查》《浙江省农村调查》。1934年，行政院农村复兴委员会又对河南省进行了调查，调查结果整理为《河南农村调查》。此外，全国经济委员会、内政部、财政部于1934年对全国二十二个省进行了调查，调查结果由土地委员会编成《全国土地调查报告纲要》。

三、农村复兴委员会的六省农村调查

（一）农村复兴委员会的成立

1933年4月13日，国民政府行政院国务会议决定设立农村复兴委员会，以救济农村，建设农村，并任命汪精卫为委员长。4月25日，国民政府行政院聘任张嘉墩、钱新之、李铭、陈光甫、虞洽卿、刘鸿生、史量才、荣宗敬、徐新六、唐寿民、胡筠、穆湘明、王晓籁、胡适、丁文江、翁文灏、王志莘、杨永泰、杨端方、马寅初、李仪地、许世英、吴鼎昌、周作民、张伯苓、李四光等36人为农村复兴委员会委员。

5月5日，农村复兴委员会在南京举行第一次会议，汪精卫致开幕词，宣称：农村复兴委员会的目的，在于“集中朝野力量，筹集巨款，分途救济，充实金融，改良技术，发展交通，调剂粮食，期于抗日为巩固方之图”，于“剿匪收釜

① 《农业调查计划》，摘自《统计月报》，立法院统计处，1929年第9期，第95页。

底抽薪之效”[①]。会议决定分三组：技术组，翁文灏为主席；经济组，张嘉墩为主席；组织组，吴鼎昌为主席。下午，技术、经济、组织三组分别举行会议。技术组决定该组应负的责任是：改良农产品，增进生产，并设法供给关于技术供给之组织。经济组主要讨论农村金融问题与农产品价格调剂问题。组织组则讨论农村自治问题。

5 月 6 日，农村复兴委员会继续开大会，汪精卫担任主席。会议讨论决定：(一)在技术组下设立作物、土壤肥料、农具、农田水利、病虫害、森林园艺、畜牧兽医、蚕丝、农村副业 9 个专业委员会。(二)在经济组指导下，每省设一合作指导委员会指导各县合作社，每省设一农民银行并由农民银行在各县设立农业仓库。(三)农村复兴委员会在各省设立分会，负责调查建设及推行事宜。同日，大会闭幕。[②]

5 月 13 日，国民政府行政院召开临时会议，通过农村复兴委员会工作进行原则六项：(一)确定本会为行政院内之设计及推动机关，而非执行机关。(二)保持原有行政系统之完善。(三)中央与地方应极力设法排除农村复兴之一切障碍。(四)应设法完成国内对于农村有关系之各机关之联络。(五)中央与地方应整理原有农业机关及经费。(六)应极力运用各机关现有人才。[③]

1936 年 1 月 9 日，农村复兴委员会结束。

(二)陕、豫、浙等六省农村调查

农村复兴委员会成立之初，急欲了解各省农村状况，遂召集于 1933 年七八月相继举行了浙、苏、陕、豫四省一般农村状况的调查，由陈翰笙、唐文恺、孙晓村、鲁成等人主持，调查内容为土地分配、农田使用、租佃制度、借贷关系、捐税负担、作物产别及乡村政治组织等。1934 年，由商务印书馆相继出版了《浙江省农村调查》《江苏省农村调查》《陕西省农村调查》《河南省农村调查》。1933 年冬，又举行了广西、云南两省调查，调查涉及农村的土地、租佃制度、副业、灾害、借贷、赋税、政治、教育等问题。1935 年，《广西省农村调

---

① 《复兴农村委员会举行首次会议》，《申报》，1933 年 5 月 6 日。

② 同上。

③ 同上。

查》和《云南省农村调查》也由商务印书馆出版。

1.浙、苏、陕、豫四省调查

(1)调查的筹备经过

有关苏浙豫陕四省农村调查的筹备经过,《农村复兴委员会会报》作了如是记载:"本会成立之最大任务,在农村复兴之设计及促成,而设计之先决条件,在有各种统计材料以为研究之张本而作立论之根据。是以调查一项,亦为本会重要工作之一。近年以来,政府机关与社会团体关于农村调查亦时有举行,然调查区域既未普遍,而调查内容尤待补充。且社会变动,无时或已,故调查一事,贵能继续举行。本会此次以中山文化教育馆同时有皖赣湘鄂四省农村调查之举,为避免重复计,故调查省份以苏浙豫陕四省为限。良以苏之稻区,浙之蚕桑区,豫之烟叶区,陕之棉区,以作物产销之不同,地方政治与土地关系亦各有其特殊之姿态;而陕频遭旱荒,豫之久困会匪,苏浙之挣扎于国际市场支配之下,均为吾国农村中极严重之问题。复兴办法固宜速举,调查工作亦不可缓。本会于此,特由秘书处拟具四省调查计划,呈请汪委员长核准,委孙晓村王寅生张锡昌于二月八日起开始筹备,草拟章则,编制表格,划分区域,配置人员,至同月二十五日,筹备工作,大致就绪,乃邀集全体人员来京研究表格并会商调查时之种种问题。出发之前,并由彭秘书主任作详尽之训话。然后浙江一团于二十九日现行出发,苏豫陕三团亦于次日陆续启程。"①

对于调查规程,筹备会作了明确规定:"一、本委员会为明了苏浙豫陕四省农村实况起见特组织江苏、浙江、河南、陕西省农村调查团。二、各团以团长一人调查员四人或五人组织之团长指挥全团工作之进行。三、在调查期中,所有各团文书会计庶务等事宜得由团长就调查员中指定若干人兼任之。四、调查内容须依照本会制定之调查表格。五、调查地点定苏浙豫陕四省,苏浙两省须选定四代表县调查六村至九村,豫陕两省每省须选定三代表县每县调查三村至六村。六、各团须于代表县之临近作县概况调查。七、调查期间定七八两月。八、各团出发后每五日须向本会作一报告。九、各团一切费用均须实报实销。"②

① 《复兴农村委员会举行首次会议》,《申报》,1933年5月6日。

② 同上。

为保障团员的出行秩序和安全，特制定农村调查各团团员须知：“一、各团定六月二十五日至三十日间自南京出发。各团人员须先期来京会齐，如原在指定之调查区域中者可免来京；二、各团人员须自带简单行李（文章被褥水瓶等）；三、各团人员在调查期间之工作须受团长之支配；四、各团人员除因病外不得请假。”[①]

（2）调查组织者、区域及内容

苏、浙、豫、陕四省调查的设计者是陈翰生、唐文凯二教授及孙晓村君，担任实际调查工作者，浙江农村调查为羊冀成、贺渡人、刘怀溥、杜岩双、王杰、张德嘉等六人；江苏为汪浩、廖逢秦、谢敏道、钱兆熊等四人，河南为张锡昌、夏益赞、黄可铭、刘瑞生等四人，陕西为王寅生、石凯福、黄国高、勾适生等四人，校阅报告者浙江为唐文凯、徐佩坤两位教授，江苏为武堉干教授，河南为朱偰教授，陕西为陈念中教授[②]。

浙江调查者主要选择龙游、东阳、崇德、永嘉四县。其中在平原的是崇德，在沿海区的是永嘉，在山区的是龙游、东阳；此外，附带调查的还有兰溪。挨户调查的代表村，共计崇德九个村，永嘉六个村，龙游、东阳各八个村，兰溪二个村。调查内容主要是土地分配情形、农村中的政治结构及捐税情况。关于土地分配情形，调查组发现：在浙江虽不见有高度的集中，但土地分配的矛盾非常严重，使用土地者大都无土地所有权，有土地者大都不使用。浙江农村中佃户几乎占到70%，租佃情形，全省各县颇为不一致，谷租钱租较为盛行，分租次之，力租则甚少见，至于租额虽然经过二五减租的实施，但仍达相当高度。其他如预交押租等恶习也没有完全废除。农民的经营面积很小，其中东阳情形尤为特殊。关于浙江农村中的政治结构，其自治组织规模较大，县政府与区公所，区公所与乡镇公所等关系均保持敏捷的联络。至于捐税方面，“田赋附加税病民殊甚，财政部虽曾一再通令田赋附加税总额不得超过正税，但浙江省仍不免有超过三倍者。”[③]

江苏省调查人员当时是在邳县、铜山、盐城、兴化、东台、泰县、南通、海门、启东、昆山、常熟、无锡、吴县等十三县概况调查。其中，邳县的六个村，盐

① 《复兴农村委员会举行首次会议》，《申报》，1933年5月6日。
② 行政院农村复兴委员会编：《陕西省农村调查》，商务印书馆，1934年，序言。
③ 行政院农村复兴委员会编：《浙江省农村调查》，商务印书馆，1934年，第1页。

城的七个村，民治乡的赵家宅，仁孝乡的徐家村，启东的八个村，常熟的七个村做分村调查，并且对该地区二十八个村九百五十二户人家做挨户调查①；调查内容主要包括农村政治组织、捐税及经济情况。在江苏，乡村的政治机构是在区公所，县政的一切设施大都通过区公所而到达地方所以水利、卫生、教育、仓库、救济工程、户口调查及乡村公所组织等事都划入区公所底工作范围。区长人选，从调查的结果来看："省立区长训练所毕业的居多，县政府出身者亦不在少数，间或亦有当地的绅士及大地主，如邳县有位姓戴的及常熟有位姓金的都拥有极多的放租的土地。"

至于经济情况，江苏资本主义经济成分较浓厚，但农村中的土地关系还大都停滞在很落后的阶段。农村土地多集中于富农手中，60%以上的贫农迫切需要土地，这种土地分配不均的现象严重阻碍着农田的使用。调查得知：由于缺少土地，许多贫农甚至中农的壮丁，都不得不另谋生活。同时，劳力低廉，新式农具很少被采用，到处是人力在代替机器，农业技术改良无法走进农村中去。江南的捐税也十分严重，在江苏田赋分为江南和江北两个区。江南的土地肥沃，征税很重；江北土地贫瘠，正税较轻，导致江北田赋附加税超过正税八倍，江南田赋附加税不超过正税二三倍。至于附加税的名目则更数不胜数②。

陕西省调查组主要选择关中区调查渭南和凤翔两县；在榆林区调查绥德一县；汉中区，因为种种原因没有调查③。调查内容主要涉及政治捐税与土地关系。调查组发现：陕西乡村政治的组织，全省的各个县都不一致。渭南，区设区长，里设里长，村设村长。没有村长的地方，就有"庄头"替代村长的职务。蓝田区公所裁撤，公共事务由保卫团代行。凤翔也将区公所裁撤，在每乡设乡长一人，助理员、跑腿、跑差各一人。乡长下设村长和甲长。汧阳设区，区下设乡长，村设村长，村长下设"庄头"。武功五个区公所，每所设所长，兼管民事。绥德的区长一律兼任保卫团长。设总团长、分区团长、乡长、村长、"村头"等名目。在税捐方面，陕西农民主要负担田赋和临时摊派。田赋因旱地，水地的差别使征收的赋税有所不同。一般而言，水地负担的地捐重。

---

① 行政院农村复兴委员会编：《江苏省农村调查》，商务印书馆，1934年，第1页。

② 行政院农村复兴委员会编：《江苏省农村调查》，商务印书馆，1934年，第44—63页。

③ 行政院农村复兴委员会编：《陕西省农村调查》，商务印书馆，1934年，第1页。

临时摊派由于无定期，无额度，名目繁多，所以对农民的损害极大[①]。至于土地关系，土委会通过对渭南，凤翔，绥德三县的调查得出以下结论：三个县中的贫农占多数，地主以小地主为主。绥德租田的最多，另外两个县租佃稍少，但近年增长很快。通过对五年来田产的分析认为，五年来田产都减少了，而且押出日有增加。就 1928 年的一定村户而言，渭南的富农没落了；凤翔的中农下降了；绥德的贫农更苦了。田权分配方面，绥德 1928 年上下相去 15 倍；1933 年上下相去 23 倍。5 年来渭南分配相去最远的是 5 倍；凤翔是 3 倍。整体而言，分配平均差五年来都略有增加。1933 年渭南和绥德都在 50%以上，凤翔不及 40%。在租用土地方面，绥德租用田地占到了一半，并且每年都在增加。渭南和凤翔租用田数量虽然很少，但五年来增加很快[②]。

对河南省的调查，调查人员主要在山岭区选定了西南部的镇平，在平原区选定了北部的辉县和中部的许昌。这三个县作分村的和挨户的详细调查。在许昌的临近洧川、新郑、郾城、临颍、鄢陵；辉县的临近新乡、淇县、汲县、修武、滑县以及镇平底临近鄧县(现邓县)、南阳、内乡等县作分区的及分村的概况调查。豫南淮河流域因受时间的限制，仅在信阳作分村调查及该区域的概况调查[③]。调查内容仍然涉及土地关系、政治组织及捐税。在河南，“乡村政治组织的中心机关是区公所。区公所设正副区长(有些地方设有副区长)各一人，区员少者二人，多者五人。”乡长之下还有保长。保长大多是没有受过正式教育，但保长的经济情形比较殷实，多数是富农。区长的出身较为复杂，根据河南调查所得结果：“八十七各区长的履历中，曾受过政治训练的占 60%以上，尤以区长训练所毕业的为最多。中等学校以上毕业的约占 16%，其他高小毕业的，师范讲习毕业的，前清的贡生，以及在军境界出身的也占 16%左右。”这些数据证明，河南各县区长和保长大多数是地主或富农。税捐方面主要有田赋和临时摊派。田赋的额数，各县高低不同。地丁正税全省一致，每两二元二角，但附加税则差异很大。究其原因主要是区公所乱摊派，乱征收之故[④]。关于土地租佃关系方面，调查组首先对村户分类进行了说明：

---

① 赵金朋：《20 世纪 30 年代中国农村社会调查研究》，山东师范大学硕士学位论文，2010 年。

② 行政院农村复兴委员会编：《陕西省农村调查》，商务印书馆，1934 年，第 143－144 页。

③ 行政院农村复兴委员会编：《河南省农村调查》，商务印书馆，1934 年，第 1 页。

④ 行政院农村复兴委员会编：《河南省农村调查》，商务印书馆，1934 年，第 61 页。

"村户分类原拟就租佃关系和富力两种标准行之,俾可相互比较;因限于时间,本报告所采用者仅为依据富力而分的一种,惟自耕农与佃农的成分。分类所采用的标准,大致所有农田大部分或全部出租坐收地租的,为收租地主。所有农田大部分或全部雇工经营,自己不参加田间工作的,为经营地主。自己参加田间工作,同时雇长工一人以上,或短工一百日以上有扩大再生产的为富农。自种自田,或租种多数租田,不雇工耕种,亦不被雇于人,仅足保持简单再生产的为中农。耕种少量的自田或租田,即靠其他收入亦难维持生活,其再生产趋向缩小的为贫农。自无农田,亦不租种农田,仅为被雇佣为农业工资劳动者,则为雇农。"①依据划分标准,调查组通过研究发现:"在小农土地所有占优势的河南,一般说来自耕农占优势。但调查结果显示,中农中自耕农的百分比辉县减少了 2.63%,许昌减少了 7.93%,镇平减少了 12.63%,已经证明自耕农有转变为佃农的趋向。"②

2.广西、云南二省的农村调查

行政院成立农村复兴委员会是在对江苏、浙江、陕西、河南四省的农村情况做了调查的基础上,将相关表格做了进一步修改,于 1933 年 12 月派遣岑德彰、汪世民、苏甲薰、羊冀成等四人到广西,鲁成、王杰等二人到云南,做关于农村经济状况的专门调查。大约经历三个月的时间,两批人先后返回南京,于 1934 年 10 月将调查报告整理完毕。展开对广西、云南这两个西南边疆省份农村经济的系统调查,既是南京国民政府全国农村政策的具体实践表现,也是对西南边疆农村经济重视的反映。

广西农村调查涉及农村的土地、租佃制度、副业、灾害、借贷、赋税、政治等问题。调查组认为,对广西的农村进行调查,其目的是"为了明了全省农民经济",但广西"农家收入全赖作物,现在农业尚未科学化,气候未调节,土壤未改良,水利未修治,故其命运全托诸于自然,久雨则涝,久晴则旱,沃土则产量倍常,硗土则无物可植,其自然环境,实与农民经济息息相关。"③因而,农村调查组首先对广西的农村概况特别是自然环境等进行了考察。通过对农村概况的了解,调查组认为:广西近代农村的发展未能与城市发展同步,资本

① 行政院农村复兴委员会编:《河南省农村调查》,商务印书馆,1934 年,凡例。
② 行政院农村复兴委员会编:《河南省农村调查》,商务印书馆,1934 年,第 56 页。
③ 行政院农村复兴委员会编:《广西省农村调查》,商务印书馆,1935 年,序言。

者实行高利贷借贷，进而演变为抵押、买卖农民财产，农户逐步由自耕农而变为半自耕农，导致“农村一天一天的崩溃”。而佃农越多，地主越多，地主越大，佃农的数目也就越多，造成了“城市的繁荣，促成农村的没落，而农村的没落，更形成城市表面的繁荣”这一畸形经济情况。加以近代外国商品的涌入，不但城市为外货商品倾销之地，即“乡村小墟，亦占大农营业”，更加剧了广西农民的贫困[①]。

其次，调查组着重调查了广西农村的土地问题。内容涉及广西全省的耕地面积，各县的耕地情况，地权分配，各类农户使用地亩的情况，地主、自耕农、半自耕农、佃农、其他村户的性质、土地使用情况、使用田亩的成分、实际参加工作的人数、经济关系等。通过调查，调查组认为广西土地分配不均，“广西(甚而至于中国)农民大多数是迫切需要土地的。各县调查中，虽是自耕农占大多数，但所谓自耕农实在可怜得很”[②]。

第三，调查组还考察了广西农村的租佃制度，针对广西农村租佃制度的形成过程，租田的手续，租地使用的时期，田租的种类(有包租、分租、力租、帮种、转租、永佃)等问题。同时对广西的土地购买、减租运动、各县佃农的状况等进行了调查。通过上述考察，调查组最后指出，他们虽然未对广西全省的90余县进行全部调查，但通过对苍梧、柳州、邕宁、桂林、龙州等县的考察结论，却可以代表广西全省的情况。这些县份租佃制度的“租期之短，租额之高，勒索之重，均有一致倾向”；调查组认为补救的办法，“莫如使用权之保护，则佃农有了保障，便不必先事承志的去奉承地主而服从他一切的条件”[③]。

第四，调查组考察了广西农村的副业问题。调查组主要考察了广西农村副业的现状，副业收入在农村经济的地位等问题。通过对各县副业经济状况的考察，考察组认为广西农民需要副业的补助十分迫切，而发展副业的途径，应从生产和加工业两方面人手[④]。

第五，调查组主要考察了广西的灾害情况。广西的灾害主要存在着战争破坏、匪患、天灾、虫灾等。调查组通过调查明确指出，广西自民国肇始以来，

---

① 行政院农村复兴委员会编：《广西省农村调查》，商务印书馆，1935年，第25—26页。

② 行政院农村复兴委员会编：《广西省农村调查》，商务印书馆，1935年，第148页。

③ 行政院农村复兴委员会编：《广西省农村调查》，商务印书馆，1935年，第169页。

④ 段金生：《南京国民政府对西南边疆的治理研究》，社会科学文献出版社，2013年，第179页。

军事行动不绝，地方深受其害，人民迁徙流离，土匪乘机而起，耕地随之减少，加以政治混乱、赋税增加，故"农村秩序的破坏，农民经济的衰落，农户性质的改变，莫不因之而起"，这是促成广西农村崩溃的一个重要因素①。

第六，调查组主要考察了广西农村的借贷情况。考察组主要考察了广西农村的借贷性质、借贷方式、农户的借贷状况、各类农户历年的负债状况、借贷机关的设立状况、农民银行的筹备、平民的借贷现状等方面。通过考察，调查组认为，广西农民的贷款较少直接用于生产成本，并且由于借贷利率较高，农民不但不能增加生产成本，反因重利盘剥，侵蚀了原有资本。而农民为求生存，又"不能不仰求于高利贷之门"。这样，就形成了恶性循环。针对这一现象，调查组指出，"要谋农村复兴，不是禁止高利的借贷，而是要有一个低利贷款的机构；不但要有，而且要普遍，不但普遍，更要注意借款的用途及放贷办法"②。

第七，主要考察了广西农村的赋税，主要包括赋税种类、沿革、田赋、地方捐等方面。调查组通过调查总结认为，广西赋税不但繁重，而且苛细，"每遇需要的时候，便要征收新税，或在各项上面附加，有县的附加，更有区和村的附加，叠状架屋各自为政"；"由捐之名称言，则每一种捐上之附加者，不下十余种，由捐之税率言，所增又不知为若干倍"。调查组感叹广西"田赋如彼之重，捐税又如此之繁"③。

最后，调查组则考察了广西的政治情况。调查组认为南京国民政府建立以来，广西虽然存在着很多问题，但"各种事业，均有显著之进步，尤其是民团和公路的成绩，更为全国所称道"。但是，由于当时广西各种设施均有本省的单行法规。因此，对凡与广西农村有关的政治、建设、教育、警卫等有关的事务，调查组将其分为章则、现状、计划三部分进行了叙述④。

云南农村调查从1933年冬天开始，首先对云南各县情况进行大致的调查，然后开展分村调查。调查方式分为三个步骤：第一步是事先设计，即预先

① 行政院农村复兴委员会编：《广西省农村调查》，商务印书馆，1935年，第169页。

② 行政院农村复兴委员会编：《广西省农村调查》，商务印书馆，1935年，第221页。

③ 行政院农村复兴委员会编：《广西省农村调查》，商务印书馆，1935年，第332页。

④ 行政院农村复兴委员会编：《广西省农村调查》，商务印书馆，1935年，第333页。转引自段金生：《南京国民政府对西南边疆的治理研究》，社会科学文献出版社，2013年，第180页。

造出调查表装订成册(每册二十多页),一户一册;第二步挨户进行实地调查和记录;第三步是事后进行分析。这三个步骤,每一户都要由同一个人自始至终地进行主持,避免前后不一致或情况不确实。调查范围包括中部平原的昆明、禄丰、玉溪三县,东北部调查马龙一县,东南部则有阿迷(今开远)一县。

经过近两年的艰苦调查,终于在1935年完成了《云南省农村调查》一书。全书近20万字,除序言和附录外,正文部分共为三章,并附有大量的图片、数据表格、组织结构图等说明资料。第一章对云南的自然环境概况做了简单的介绍,内容包括:云南的气候、山脉、河流和面积。指出云南的总面积为110万平方里,有124个县,呈现温、热、寒三种不同的气候,云南素称山国,耕地面积只占全部面积的4.525%。第二章对云南的政治经济状况做了进一步的介绍,包括云南的民政、教育、财政、建设和实业。此部分是对云南20世纪30年代的社会经济状况的全面勾勒。第三章是本书的重点,用大量的数据对云南具有代表性的五个县的情况进行对比分析。报告首先对这五个县的自然状况进行介绍,其次对这五个县的土地分配(包括土地所有、田产移转、土地使用、雇工与耕畜、租佃关系)、农村副业、农村借贷、田赋、农村捐税、农村教育、政治情形等做了细致的调查统计和分析。[①]。

调查组得出一个重要结论:在调查的三个区域中,租佃关系实为农村中的主要关系,土地所有与土地使用之分离的矛盾现象,在云南是十分严重的。又因水田区域中均有鸦片种植,所以租额奇高,常超出正产量以上。农田的使用,范围都较狭小,大农经营比较少见,农村中资金枯竭异常,不论自耕农还是佃农,负债的成分都很高,利息尤为惊人,七八分者亦属常见,原因除租税等一般关系居主要外,云南过去滥发纸币也是一个不可忽视的因素[②]。

3.六省农村调查的价值与意义

此次调查以科学的调查方法,真实可靠的第一手材料,脚踏实地的工作作风,尽可能地反映出了陕西、河南、浙江、江苏、云南、广西六省当时农村社会的全貌。调查团在该书中以大量的抽样调查数据为基础,得出了符合当时

① 马玉华主编:《中国边疆研究文库 初编 西南边疆 第1卷》,哈尔滨:黑龙江教育出版社,2013年,第78页。

② 马玉华主编:《中国边疆研究文库 初编 西南边疆 第1卷》,哈尔滨:黑龙江教育出版社,2013年,第80页。

中国社会性质的科学结论，调查资料以客观、详尽的数据。为民国政府在农村实行正确的政策和策略提供了可靠的依据。调查利用多种表格，从不同角度分析当地情形，不但对各种复杂之田权及租佃制度进行了详细剖析，而且对于研究农村经济所不容忽视的雇佣制度、农产品价格、副业收入、借贷制度、农村政治体制等进行了阐述[①]。从调查报告中，我们还可以感受到六省农村调查团队，不仅有科学严谨的治学态度，而且有一颗忧国忧民的心。调查团在报告描绘了六省农民的穷苦之态，详尽分析了造成农民种种苦难的原因，一次次呼吁政府"减免赋税，还地于劳动者"，并向政府提出了大量的改革建议，这些学者可以被称为真正的爱国学者，也是值得人们尊敬的学者，国家应以此类学者为荣。同时，调查报告从侧面反映出当时的政府是看到了农民生活的困难，有为农民解决问题的意愿。政府愿意看到真相，愿意听到各方面的声音，并能制定相应的政策来缓解这些尖锐的社会矛盾。

四、国防设计委员会的句容县人口、农业普查

(一)组建国防设计委员会

1931年九一八事变发生后，民族危机日益严重，全国抗日救亡运动风起云涌。在全国抗日怒潮的推动下，南京国民政府内部一些有识之士也纷纷建议，要求政府及早作好反侵略战争的准备。1932年春，时任国民政府教育部次长兼国民政府秘书长的钱昌照，建议蒋介石筹办一个国防设计机构，着手进行抗日的准备工作。蒋表示同意，并让钱昌照筹办。经过半年多的筹备，1932年11月1日，国防设计委员会正式成立。该会隶属于参谋本部，地址设在南京三元巷2号。该会是一个秘密机构，一切活动均不公开，对外只称"南京三元巷2号"。

蒋介石很重视国防设计委员会，亲自担任委员长，并从军事委员会委员长的秘密经费中每月拨出10万元充做国防设计委员会的活动经费。委员会秘书长由翁文灏担任，副秘书长由钱昌照担任，具体负责各项工作。11月29日，蒋介石将国防设计委员会组织条例草案正式呈报国民政府备案，并在呈

① 马玉华主编:《中国边疆研究文库 初编 西南边疆 第1卷》，哈尔滨:黑龙江教育出版社，2013年，第75页。

文中称:“值兹国难当头,国防机务,万端待理,为集中人才,缜密设计起见,特设国防设计委员会,以期确定计划,从事建设。”[①]

《国防设计委员会组织条例》规定:国防设计委员会设委员长一人,总理全会事务;委员 36 至 40 人,由委员长聘任。织条例还规定:该委员会设秘书厅,并设秘书长、副秘书长各一人。秘书厅下设一个调查处、一个统计局和一个专员室。秘书厅的主要职掌为:(一)关于国防事业之调查事项;(二)关于国防事业之统计事项;(三)关于文书之收发、分配、撰拟、保管事项;(四)关于会议记录事项;(五)关于职员之进退、考核事项;(六)关于典守印信事项;(七)关于会计、庶务事项;(八)关于图书仪器等之购置、征集保管事项。前项第一、二项两款之职掌,由调查处和统计处专司[②]。

国防设计委员会所聘请的委员,多为各界知名人士和专家学者。首批委员共 39 人,除翁文灏、钱昌照外,还有黄慕松、杨杰、陈仪、周亚衡、林蔚、丁文江、陈立夫、王宠佑、刘鸿生、穆藕初、曾昭抡、赵石民、陶孟和、刘大钧、吴鼎昌、徐新六、唐有壬、杨端六、万国鼎、沈宗瀚、胡石青、陈伯庄、顾振、沈怡、颜任光、钱昌柞、周鲠生、钱泰、徐淑希、俞大维、谢冠生、裴复植、王世杰、蒋梦麟、胡适、杨振声、周炳林。1934 年又增聘了一些委员,并按专业进行了划分。国际贸易专门委员会委员有孙拯、叶景莘、吴申伯等;电器专门委员会委员有王崇植、朱其清、恽震等;国防军备专门委员会委员有王守竞、洪中、吴光杰等;国防化学专门委员会委员有吴承洛、范旭东、林继庸等;矿冶专门委员会委员有李四光、金开英、孙越崎、刘厚生等;边疆研究专门委员会委员有向达、竺可桢、张其昀等。

根据国防设计委员会工作计划大纲的规定,该委员会职掌为:一拟定全国国防之具体方案;二、计划以国防为中心之建设事业;三、筹议关于国防之临时措施。具体设立军事、国际、经济及财政、原料及制造、运输及交通、文化教育、人口土地及粮食、专门人才调查 8 个组[③]。其中土地粮食及人口组主要是有选择性的进行了一些重点调查:人口方面进行了全国人口测算、江苏句容县抽查、户籍行政调查、军人体格研究等工作。土地方面则对长江六省

---

① 魏宏运主编:《民国史纪事本末》,沈阳:辽宁人民出版社,1999 年,第 49—50 页。

② 魏宏运主编:《民国史纪事本末》,沈阳:辽宁人民出版社,1999 年,第 50 页。

③ 同上。

农政地政概况进行了调查，并在江苏句容县进行了详细的土地调查，在江苏武进、南通及浙江22个县进行了田赋调查。在粮食方面则先后对华北、华中及华南等地的粮食运销状况进行了调查，并对当时江苏句容县、泰县等地的农业生产情况进行了抽查。这些调查中，以1932年所办的句容县人口、农业普查最具代表性。

（二）句容县人口、农业普查

句容县农业普查为国防设计委员会于1932年年所办的句容县人口农业普查的一部分。这次调查的目的是为了得到最适用最经济又能推行全国的人口和粮食生产的调查方法，得到句容县全县粮食生产能力的确实估计；确定粮食生产调查方法，以便推行全国，解决国防粮食问题[①]。参谋本部国防设计委员会将最后结果于中华民国二十三年三月编成《试办句容县人口农业总调查报告》。

句容县农业调查自1933年2月15日开始，历时两个半月。调查步骤与经过分为：调查以前的筹备工作、训练调查员、调查意义的宣传、分划调查区域、按户清查、按村估计、抽查。这次调查在很多方面是一种新的尝试，具体情况如下。

1.普查的组织比较周密完善。句容县全县人口为279 455人，其中农业人口为75 423人，全县9个自治区划分为51个监察区，每区设监察员一人。全县144个乡镇，分为331个调查区，每区设调查员一人，每监察区下的调查区，其数量并不一致。普查人员分为四种：指导员，以统计专家担任技术指导员，县长担任行政指导员；监察员，请各区区长或各乡小学校长担任；调查员，请各乡镇长及各乡镇长副担任。监察员及调查员必须是当地人，熟悉当地的情况。二者均需经过训练后，才能进行工作；另外还有调查表格整理统计员。根据每个调查员担任二百户调查工作的原则，拟定各乡镇调查员的人数及名单。再就地点适中的小学，以每五个调查员设一监察员的标准，拟定监察员名单[②]。

① 《参谋本部国防设计委员会第四号：试办句容县人口农业总调查报告》，中华民国二十三年三月（1934年），第2页。

② 《参谋本部国防设计委员会第四号：试办句容县人口农业总调查报告》，中华民国二十三年三月（1934年），第32页。

2.查报的内容比较多。句容县人口农业调查表，规定详细，项目繁多，分为：人口调查表、农场调查表、农场调查副表、农村社会经济概况调查表及公共场所人口调查表五种。五种表格的调查事项包括以下几类：①人口调查表：包括人数、性别、年龄、婚姻、职业、教育程度等，共十三个问题。②农场调查表：包括去年耕用的面积、作物、蚕桑、果实产量、家畜及家禽数量，共76个问题。③农场调查副表：包括作物收获量、果实收获量、家禽生蛋数、水田、旱地合标准丈量数、计斛合斤数、铜元重量，共42个问题。④农村社会经济概况调查表：包括农佃、农民借贷、农工工资、田赋及附捐、粮食运输、荒地等，共45个问题。四种调查表共包括176个问题。⑤公共场所人口调查表：包括本场所长期居住人口、长期居住在外面有家的、长期居住在外面无家可归者①。

3.调查与填报时间较长。自1933年2月15日开始，历时两个半月才完成。究其原因，主要有以下几点：人民对于调查有怀疑情绪，阻碍调查的进行，"有许多人民不肯明白地答复调查员的问话，有几个地方，甚至晓得调查员那一天要去调查，所有男人便避去了，只剩妇女在家回话，问她的话，总是推做不知道；也有的第一次调查是欢迎的，第二次去复查便觉着讨厌，不肯说话"；当时正遇上梅雨季节，交通很不便利，致使工作出现迟滞；监察员没有认真办理抽查工作，而且出现调查已经过去十天了，还没有收到送审表件的情况；有的调查员捏造事实，甚至存在没有到各户调查而将调查表填写完成的（四种表格，共有176个问题，初次试办普查，问题如此烦琐，调查人很难在短时间内充分了解，而被调查者，更是由于缺乏各种资料去应答各种问题，所以无论是调查人还是被调查人，都有捏造事实的倾向）②。

4.调查的实施过程新颖。调查实行"三级网络"制度，首先最基层做工作的是调查员，调查员对于调查完的表格进行整理，然后每天交给监察员进行审核，如果发现问题由调查员改正。在他们调查的过程中，还有巡查员不定期抽查他们的工作情况，对于出现问题或者自己随意捏造调查表的调查员责

---

① 《参谋本部国防设计委员会第四号：试办句容县人口农业总调查报告》，中华民国二十三年三月（1934年），第5－12页。

② 《参谋本部国防设计委员会第四号：试办句容县人口农业总调查报告》，中华民国二十三年三月（1934年），第45页。

令他们重新调查。这样，层层监督，避免了很多错误。比如，巡查员在巡查某个调查区域时，发现这个区域调查工作已经进行了十几天，然后监察人员没有收到一张表格，而且也不去问调查人员没有上交表格的原因；还有的表格经过巡查人员的抽查，发现根本就不符合情况，很明显是调查人员自己捏造的[①]。三级网络制度的实施，某种程度上来说，可以使调查结果更加准确。

5.农业调查结果详细丰富。经国防设计委员会分析，共有以下各类：①关于农业：农民户数及农场亩数、熟地面积（分总面积、分类面积、水田、旱地的亩数、地权分配、农场大小等项）、农产数量（主要农产及农业副产等项）、家畜数量与产品等统计。②关于农业经济概况，有田地价格、租佃、赋税（总数额与若干年前比较的指数）、农工工资、农民借贷的数额与利率、移民的数量、米价与农民购买力等统计。③关于粮食产销概况者，有粮食产销数量、农业上的粮食需要数量、粮食出口量、粮食消费等统计。[②]

当然，不可否认的是，本次调查也存在着很多缺点：比如调查人员不负责任，调查过程中存在着敷衍塞责的现象；表格设计问题太多，对于调查人员和被调查者来说填写都存在着一定的困难；调查的宣传工作由于时间比较紧张，没有按照原计划进行，因此在调查过程中出现了很多谣言，影响了调查工作的顺利进行；调查的时间选择不太合适，正好赶上梅雨季节，使调查完成的时间推迟；调查的经费不足等。但是我们不能因为它的瑕疵就全部否定它，正是通过这样探索性的调查我们才可以一次次的积累调查的经验[③]。

五、北平市政府主持的四郊农村调查

1934年，北平市政府主持开展了对北平市四郊农村的调查。这次调查的地域包括了北平东南西北四个方向的全部农业地区，调查内容包括农村的自然地貌、地理情况，行政区划和自然村结构，土壤性质、土地占有情况，农业生产、作物品种、肥料使用、佣工工价等，还包括该地区通用的度量衡制度、道路交通情况、商业集市情况、土匪散兵骚扰情况、地质矿产、矿工生存情况等。

---

① 《参谋本部国防设计委员会第四号：试办句容县人口农业总调查报告》，中华民国二十三年三月（1934年），第45页。

② 《参谋本部国防设计委员会第四号：试办句容县人口农业总调查报告》，中华民国二十三年三月（1934年），第173－190页。

③ 参见任伟伟：《南京国民政府社会调查研究》，山东大学博士学位论文，2012年。

调查结果如下表所示。

表 5-1　北平市四郊农户亩产统计表

郊别	农户地亩							
	总户数	农户	其他户	农户占总户数之百分比/%	总亩数/亩	农地/亩	其他/亩	农地占总亩数之百分比/%
东郊	25 203	6 086	19 117	24.2	95 802	79 482	16 320	83.0
西郊	25 220	6 344	18 876	24.2	81 292	69 504	11 788	85.5
南郊	21 944	10 994	10 950	50.1	67 129	55 274	11.855	82.3
北郊	17 655	4 084	1 3571	23.1	73 334	54 547	18 787	74.4
四郊共计	90 022	27 508	62 514	30.4	317 577	258 807	58 750	81.5

表 5-2　北平市四郊户口统计表

郊别	总户口数				农户户口数				其他户口数			
	户数/人	男/人	女/人	口数共计/人	户数/人	男/人	女/人	口数共计/人	户数/人	男/人	女/人	口数共计/人
东郊	25 203	66 404	52 879	119 283	6 086	20 294	17 412	37 706	19 117	46 110	35 467	81 577
西郊	25 220	71 070	54 071	125 141	6 344	22 033	18 606	40 639	18 876	49 037	35 465	84 502
南郊	21 944	58 775	48 276	107 051	10 994	31 732	28 343	60 075	10 950	27 043	19 933	46 976
北郊	17 655	49 794	37 027	8 6821	4 084	13 772	11 849	25 621	13 571	36 022	25 178	61 200
四郊共计	90 022	246 043	192 253	438 296	27 508	871831	76 210	164 041	62 514	158 212	116 043	274 255

表 5-3　北平市四郊地亩统计表

郊别	总亩数/亩	农地亩数/亩				其他/亩	总亩数百分比/%	农地所占百分比/%				其他所占百分比/%
		旱田	水田	菜园	农地合计			旱田	水田	菜园	农地合计	
东郊	95 802	75 376	130	3 976	79 482	16 320	100	78.7	0.1	4.2	83	7.0
西郊	81 292	54578	7 675	7 251	69 504	11 788	100	67.1	9.5	8.9	85.5	14.5
南郊	67 129	44295	263	10 716	55 274	11 855	100	66.0	0.3	16.0	82.3	17.7
北郊	73 334	49380	2 134	3 043	54 547	18 787	100	67.3	3.0	4.1	74.4	25.6
四郊共计	317 577	223 629	10 192	24 986	258 807	58 750	100	70.4	3.2	7.9	81.5	18.5

表 5-4　北平市四郊农户平均耕地统计表

郊别	农户数（户）	农地数（亩）	每农户平均耕地亩数（亩）
东郊	6 086	79 482	13.1
西郊	6 344	69 504	10.9
南郊	10 994	55 274	5.0
北郊	4 084	54 547	13.4
四郊共计	27 508	258 807	9.4

表 5-5　北平市四郊农户地权分配统计表

郊别	实数/户				百分数/%			
	农户数	自耕农	半自耕农	佃农	农户	自耕农	半自耕	佃农
东郊	6 086①	4 312	863	788	100	70.8	14.2	12.9
西郊	6 344②	4 639	721	938	100	73.1	11.4	14.8
南郊	10 994③	6 696	1 255	1 453	100	60.9	11.4	13.2
北郊	4 084④	2 771	564	661	100	67.8	13.8	16.2
四郊共计	27 508⑤	18 418	3 403	3 840	100	66.9	12.4	13.9

注：①内有雇农 123 户。②内有雇农 46 户。③内有雇农 1 590 户。④内有雇农 88 户。⑤共有雇农 1 847 户。

表 5-6 北平市四郊农作物面积及产量统计表

作物别	东郊		西郊		南郊		北郊		总计	
	面积/亩	产量/石	面积/亩	产量/石	面积/亩	产量/石	面积/亩	产量/石	面积/亩	产量/石
小麦	8 243	4 901.9	14 530	8 698.9	8 979	5 015.5	8 383	5 092.6	40 135	23 708.9
玉米	39 815	33 270.7	10 793	7 549.9	22 937	16 493	19 688	11 604.2	93 233	68 953.6
谷	9 057	7 366.6	13 394	7 544	3 641	2 026	7 255.5	4 041.7	33 347.5	20 978.3
高粱	8 373	5 096.1	7 265	4 908.6	6 949	3 315.2	7 638	4 553.7	30 225	17 373.6
稻	126	99.6	6 945	11 694	120	135.5	1 890	2 794.5	9 081	14 723.6
黄豆	7 582.5	5 450	2 266.5	1 503.1	4 329	2 066.4	3 591	2 058.3	17 769	11 077.8
黑豆	3 306	2 160.8	2 873.5	1 766.5	2 834	1 145.2	2 690	1 461.6	11 703.5	6 534.1
芝麻	1 145	327.1	44	13.3	15	5	251	73.6	1 455	419 石
白薯	1 935	1 507 450 斤	6 434	4 414 600 斤	210	245 800 斤	3 874	2 786 700 斤	12 453	8 954 550 斤
绿豆	715	317.4	1 191	406.1	178	85.5	599	226.7	2 683	1 035.7
小豆	528	272.4	202	113.7	10	6	830	330.8	1 570	722.9
花生	—	—	4 511	615 331 斤	2 753	272 250 斤	724	82 205 斤	7 988	969 786 斤
棉花	170	9 405 斤	12	1 150 斤	635	38 210 斤	209	12 000 斤	1 026	60 765 斤
其他	907	410.9 30 000 斤	291	125.7	203	37.1 4500 斤	733	243 89.6 斤	2 134	816.7 34 589.6 斤

表 5-7　北平市四郊园艺作物面积及产量统计表

作物别	东郊		西郊		南郊		北郊		总计	
	面积/亩	产量/斤	面积/亩	产量/斤	面积/亩	产量/斤	面积/亩	产量/斤	面积/亩	产量/斤
白菜	3 160	6 260 500	5 452	1 291 800	6 252.5	10 097 200	2 010	5 370 700	16 874.5	34 647 200
萝卜	404	485 400	1 212	2 014 700	2 180	2 614 220	439	717 100	4 235	5 831 420
菠菜	488	602 000	422	594 400	1 251.5	1 077 870	330.5	574 900	2 492	2 849 170
黄瓜	631	1 171 300	1 029	1 631 600	1 404	1 968 800	574	1 181 800	3 638	5 953 500
香菜	18	9 500	15	3 500	439	212 950	—	—	472	225 950
蒜	182	73 000	400	217 660	1 113.5	478 890	233.5	120 700	1 929	890 250
韭菜	351	446 470	287	717 200	1 120.5	890 970	277	466 700	2 035.5	2 521 340
葱	501	928 700	409	668 400	1 306	1 382 450	414.5	807 500	2 630.5	3 787 050
芹菜	57	124 500	67	135 000	258	268 700	—	—	382	528 200
苤蓝	131	224 500	19	42 800	79	203 000	54	90 000	283	560 300
芸扁豆	—	—	1 353	1 250 800	1 943	894 050	160	210 000	3 456	2 354 850
茄子	557	1 003 100	983	1 058 000	200	22 350	543	999 300	2 283	3 082 750
西葫芦	234	576 000	374	1250 200	—	—	140	394 000	748	2 220 200
冬瓜	579	1 763 500	108	315 800	427	1 588 800	340.5	1 008 000	1 454.5	4 676 100
倭瓜	94.5	115 100	54	142 500	33	44 000	22	29 400	203.5	331 000
芥菜	25	37 200	—	—	344	335 500	232	348 700	601	721 400
甜瓜	105	126 600	—	—	20	15 000	10	12 000	135	153 600
西瓜	35	9 800 个	48	19 400 个	91	23 500 个	—	—	174	52 700 个
藕	5	1 000	380	370 000	63	21 000	99	144 700	547	536 700
荸荠	5	1 200	295	247 500	65	22 000	54	44 220	419	314 920
茨菇	—	—	25	21 000	—	—	6	1 800	31	22 800
其他	169.5	144 200	811	384 329.4	381	256 940	40	46 090	1 041.5	831 559.4

表 5-8　北平市四郊农村副产品产量价值统计表

郊别	猪		羊		鸡		鸭	
	产量/头	价值元	产量/头	价值元	产量/头	价值元	产量/头	价值元
东郊	2 847	11 354	346	595.6	12 468	4 373.2	8 380	10 950
西郊	5 283	16 151	1 395	2 683.0	12 578	4 476.5	70	105
南郊	3 958	24 604	478	861.5	12 195	3 805.0	12 315	13 662
北郊	2 107	6 813	402	552.7	8 761	2 916.1	—	—
总计	14 195	58 922	2 621	4 692.8	46 002	15 570.8	20 765	24 717

表 5-9　北平市四郊农地灌溉面积统计表

郊别	农地面积/亩	灌溉面积/亩			灌溉面积占农地面积之百分数/%
		井	河流	共计	
东郊	79 482	3 995	130	4 125	5.2
西郊	69 504	7 884	7 846	15 730	22.6
南郊	55 274	1 1840	482	12 322	22.3
北郊	54 547	3 103	2 064	5 167	9.5
四郊共计	258 807	26 822	10 522	37 344 亩	14.4

表 5-10　北平市四郊牲畜统计表[①]　/头

郊别	骡	马	牛	驴	骆驼
东郊	627	71	13	421	—
西郊	420	87	194	975	1 141
南郊	846	102	64	923	307
北郊	416	197	66	385	25
四郊共计	2 309	457	337	2 704	1 473

① 以上各表摘自李文海主编:《民国时期社会调查丛编 乡村社会卷 二编》,福州:福建教育出版社,2014 年,第 25—28 页。

调查报告虽然对于北京四郊物产、古迹等问题给予了较多的关注，但最关注的仍然是农民生活困苦情况、旗人顿失优待之后的穷困潦倒，及以生命为孤注的西郊山民充当矿工的情况。调查的成果是东西南北四郊各成调查报告一篇，每篇报告均集中在一至两个突出的社会问题。每篇报告后还有市政府领导的批辞。从四篇批辞看，上峰对于调查者的调查报告还算满意，对调查中发现的问题，批令转呈相关部门予以研究改进，对于调查报告提出的合理建议亦予以肯定①。

另外，还有中央农业试验所承办的全国农情调查。1932 年实业部中央农业试验所成立，当时在全国聘请了 6 000 多名“农情调查员”，负责搜集并上报各地农村的有关经济数据，依行政关系逐级上报，最后由中农所编辑出版。该项工作列为国家统计项目，定期出版《农情报告》及《农情报告汇编》等刊物。

由此可见，进入民国以后，随着工业的发展和城市化进程的加快，农村社会日益破败，农业经济日益萧条，农村逐渐地成为贫困人口最多的地区，从而也就成为底层人群最多的地区，同时也是社会问题最多的地区。社会各界呼吁拯救农村的呼声不断高涨，关于农村的调查层出不穷。南京国民政府不可能不注意到这一点。“我国向为农业自足之国。彼岁以来，国家多故，灾旱频仍，又以机械工业，日趋发达，城市生活，逐渐集中，而农业遂有一蹶莫振之势。救济农村，扶助生产之说，几成为今日朝野上下一致之主张。……挽救之法，要能审知实情，因势利导，而后始无滞碍。故第一步应先从实地调查人手。”②因此，作为统治阶级，南京国民政府占有生产资料，拥有大量社会财富，同时掌握社会权力，有役使其他社会阶级的权力。另外，它还掌握了社会话语权和社会文化资源，是社会舆论和思想的钳制者。它之所以组织农村调查主要还是为了了解农村现状，把握农民心态和动向。可以说，从农村调查的角度看，上述社会权力的掌握无疑为国民政府从事农村调查提供了方便条件，但是也使得其组织的农村调查有了明确的维护统治阶级利益的目的。

① 李志英，罗艳，傅奕群：《认知中国：近代中国社会调查的人群聚类分析与研究》，商务印书馆，2013 年，第 142 页。

② 李文海主编：《民国时期社会调查丛编 乡村社会卷 二编》，福州：福建教育出版社，2014 年，第 12 页。

第六章　社会团体及国内调查机构的农村调查

在20世纪二三十年代的农村社会调查热潮中，社会团体和国内调查机构的调查是其重要组成部分。社会团体主要以乡村建设派和中国平民教育促进会的调查影响最为深远，而国内的调查机构则以当时的北平社会调查所和中央研究院社会科学研究所为主。不管是社会团体还是调查机构，其农村调查都各有特定的背景和目的，不可一概而论，但无论如何，客观上或为旧中国农村经济的改造做出尝试，或为日后的农村问题研究留下了宝贵的资料，都值得我们作一较系统地回顾与分析。本章即对社会团体和国内调查机构所做的农村调查进行整理细述。

一、社会团体的农村调查

(一)社会团体的兴起和蓬勃发展

20世纪20年代，中国正处于政治经济危机和民族矛盾阶级矛盾尖锐的水深火热之中，国内军阀混战，政治黑暗，日益严重的农村危机、弊端不断显露的教育问题、国民革命中农民运动的开展以及知识分子群体对自身问题的反思，种种因素交相影响和刺激，使乡村建设的话题逐渐在全社会传播开来，改变农村现状、进行乡村建设开始成为一种时代诉求[①]。这一时期有关农村问题的文章通过各大报刊不停地涌现，像《农民生活之改造》《农民问题与中国之将来》《我国农村生活衰落的原因和解救的方法》等，虽然有些庞杂但数量众多。与此同时，包括乡村士绅、国内知识精英、探寻中国出路的留学归国人才以及志在改变中国现状的青年知识群体等志士仁人自然而然的聚集在

① 吴星云:《乡村建设思潮与民国社会改造》，南开大学出版社，2013年1月，第69页。

一起，一方面各抒己见，掀起了一场关于如何挽救中国农业经济，如何改变农村贫穷落后面貌的大讨论；另一方面又付诸于行动，以不同的实践方式在全国各地掀起了一场轰轰烈烈的乡村建设运动，成为中国现代史上引人注目、影响深远又令人深思的大事。他们对农村问题的关注，已经不再满足于理论上的探索研究，而是向往通过实践来更真实的接触农村社会，对农村进行实地调查，于是以建设乡村为目的的社会团体逐渐成立起来。

进入 20 世纪 30 年代，当乡村建设运动兴起并达到高潮之时，各种乡村建设社会团体风起云涌般在中国大地上出现，因此可以说社会团体的兴起与发展是同乡村建设运动同步的。这些社会团体形成于不同的时间和不同的地域，最终在其 30 年代汇聚成了乡村建设运动波澜壮阔的时代潮流。据统计，到二十世纪 30 年代，全国从事乡村建设工作的团体达到 600 多个，这些团体在全国各地建立的各种试验区、试验点有 1 000 多处。这些团体和机构，性质不一，情况复杂，正如梁漱溟所言，“南北各地乡村运动者，各有各的来历，各有各的背景。有的是社会团体，有的是政府机关，有的是教育机关；其思想有的左倾，有的右倾，其主张有的如此，有的如彼。”[①]但关心乡村，立志救济乡村，则是这些团体和机构的共同点[②]。众多的乡村建设团体在进行农村调查的过程中表现出了不同的特点和各自的侧重点，如以梁漱溟为首的乡村建设派，致力于传统儒家文化和现代文化的结合，进行民族自救；又如晏阳初领导的中华平民教育促进会，以扫盲为出发点，以进行平民教育工作为重点；还有从事工商职业教育推广工作的黄炎培，他领导的中华职业教育社、在政府的力量推动下实行乡村自治的江宁自治实验县等。但不管这些社会团体成立的出发点为何，殊途同归，他们共同的目标就是重振农村经济，改变农村贫穷落后的面貌，他们都是那个时代乡村建设运动的积极参与者和重要推动力量。本节将以几个代表人物的调查理论和调查实践为主线，对他们所属的社会团体的农村调查进行梳理介绍。

(二)以梁漱溟为代表的乡村建设派的农村调查

1. 梁漱溟及其乡村建设思想

梁漱溟，1893 年出生于北京的一个“世代诗礼仁宦”家庭，是我国著名的

① 梁漱溟：《我们的两大难处》，《梁漱溟全集》(二)，济南：山东人民出版社，1989 年，第 582 页。
② 徐秀丽：《民国时期的乡村建设运动》，《安徽史学》，2006 年第 4 期。

思想家、哲学家、教育家，同时还是乡村建设理论家和实干家，是乡村建设派的代表人物。辛亥革命时期，梁漱溟参加了中国同盟会京津支部，成为一名革命记者，1916 年以后又闭门研佛三年，并发表了诸多影响深远的佛学专著。1918 年其父梁济沉谭自尽，梁漱溟开始转入研究儒学，被后世称为“最后的儒家”。1924 年，在他出任北大讲师期间完成了《东西文化及其哲学》这一巨著。也就是在这一时期，他显露出入世济人的情怀，称“吾辈不出如苍生何”，开始把自己的精力转移到解决中国实际问题，进行社会改造上来。1927 年第一次国共合作破裂，中国共产党发动的土地革命，动摇着中国封建地主阶级的统治基础，中国农村经济也在帝国主义和地主买办阶级的压榨下濒临破产的边缘，在“建设”农村、“复兴”农村的喊叫声中，梁漱溟、晏阳初等人发起了乡村建设运动，为凋敝的农村寻求出路。

1928 年梁漱溟在广州提出“乡治”主张。1929 年他在北平接办《村治月刊》，同年在河南辉县百泉村办村治学院。1931 年又在韩复榘支持下，在山东邹平县办乡村建设研究院，出版《乡村建设》。1933 年 7 月，召开乡村工作讨论会，推选梁漱溟、晏阳初、黄炎培、章元善、江恒源、许士廉六人为主席团，至此乡村建设派正式形成，在将邹平选为实验区后，乡村建设派的乡建活动也如火如荼地开始了。

梁漱溟之所以致力于乡村建设运动，是基于他对中国社会的独到认识的。梁漱溟认为，中国社会是以“以乡村为基础，并以乡村为主体的”，但是农村经济日趋破产，让梁漱溟十分忧心，因此他希望通过乡村建设来拯救农村，正如他在《乡村建设理论》一书中谈到乡村建设的缘起时说：第一层“乡村建设运动，是由于近些年来的乡村破坏而激起来的救济乡村运动”[①]，第二层“是起于中国乡村无限止的破坏，迫得不能不自救”[②]，第三层“乡村建设运动是起于中国社会积极建设之要求”[③]，第四层“今日中国问题在其千年相沿袭之社会组织构造既已崩溃，而新者未立；乡村建设运动，实为吾民族社会重建一新组织构造之运动”[④]。而这最后一层，才是他认为的乡村建设的真正意

① 梁漱溟：《乡村建设理论》，上海人民出版社，2011 年，第 9 页。
② 梁漱溟：《乡村建设理论》，上海人民出版社，2011 年，第 13 页。
③ 梁漱溟：《乡村建设理论》，上海人民出版社，2011 年，第 15 页。
④ 梁漱溟：《乡村建设理论》，上海人民出版社，2011 年，第 20 页。

义所在。他认为中国是个农业大国，要改造中国，必须针对其“伦理本位，职业分途”的特殊社会形态，从乡村着手，以教育为手段来改造社会。为此，他撰写了《乡村建设大意》《乡村建设理论》《答乡村建设批判》等一系列著作，阐明他的乡村建设主张[①]。他还提出具体的乡村建设方案，就是把乡村组织起来，建立乡农学校作为政教合一的机关，向农民进行安分守法的伦理道德教育，达到社会安定的目的；组织乡村自卫团体，以维护治安；在经济上组织农村合作社，来谋取乡村的发达，即“乡村文明”“乡村都市化”，并以全国乡村建设运动的大联合，以期改造中国[②]。在这样的思想主张下，梁漱溟积极投身于探索中国农村新出路的实践中，以山东邹平为中心，开始了乡村试验。在他看来，乡村运动是其一生中的一桩大事[③]。

2. 邹平实验区的乡村建设和调查

1931 年 6 月 16 日，经过多月的筹备，在山东邹平县城正式建立了乡村建设研究院。之后研究院的一切活动都是围绕梁漱溟开展的，研究院的一些重要设计几乎都体现了梁漱溟《乡村建设理论》的设想。研究院成立后，乡村建设派以研究院为中心机构，进行了有关乡村建设理论与乡村建设计划、方案的研究和制定工作，并把山东邹平作为试验区，正式开始了乡村建设的试验和调查工作[④]。乡村建设研究院分三部分，第一部分是乡村建设研究部，由梁漱溟任研究部主任，并招收学员 40 名，毕业后分配到实验县任科长和辅导员等职务。第二部分是乡村服务人员训练部，负责训练到乡服务的人才，招录对象是初中毕业生或同等学历者。第三部分是乡村建设试验区，以邹平县为试验区。

选定山东邹平作为试验区，梁漱溟等人是经过认真考量的。在此之前，他们对邹平县通过细致的调查，了解到“邹平县自然条件、地理位置都较好，使我们搞实验理想的地方。它交通方便，在胶济铁路沿线，县城离周村火车

① 刘重来：《民国时期乡村建设运动述略》，《重庆社会科学》，2006 年第 5 期，第 78 页。

② 同上。

③ 梁漱溟：《我致力于乡村运动的回忆和反省》，《梁漱溟全集》第七卷，山东人民出版社，1993 年，第 424 页。

④ 吴星云：《乡村建设思潮与民国社会改造》，南开大学出版社，2013 年 1 月，第 125 页。

站只有三十多里地。县不大，人口不多，当时有十七多万人。”①

试验区确定之后，梁漱溟等人为了乡村建设工作的开展，首先对邹平县进行了调查。调查的内容涉及邹平县人口、社会状况、经济、土地、文化、教育等方方面面。在对人口和村民受教育状况的调查中了解到：“县政府设立了户籍室，掌握全县的户籍状况。各区政府都和县政府装有直通电话，我们要求各区政府及时报告本区人口变动情况。全县的户籍情况，户籍室都有档案。有两种人，作为特殊人口，另立卡片：一种是有文化知识的人，即受过小学以上教育的；一种是乡村中的坏人和不务正业的人，像流氓、盗窃分子、赌徒、好吃懒做的人等等，以便对他们的使用和管理。”②之后邹平县的行政区划经过撤并，整改为 14 个乡。

在梁漱溟的乡村建设试验中，首要举措是建立乡学、村学，也就是建立乡农学校。乡学校是整个乡村建设运动的具体的实施机构，也是“政教合一”的机构，具体的教育活动就是由乡学校来完成。这不是一个单纯的学校机构，同时也是一个乡村组织。根据梁漱溟的思想，之所以建立乡农学校，是为了将农民组织起来，也就是乡村建设必须依靠组织的力量。教学内容上，不仅是课本知识，更以推进社会工作为主，“我们的乡农学校就是给他一个安排，摆出来，让乡村领袖与农民多有聚合的机会……就是让乡村人发生自觉，并有齐心合力解决问题的机会”③。

与此同时，他积极推行社会改良。主要从四个方面：一是移风易俗，如对赌博、缠足、留发辫等，都进行了坚决的查清和抵制，不少乡村成立移风易俗组织，如贺家村成立了“风俗改进会”④。二是丰富农民的业余生活，在禁绝抵制不良习惯的同时，还要注意正确的引导方向，这两个方面在改进乡村的生活习惯和风俗上是相辅相成的缺一不可的，单独的一个方向的努力起不到任何的效果。乡村组织了非常丰富的业余生活节目，送戏下乡以及组织农民

---

① 梁漱溟：《乡村建设理论》，《回忆我从事的乡村建设运动》（附录二），上海人民出版社，2011 年，第 420 页。

② 同上。

③ 梁漱溟：《乡村建设理论》，上海人民出版社，2011 年，第 201 页。

④ 朱汉国：《梁漱溟乡村建设研究》，山西教育出版社 1996 年 7 月版，第 254—256 页。

运动会等[1]。三是发展乡村卫生，在县城兴办卫生院，设有病床，医院的大夫均聘请齐鲁大学医学院的毕业生。四是开展乡村自卫。在山东乡村建设研究院刚成立时，邹平的地方治安问题比较严重，因此研究院和县政府把整顿社会治安，建立和健全乡村自卫组织作为邹平试验的重要内容之一，方法主要是参考瑞士的民兵制度和方式，同时寓教育于军事[2]。在经济方面，引进科学技术，促进合作组织，取得了不小的成果。

日本侵略战争爆发后，梁漱溟、邹平苦心经营了七年的乡村建设运动被迫中止。梁漱溟的乡村建设实验是以失败而告终的，虽然在梁漱溟的思想和实践中没有对农村调查形成系统的调查理论，但是他这种在调查的基础上进行尝试，试图改造社会的理想，使他的乡村建设理论及其实践成为我们现代化建设中重要的本土精神遗产。

(三)中华平民教育促进会的农村调查

1923 年中华平民教育促进会成立正式(以下简称平教会)。朱其慧任董事长，陶行知任董事部书记，晏阳初为总干事。平教会的宗旨是"除文盲，作新民"，在开展识字运动的过程中，平教会逐渐认识到中国是个农业大国，大多数的文盲不在城市而在乡村，于是从 1926 年开始，平教会的工作由城市逐步向农村转移。1926 年秋，平教会选定河北定县为"华北试验区"，以翟城村为中心，从事以县为单位的平民教育试验。到二十世纪 30 年代中期，平教会在不断试验中逐渐形成并完善了具有自身特点的乡村建设理论，由这一理论指导的定县试验以"定县模式""定县主义"著称于市，对二三十年代各地的乡村工作造成了重大影响，平教会因此成为乡村建设思潮中的又一重要社会团体[3]。

我们在介绍平教会对乡村建设和农村调查的贡献时，不得不提的就是晏阳初和李景汉。晏阳初是平教会的开创者之一，他为平教会定县试验做的社会调查所取得的成绩，为世人所瞩目。而李景汉在参加定县调查工作后完成

---

① 徐雷健:《梁漱溟与民国时期山东的乡村建设运动》，福建师范大学硕士论文，2009 年，第 34 页。

② 同上。

③ 吴星云:《乡村建设思潮与民国社会改造》，南开大学出版社，2013 年 1 月，第 158 页。

的《定县社会概况调查》一书，是民国时期中国社会调查的一部标志性作品。因此在写平教会的定县调查工作之前先介绍一下晏阳初和李景汉的思想和工作成果。

1. 晏阳初的乡村建设思想及其农村调查

晏阳初是著名的平民教育家。1890 年出生在当时四川巴中县的一个书香门第。幼年深受儒家文化的熏陶，后被父亲送到几百里之外的基督教内地会创办的西学堂接受新学。1916 年，考入耶鲁大学，研习政治学，1918 年毕业。第一次世界大战期间，应募到法国战场为华工服务，在与华工的相处过程中，他发现华工有着非凡的智慧，只可惜没有受到教育，才无知与贫困。华工们如饥似渴的求知欲和互助精神，使晏阳初深为感动，立志回国不做官，不发财，不为上层士大夫效力，只为贫穷农民服务的志向①。由此，他的平民教育思想开始萌芽。1920 年晏阳初回到祖国，从事平民识字运动。1926 年河北定县实验区成立后，正式开始了他的乡村建设的实践。在定县进行平民教育普及长达 11 年的过程中，逐渐形成了他的乡村建设思想。

首先，民本思想是晏阳初进行平民教育实验的出发点。他在《九十自述》这样写道："我读的古书，虽然有限，但他们却悄悄地，在我幼小的心中，埋下了一粒微妙的火种，要经过一二十年，我才发现它的存在和意义。那是什么呢？就是儒家的民本思想和天下一家的观念。平民教育运动、乡村建设运动，不论在中国，或是在海外，都是民本思想的实践，而以天下一家为最高宗旨。"②他认为要建国，先要建民，中国当时四万万民众中超过 80%的人目不识丁，这就需要推行平民教育，以提高全民知识文化水平，以谋求中国社会的进步。

其次，晏阳初认为乡村建设的使命是"民族再造"。他曾在《农村运动的使命》一文中指出："中国今日的生死问题，不是别的，是民族衰老、民族堕落、民族涣散，根本是人的问题，是构成中国的主人，害了几千年积累而成的很复杂的病，而且病至垂危，有无起死回生的方药问题"③。在他看来，乡村建设

① 赵金朋：《20 世纪 30 年代中国农村社会调查研究》，山东师范大学硕士论文，2010 年，第 57 页。

② 宋恩荣：《晏阳初全集》（第二卷），长沙：湖南教育出版社，1989 年，第 495 页。

③ 《晏阳初文集》（一），湖南教育出版社 1989 年版，第 294 页。

就是要解决这一问题。并且，乡村建设成功和失败的经验也证明了乡村建设最终目的要通过"民族再造"，培养新的生命，促成新的组织[①]。

晏阳初将其进行平民教育的内容概括为文艺、生计、卫生和公民四大方面。文艺教育包括文字教育和艺术教育，他认为文字是传播知识的工具，也是寻求知识的钥匙，农民要具备知识力，首先必须读书识字，只有掌握文字这一求知的工具，才能为接受一切建设事业做好准备。与此同时，艺术教育要与文字教育配合进行，目的在于促进农民文化生活。生计教育是要训练农民生计上的现代知识和技术，创设农村合作经营组织，以在增加生产的基础上让农民享受生产的利益。卫生教育则旨在使农民强身健体。公民教育是为了培养农民的团结力、公共心和合作精神，培养他们树立公民常识和政治道德。这四大教育应连锁进行，并同研究实验、训练人才、表征推广这三大方式相辅相成，以实现晏阳初平民教育顺利进行的目标[②]。

晏阳初在进行平民教育工作的同时也非常注重对调查工作的开展。晏阳初在开展具体工作之初便指出："定县的试验最先注意的就是社会调查。实地调查定县一切社会情况，使我们对于农民生活农村社会的一般的与特殊的事实问题有充分了解和明了的认识，然后各方面工作才能为有事实根据的设施。"[③]晏阳初认为，注重乡村社会调查，就是要反对教条主义和主观主义的先验论，从农村社会的现实出发，发现问题，提出有针对性的教育方案。他还认为在推行平民教育的过程中应该学习外国，但要从实际需要出发，自尊自信走自己的路，"创造一种中国教育，用中国药来治中国病"[④]。晏阳初在推行平民教育和乡村改造运动的过程中，就以社会调查和研究作为工作的切入点，这也是晏阳初教育理论体系中的重要认识论和方法论。"一切的教育工作与社会建设必须有事实的依据，才能根据事实规划实际方案"被称为"定县主义"的理论和方法，这正是晏阳初平民教育乡村建设思想的实践体现。

---

① 赵金朋：《20 世纪 30 年代中国农村社会调查研究》，山东师范大学硕士论文，2010 年，第 57 页。

② 吴星云：《乡村建设思潮与民国社会改造》，南开大学出版社，2013 年 1 月，第 163－167 页。

③ 晏阳初：《定县社会调查・序》，宋荣恩著，《晏阳初文集》，北京：教育科学出版社，1989 年。

④ 晏阳初：《"误教"与"无教"》，宋荣恩著，《晏阳初文集》，北京：教育科学出版社，1989 年。

为使自己的乡建理论和平民教育符合中国的国情，在整个定县实验的过程中，晏阳初始终都十分重视对农村的调查。他认为开展农村调查，首先认识了解乡村、研究乡村是乡村建设的必修科目，是进行乡村实验的基础工作。

2. 李景汉和《定县社会调查概况》

李景汉在平教会定县实验中作了不可估量的贡献。李景汉 1894 年出生于北京通州，1917 年赴美留学主修社会学。1924 年回国后，积极投身于社会调查事业。曾担任中华教育文化基金董事社会调查部主任、中华平民教育促进会定县实验区社会调查部主任。他是中国的第一代社会学者，是中国社会学与中国社会调查学学科的先驱。他在主持领导平教会定县实验过程中完成的《定县社会调查概况》堪称中国社会调查的典范。

李景汉的社会调查活动经历了由城市为主到乡村为主的转变。李景汉在回国初期所进行的调查，范围大多在城市，但是在调查的过程中，他逐渐发现了当时社会农民问题的严重性和紧迫性，因此把目光和调查重点逐渐转向了农村。

1929 年，李景汉被聘请为平教会调查部主任，从此开始了他在河北定县的调查活动。李景汉对参与到定县的调查工作中来十分乐意，他称这次机会"正合我的志愿，从此我的调查生活，遂由都市而移到乡村"[①]。在定县工作的这段时期，他进行的一系列调查活动都是以定县农村为对象，而且是以实用性为主的调查，他在介绍定县调查的情况中说道："定县实验区的社会调查工作，在平民教育运动的立场上，是要以系统的科学方法，实地调查定县一切社会情况，特别注意愚、穷、弱、私四种现象。"[②]这一时期，李景汉的调查理论从"学术调查"转向了"应用调查"，也是带着增强调查实用性的目的，他开展了对定县农村家庭、人口及土地的调查，并完成了堪称中国社会调查里程碑式的成果——《定县社会概况调查》。此书被称为我国近代爱国知识分子以西方社会学方法与技术进行的以县为单位的社会调查的一个代表作[③]。社

① 李景汉：《实地调查方法》(序)，北京：星云堂书店印行，1934 年。

② 李景汉：《定县社会概况调查》(重印本)(前言)，北京：中国人民大学出版社，1986 年。

③ 郑京辉，任会来：《民国时期李景汉社会调查探析》，《唐山师范学院学报》，2008 年 1 月，第 30 卷第 1 期。

会学家孙木文称此书为“我国县区社会调查最为详细的报告”[①]，直到现在人们仍然认为该书“是国外研究旧中国社会问题的一本必备读物，了解中国的一个重要渠道”[②]。在进行实地调查的同时，李景汉也非常重视调查方法的研究与总结，完成了理论方法性著作《实地调查方法》一书。这本书详细阐述了李景汉的调查经验、心得，还包含了他对农村人口、概况、土地、工商业等方面的调查实例，是他调查技术成熟的标志性著作。

李景汉的调查工作进行的非常细致，就以1929年秋到1930年领导的调查为例：1929年秋到1930年，平教会调查先从定县71村概况开始，包括每村距离县城里数、位置、家数、人数，村长、村副姓名、年龄、职业，学校教员及学生数目，高小、中学、大学毕业人数，可作平民学校的地点、村人职业、种地亩数，主要农产物、集市日期、医生及药铺数目、寺庙及信仰各种宗教人数等项。然后举行71村详细户口调查，计城内1 707家，三关562家，71村6 230家，共8 499家。同时附带举行挨户疾病死亡调查，共5 000家。此外，补充以往不完全的调查，主要有全县赋税调查，包括国税、省税、县地方捐、村捐等项。1930年的调查还有：全县各村概况调查，共计382村；土地分配和农产调查，共134村；家庭手工业和工厂调查，也是134村；县城及乡村店铺调查，包括城内三关、东亭、清风店的各种店铺数目，每个店铺的资本、赚利、组织、店员待遇等；生活费调查、物价调查，包括物品34类500余种[③]。在调查方法上，采用了普查法、个案法、抽样法等。调查的同时，李景汉十分注重调查的科学性、代表性、全面性与实用性，他主张调查必须有清楚的目的，以达到根据调查结果来改善社会实际问题，增进人类幸福的目的。

在定县的农村调查工作历时8年，李景汉将这期间的调查经验和调查成果写成了《定县社会概况调查》一书，1933年由中华平民教育促进会出版。《定县社会概况调查》全书17章，其中有314个表格，62张照片。内容涉及定县的地理、历史、政治、经济、文化、教育、社会组织、人口、健康与卫生、农民生活费、乡村娱乐、风俗习惯等各个方面。该书由晏阳初、陶孟和、陈达、何廉

---

① 孙本文：《当代中国社会学》，北京：商务印书馆，1948年，第217页。

② 李景汉：《定县社会概况调查》(重印本)(前言)，北京：中国人民大学出版社，1986年。

③ 李金铮：《定县调查——中国农村社会调查的里程碑》，《社会学研究》2008年2月，第167—168页。

和陈翰笙等知名人士作序，从各种不同角度肯定了其价值。该书为研究20世纪30年代中国北方的农村社区提供了翔实的资料，在国内外产生了深远的影响，堪称中国社会调查的典范。李景汉也成了名副其实的近代中国社会调查的典范实践者。

3.平教会在定县实验中的调查工作

1926年10月，平教会选定河北定县作为开辟农村平民教育道路的实验区。1928年6月，平教会设立了专门的统计调查处，后改为社会调查部。调查部的调查内容，针对定县的历史、地理、政治、交通、教育、人口、宗教、风俗以及农业生产的方方面面。1929年秋，平教会聘请李景汉出任调查部主任。调查部配有一二十名工作人员，吸收了来自北平、天津等各地的大学生以及当地中小学毕业生上百人来参与平教会的试验。

定县的试验工作可为三个时期：第一个时期为开创时期，从1926年10月初到定县再到1930年秋集中人力、财力到定县进行试验；第二个时期为全县研究试验时期，从1930年秋开始到1933年7月河北省县政建设研究院成立；第三个时期为县政建设时期，从1933年7月起到1937年抗战爆发被迫中止①。

在实验的第一个时期，平教会在定县华北试验区下设三个股，分别是农民教育股、农民生活调查股、农业科学研究股。农民教育股分设学校教育系和社会教育系，两系下又各设有调查组，调查组同时受试验区农民生活调查股及总部统计调查科指导。学校教育系调查组主要调查人口、文盲、地方教育状况和平校工作及成绩等情况，社会教育系调查组则负责调查风俗、农民生活、出产、卫生、游戏、歌谣等方面的情形②。

定县试验的第二个时期，平教会将主要部门迁到定县，此时的统计调查处主任为李景汉。这个时期调查工作分实地调查和整理材料两类。关于实地调查方面的有：全县各村概况调查；全县富源经济能力，土地分配与农产调查；家庭手工业和工厂调查；县城及乡村铺店调查；生活费调查；物价调查；全

① 李章鹏：《现代社会调查在中国的兴起：1897—1937》，中国人民大学博士学位论文，2008年，第142页。

② 汤茂如：《定县农民教育》，中华平民教育促进会学校式教育部，1932，第35—36页。

县学校及文盲调查，有的范围较广，有的只限于百数十村；高头研究村、南支合李亲顾明月店三中心村之详细调查；研究区六十一村挨户人口调查等。关于整理方面的，有全县概况、人口、秧歌及东亭六十余村的材料等[①]。著名的《定县社会概况调查》所需资料，也就是在这个时期调查整理完毕的。

进入第三个时期后，也就是县政建设时期，为了适应新的需要，平教会与河北省乡村建设研究院作了分工。平教会的研究工作，是注重教育的材料、工具、方法等本身的效果；而研究院的研究，则注重如何将平教会实验有效果的教育材料、工具、方法普遍地推广到民间去，同时注重行政上组织计划法令执行等的效果[②]。

在实地调查的基础上，平教会社会调查部整理发表了大量的调查资料。有《定县社会概况调查》《定县农村工业调查》《定县经济调查一部分报告书》《定县秧歌选》《定县农民教育》等，还发表了大量论文，主要有《华北农村人口之结构与问题》《从定县人口总调查所发现之人口调查技术问题》《农村家庭人口统计的分析》《五百一十五农村家庭之研究》《定县大王耨村人口调查》《定县农村经济现状》《定县土地调查》《中国农村土地与农业经营问题》《定县农村织布工业》《定县农村纺业调查》《定县农村的木厂》《定县大西涨村之家庭手工业调查》《定县农村借贷调查》《定县摇会的研究》《定县民众负担之分析》《河北省定县之田赋》《河北省定县之田房契税》《河北省定县的牙税》《定县输入各国货物的调查》《定县农民外出谋生的调查》《定县的新年娱乐》等[③]。

平教会在对这些调查资料细致的分析研究中发现，定县的农村问题千头万绪，但是基本问题可以归结为"愚、贫、弱、私"。所谓"愚"，就是农民不识字，缺乏知识；所谓"穷"，是指在生计上，农民还在生与死的夹缝里挣扎生存，更不要谈生活程度的好坏，生活水平线的高低；所谓"弱"，是指大多数农民身体衰弱，却不懂科学的医治，农村的公共卫生环境也极差；所谓"私"，就是农民不能团结合作，缺乏道德的陶冶和公民意识的训练。其中，"贫"又是"愚""

① 《定县的社会调查工作》，中华平民教育促进会，1933 年，第 15－18 页。

② 李章鹏：《现代社会调查在中国的兴起：1897－1937》，中国人民大学博士学位论文，2008 年，第 142 页。

③ 同上。

弱”“私”的根本原因,“贫”不仅在于受封建土地制的剥削,还有苛捐杂税、高利贷中间商的盘剥等[1]。这些问题若一直存在,就谈不上其他任何的建设事业。为此,针对这四大问题,平教会提出,应当运用三大方式来推行四大教育,即用学校式、家庭式、社会式来推动文艺教育、生计教育、卫生教育、公民教育。

根据制定好的计划方案,在接下来的实验工作中,平教会根据农民自身文化状况,自制教材,先后编制了《通用字表》(3 420字)、《基本字表》(1 320字),还编辑了《平民字典》,每本教材都力求通俗易懂,实用性要强。为了提高农民的生产力和生产水平,他们引进科学技术,办了两个农场,进行改良猪种与鸡种的实验,推广先进技术与良种,对农民进行“生计试验”。与此同时,为了增强农民的强健力,他们向农民普及卫生知识,实施卫生教育,培养卫生习惯,县里设立保健院,还训练公立师范学生与平民学校学生对村民进行免疫接种。平教会的一系列举措,在定县的乡村建设实践中取得了一定成效,无论是教育的普及还是农村经济、公共卫生方面,都得到了不同程度的发展。

在定县实验的农村调查中平教会积累了很多经验。定县农村社会调查的基本特点是:一是从农村与农民生活实际中找出问题,提出解决问题的结论;二是依靠“农民学人”作调查,使所得材料比较可靠;三是在调查内容上重视整体化、系统化;四是重视调查的实际应用,强调“不是为调查而调查,必须着眼于社会的实际改造,根据改造的需要去调查事实”;五是在调查方法上灵活使用个案调查、抽样调查、随机抽样、间隔选择、特别选择等,尽量从实际需要出发采取简便适用的方法[2]。平教会在定县的试验被迫中止时,已经对定县进行了比较系统的农村调查。平教会在定县开展的所有乡村建设工作都是以相应的社会调查为基础的。因此,调查研究作为基础性工作,始终贯穿于平教派定县实验的全部过程。这项调查的规模与系统程度可以从下表中看出。

---

① 吴洪成、丁倩:《试论晏阳初定县乡村平民教育实验的几个问题》,河北师范大学学报(教育科学版),2006年1月第8卷第1期。

② 同上。

表 6-1 平教派在定县历年社会调查统计略表①

调查项目	调查范围	调查时间
定县社会概况调查	全县及第一区 62 村	1927—1928
全县各村概况调查	382 村	
土地分配和农产调查	134 村	
家庭手工业与工厂调查	134 村	
县城及乡村铺店调查	全县	1931
生活费用调查	123 户	
物价调查	34 类 500 余种物品	
高头研究村详细调查	120 家	
三处中心村详细调查	住户 1 365 户 铺户 193 户	1932
研究区 62 村挨户人口调查	62 村	
研究区田场经营调查	自耕农 100 家	
研究区主要农作物及猪鸡羊调查	1 089 家	
主要手工业详细调查	研究区	
研究区集市与商业调查	研究区	1933—1935
借贷调查	5 村庄	
研究区各种经济会社调查	研究区	
家庭卫生调查	1 000 家	

① 从图表中可以看出：平教派历年进行的调查工作是有相当周密的计划，并且是循序渐进的，主要表现为两点：一是由点及面。最初，平教派在定县的调查集中于一些零散的村庄，逐渐过渡到研究区，调查主要以区为范围，最后扩大至县，全面铺开调查工作；二是由概况到分项，先易后难，逐步深入。面对复杂的乡村情况，平教派非常注意在“可能的范围内选择不甚困难，而能办到的，及不致引起农民怀疑的事项进行调查”，因此选择了从一般概况入手，渐及专题，层层深入逐步推进的方式推动调查工作。从表中显示出来的成果看，其方式显然取得了预期的效果。（摘自吴星云：《乡村建设思潮与民国社会改造》，南开大学出版社，2013 年 1 月，第 171 页。）

续表

调查项目	调查范围	调查时间
绘制定县实地测量地图	全县	1933—1935
全县土地调查		
全县农作物产量调查		
全县工业品之数量与价值调查		
全县土产运销调查		
定县输入货物调查		
全县集市调查		
全县借贷调查		
全县物价调查		
全县民众负担调查		
地方自治调查		
全县户口调查		

1932 年后陆续出版的定县社会调查丛书部分目录[①]

《定县社会概况调查》(1932 年)

---

① 图表同时也显示出平教派定县系列社会调查的一些特点:第一,实用性。表中也可以看出,定县社会调查涉及全县农民各个领域、各个方面的实际生活,同时,平教派晏阳初等也曾一再强调,定县的社会调查不是为了调查而调查,“必须要着眼于社会的实际改造,要根据建设的需要”,因此,平教派在进行社会调查时始终重视将调查结果送交相关各部,进行分类并据以制定相应的计划。例如,平教派在 30 年代制定并实施了“六年计划”,这项计划就是建立在调查成果基础之上的。第二,准确性。平教派工作人员进行每一项调查工作时,都注意选取一定数量甚至全县调查对象,以期得出比较准确真实的结论。同时,平教派还特别重视调查方式的选择,要求工作人员真诚接近民族,并尽量以农民能够接受、习惯接受的方式进行调查,以期消除农民的猜疑和顾虑,使之乐意配合调查,并提供真实可靠的数据和资料。结果,“调查者对被调查者采取了虚心和诚恳的态度,农民乐于与我们合作”,定县的社会调查效果因而比较理想,其准确性得到社会普遍承认和高度评价,直至现在,这些调查成果仍然是研究二三十年代农村问题的权威性资料。第三,多样性。定县历年调查涉及到全县社会生活的各个领域,包括历史、地理、气候、土壤、风俗、习惯、人口、教育、学校、信仰、宗教、卫生、娱乐、交通、集会、贸易、农业、工业、手工业、地亩、灾害、疾病、金融、税收、捐派、物产、借贷、物价、土产、政府机构、地方自治等各个方面。有史以来,这是第一次以县为单位的系统全面的社会调查,平教派坚信其重大意义,认为定县其实是中国近 2000 个县的缩影,“县内的农民生活、乡村组织、农业等情况可以相当地代表中国的农村社会,尤其是华北的各县情形”,因而,定县调查的多样性、全面性,是具有普遍意义的。摘自吴星云:《乡村建设思潮与民国社会改造》,南开大学出版社,2013 年 1 月,第 172 页。

《定县秧歌选》(1933 年)
《定县调查讲演挂图》
《定县社会调查方法》
《定县农村工业调查》(1936 年)
《定县选择人口调查》
《定县土地分配调查》
《定县农民生活费调查》
《定县借款调查》
《研究区内社会调查》
《研究区内田场经营调查》
《研究区内集市调查》
《研究区内猪羊鸡调查》
《研究区家庭卫生调查》[①]

平教会就是这样根据逐年计划完成对定县的平民教育和社会调查工作，晏阳初在为《定县社会概况调查》作序中指出了此次调查所得出的社会调查的经验和意义:“一为教育的意义。本会社会调查，非为调查而调查，为的是要知道农村生活的究竟，寻出生活上的问题，进而解决此项问题。即整个工作要以社会调查为指南针，先求知道生活的归依，然后再事规定教育的实施的方案……二是社会科学的意义……必须先知道中国社会是什么样，然后始能着手科学的系统之建设。因此我们希望本会的社会调查对于中国的社会科学之研究有其贡献。”[②]在平教会定县实验活动，不管是在乡村平民教育还是社会调查都取得了卓有成效的结果，这为以后中国的乡村建设和社会调查提供了极有价值的理论和实践经验。

二、国内调查机构的农村调查

20 世纪二三十年代，参与农村调查的社会调查机构有很多，比较重要的有当时北平社会调查所和中央研究院社会科学研究所。

---

① 目录根据郑大华《民国乡村建设运动》材料整理而成，社会科学文献出版社，2000 年，第 198—208 页。

② 李景汉:《定县社会概况调查》，第 11—12 页。

(一)北平社会调查所的农村调查

1. 北平社会调查所概况

北平社会调查所前身是中华教育文化基金会董事会的社会调查部。1929年,经过陶孟和的多方努力,中华教育文化基金董事会同意把社会调查部改组为独立机构,改名为北平社会调查所。陶孟和任所长,另设社会调查所委员会。这是我国最早成立的社会学研究机构之一。

该所在成立后,开展研究的科目有中国近代经济史、政治制度、经济理论、工业经济、农业经济、对外贸易、财政金融、劳动问题、人口问题、统计,共10类。有研究员12人,研究生10人。其中对农村的调查主要集中在农业经济方面,包括:(1)河北、山东棉花贩运调查;(2)河北深泽县农村经济调查;(3)河北清苑县农村经济调查;(4)定县集市调查;(5)华北粮食生产、运销、消费调查。

1934年,当时的中央研究院与中华教育文化基金会经过商议后,决定将社会调查所并入中央研究院社会科学研究所(1945年1月改称“社会研究所”),陶孟和任所长。[①]

2. 北平调查所的农村调查

北平社会调查所在这一时期作了大量的社会调查,其中关于农村社会调查主要成果有《冀北察东三十三县农村概况调查》《北平郊外之乡村家庭》等。北平社会调查所于1930年创办《社会科学杂志》季刊,在这个刊物上发表了大量的农村经济调查及研究报告,在很大程度上推动了当时农村社会经济调查的开展和后来的研究。[②] 其中最重要的就是李景汉的北平郊外之乡村家庭调查。社会调查所成立前后,除派员实地调查社会情况外,亦与其他从事社会研究的机关合作,协力倡导社会调查,并指导大学高年级学生对社会状况进行调查研究。1926年燕京大学社会学系增设社会调查方法课,请当时在中华教育文化基金董事会社会调查部工作的李景汉教授授课,北平郊外之乡村家庭调查就是李景汉在这期间指导十几名学生实地调查农村家庭生活

① 范伟达、王竞、范冰:《中国社会调查史》,复旦大学出版社,2008年,第46—47页。

② 赵金朋:《20世纪30年代中国农村社会调查研究》,山东师范大学硕士论文,2010年,第74页。

水平时共同进行的，于1928年6月完成《北平郊外之乡村家庭》的报告，1929年年正式出版。

《北平郊外之乡村家庭》一书由两部分组成，一部分是“挂甲屯村一百家之社会的经济的调查”，包括绪论、人口与家庭、家庭的收入、家庭的生活状况与支出、村民其他状况共5章和50个表；另一部分是“黑山扈村马连洼村与东村六十四家之社会的及经济的调查”，包括人口与家庭、家庭的产业与收入、家庭的生活状况与支出共3章和50个表。这本书是李景汉学术历程的重要一步，是他调查重点由城市转向农村的过渡。调查对象是农村，调查方法主要采用记账法，而调查结果，李景汉初步看到了中国乡村社会存在的“愚、弱、贫、私”。可以说这次调查是推动李景汉进行大规模农村调查的一个契机，也是北平调查所农村调查中的一项重要调查成果。[1]

(二)中央研究院社会科学研究所的农村调查

中央研究院社会科学研究所，1928年在广州成立，蔡元培任院长。研究所下设民族学、社会学、经济学、法制学四组。研究工作分为经济史、工业经济、农业经济、国际贸易、银行金融、社会生活状况等科目。中央研究院比较重要的调查成果有：《黑龙江流域的农民与地主》《难民的东北逃亡》《东北的难民与土地问题》《亩的差异：无锡22村稻田的173种大小不同的亩》《清家苑农家经济》等。

1928年，陈翰笙接受中央研究院院长蔡元培的聘请，主持该院下设的社会科学研究所，并立即进行了一系列的农村调查。从1928年至1934年共6年时间里，陈翰笙领导的农村调查团的足迹遍及大半个中国。他通过科学的调查方法，脚踏实地的工作作风，真实可靠的第一手资料，得出了中国社会性质的科学结论，为中共在农村实行正确的土地政策提供了可靠的依据。中央研究院社会科学研究所所长是蔡元培，但主持调查的直接负责人是陈翰笙。陈翰笙是中共地下党员，他主持调查的国民政府四省调查、清苑农家调查、广东农村调查、东北地区的农村调查都作为研究成果由商务印书馆出版，或刊登在当时的《中山文化教育馆季刊》《农村复兴委员会报》《东方杂志》等报刊上。

---

① 范伟达、王竞、范冰：《中国社会调查史》，复旦大学出版社，2008年，第56页。

北平社会调查所和中央研究院社会科学研究所，作为当时影响最深远的两个国内调查机构，他们所做的调查对当时学术、政府行为都产生了一定的影响。从社会调查所调查的实际行动、调查成果、成效上看，的确体现了社会调查所成立初所规定的计划。这个调查所先后出版了二十多种书籍，其中陶孟和的《北平生活费之分析》是我国采用记账法研究家庭生活的第一本书。李景汉的《北平郊外之乡村家庭》在农村社会调查方法上做出了一定贡献。此外，调查所也与其他机关进行合作调查。如与天津南开大学经济研究委员会共同做了天津工人二百家生计调查、天津地毯工人调查，同时与调查物价局合作调查了上海纱厂工人的二百五十家生计调查[①]。由于社会调查所成绩斐然，至 1936 年 7 月划归中央研究院社会科学研究所，作为其下属机构。按常理推断，此时的社会调查所已经成为了研究院的一个重要的调查机关，为南京国民政府提供咨询和建议。这两个调查机构的调查成果为国民政府、中国共产党的农村调查都提供了重要的参考资料，他们所进行的农村调查页是中国农村调查实践中最重要的部分之一[②]。

以上就是社会团体和国内调查机构的农村调查，不管是为了改造社会还是为了民族自救还是为了普及教育，他们的农村调查都为中国的农村研究提供了宝贵的资料。尤其是晏阳初、李景汉等人在调查过程中总结出的乡村建设思想和社会调查理论以及理论基础上的实践，对当代中国的新农村建设和社会调查体系的形成有重要的现实参考价值和意义。

---

① 韩明汉:《中国社会学史》,天津人民出版社 1987 年版,第 137 页。

② 赵金朋:《20 世纪 30 年代中国农村社会调查研究》,山东师范大学硕士论文,2010 年,第 74 页。

第七章　满铁的农村调查

鸦片战争以后，世界帝国主义列强相继入侵我国，并在我国领土上瓜分各自的“势力范围”。1904 年，日俄战争爆发，日本帝国主义乘机侵占我国东北辽南地区。1907 年，日本在我国辽宁省大连市设置了一个“南满洲铁道株式会社”（简称“满铁”）。该社一成立，就开始搜集我国东北地区的政治经济情报[①]。1908 年，“满铁”从日本国内调来一批农林专家，开始对我国东北地区的农业资源及生产状况开展大规模实地调查。自此至 1945 年日本战败投降，在近 40 年时间里，满铁始终充当日本侵略者经济特务的角色，派遣调查人员深入我国乡村开展实地调查。本章主要针对日本大陆政策背景下满铁的农村调查活动作一梳理和介绍。

一、满铁的成立及其概况

1904 年，日本为了与沙皇俄国争夺朝鲜和中国东北地区，对俄国不宣而战。1905 年 9 月，俄国战败，日俄双方签订了《朴茨茅斯和约》[②]。合约中规定由俄国将旅顺口、大连湾及其附近领土领水的租借权及其他特权转让给日本政府，同时将长春至旅顺口的铁路及一切支线，以及附属的一切权利、财产

① 曹幸穗：《旧中国苏南农家经济研究》，北京：中央编译出版社，1996 年，第 7 页。

② 《朴茨茅斯和约》是 1905 年 9 月 5 日在美国新罕布什尔州朴次茅斯海军基地，日俄双方代表签订的和约，宣告了日俄战争的结束。条约正文十五条，附约二条，主要内容是：俄罗斯承认日本对朝鲜“政治军事经济上均享有卓绝的利益，如指导、保护、监理”的权利。凡是日本认为必要的措置，俄罗斯“不得阻碍干涉”。“俄罗斯政府以中国政府之允”，将俄国从中国攫取的旅大租借地及其附属的一切权益、公产均转让给日本。俄罗斯政府将从长春至旅顺段的中东铁路支线及其所属的一切权利、财产，包括煤矿，均移让给日本。日、俄两国可在各自霸占的铁路沿线每公里驻护路兵十五名。俄罗斯宣布取消在东北的一切有违机会均等主义的权益。俄罗斯将北纬五十度以南的库页岛（东起鄂霍次克海向西延伸到间宫海峡，全长 130 公里。极东端鄂霍次克海沿岸：北纬 50 度 0 分 0 秒，东经 143 度 59 分 24 秒；极西端 间宫海峡面：北纬 50 度 0 分 0 秒，东经 142 度 9 分 16.25 秒）及其附近一切岛屿并该处一切公共营造物及财产之主权，永远让与日本。

和煤矿，均转让给日本政府。至此，日本夺取了原本由俄国享有的中东铁路长春至旅顺段的修筑权，并将其改称为“南满铁路”。这次战争的胜利为日本政府成立南满洲铁道株式会社奠定了基础，为日本侵略中国的进程开辟了道路。

日本在获得上述权利的同时，马上开始着手研究推行经营政策。在推行这一政策的过程中，有两个不得不提及的人物，一个是曾担任台湾殖民地民政长官的后藤新平①（也是满铁的首任总裁），另一个是满洲军参谋总长儿玉源太郎②。后藤新平曾提到：“日俄对抗，未必满洲一战就能结束，第二次战争不能在那一年到来，如果胜利在握时，就先发制人；不能操胜，则以自重等待时机；即便开战亦不胜，我应留善后余地。总之，我在满洲必须居于以主制客以逸待劳的地位……得其应手之计，必当第一经营铁路；第二开发煤矿；第三移民；第四兴办畜物农业……如依靠经营铁路不出十年将得以向满移民50万，俄国虽强但不能开启战端……我们还有满洲50万移民和几百万畜产，一旦战机对我有利，则进而作好入侵敌国的准备；于我不利，则岿然不动和以待时机；这便是经略满洲大局的主张。”③他的想法与儿玉源太郎的理念不谋而合。儿玉源太郎在日俄战争结束后，一度向日本殖民政府提出成立隶属于满洲军的总兵站监部、成立隶属于总兵站监部的民政长官部、改修铁路

---

① 后藤新平（1857－1929）日本首屈一指的殖民地经营家，满铁的实际开创者。1857年生于陆中国水泽（日本岩手县水泽市），在德国取得医学博士学位，回国后在卫生局工作，被儿玉源太郎发现，成为台湾民政长官，他把旧中国的保甲制度和新式的警察制度结合起来，很快恢复了当地的秩序，改革当地的土地所有制和税收制度，并改善公共卫生措施。他促进铁路、公路和港口建设，帮助发展轻工业特别是糖厂，采用统一的货币和计量制度，努力巩固日本人和日语在台湾的统治地位。1900年义和团运动爆发后，和儿玉密谋出兵占领福建，被政府以准备不足阻止。1906年出任满铁总裁，提倡新旧大陆对抗论，要日本联合俄国，将南满铁路、东清铁路和西伯利亚铁路连成一片，形成欧亚大铁路网，对抗美国铁路资本进入东亚。1908年后任递信大臣、内务大臣、外务大臣和东京市长。1929年病逝。

② 儿玉源太郎（1852－1906）日本近代陆军名将，被誉为明治时期第一智将，曾任桂太郎内阁的陆军大臣、内务大臣，台湾总督等重要职务。他是侵华罪魁之一，因特别注重军事力量和经济力量的良性循环，被称为丰臣秀吉再世。日俄战争的满洲军总参谋长，攻克旅顺口的实际指挥者，与桂太郎和川上操六并称明治陆军三杰。日本统治中国台湾的最大功臣，穿着军服的政治家。满铁的实际创立者。

③ [日]鹤见祐辅：《后藤新平》第二卷，东京後藤新平伯传记编委会1937年版，第665－667页。

增加运力的建议。1906 年 9 月，在“有关满洲问题协商会”上，时任满洲军参谋总长的儿玉源太郎不厌其详地论述对大连实施殖民统治的方针。在后藤新平和儿玉源太郎的极力推动下，日本政府最终采纳了他们的经营理念。

1906 年 6 月 7 日，日本天皇发布了第 142 号敕令，即《南满洲铁道株式会社成立之件》。同年 11 月 26 日，作为铁道管理机构的南满洲铁道株式会社在东京正式成立，简称满铁，在儿玉源太郎的大力举荐下，后藤新平被任命为满铁第一任总裁。当时满铁的总资本为 2 亿日元，其中包括由日本政府以沙俄在日俄战争失败后交给日本的铁路经营权、矿山开采权及附属地的一切财产为出资的 1 亿日元，以及其余的来自日本皇室、贵族、官僚等的民间入股，但只招募了五分之一。满铁成立后不久，将总部由东京迁往大连，并于 1907 年 4 月正式开始经营活动。

为了日本政府“大陆政策”的推行，满铁从建立之初就不满足于修建铁路，而是打着经营管理铁路的旗号，行侵占掠夺之实，将自己发展成为日本政府在我国东北地区进行政治、经济、军事等方面侵略活动的大本营。在成立之初，满铁下设总务部、运输部、矿业部和附属地行政部四个机构，不久又成立了直属总裁的调查部，并在沈阳、哈尔滨、天津、南京、上海、纽约、巴黎等地都设有办事处。其中调查部的任务是广泛搜集中国的政治、经济、文化等各方面的情报，加以综合研究，向日本政府提供各种情报资料，为日本帝国主义的侵略扩张服务。在它存在的 40 年中，调查部提交的报告多达 6 000 多份，积累了各种资料 5 万多件①。

后藤新平就任满铁的总裁后，根据自己在台湾进行殖民统治的经验，提出了“文装的武备”这一思想。这一思想为日本政府所采纳，成为经营满铁的理论依据。“文装的武备”简言之就是反对强硬的政治和军事，而要通过发展经济、教育、文化等文明的手段征服人心，来为武力侵略做充分准备，这可以更形象地描述成一个武士穿着文人的外衣假装斯文，以掩盖武力侵略。而为了更好地实践和应用这一思想，后藤新平认为应该建立调查研究机关。

1907 年，以搜集情报为主要任务的满铁调查部成立。为了让调查部的工作进行地更顺利，后藤新平邀请京都帝国大学教授、民法博士冈松叁太郎

---

① 李志英，罗艳，傅奕群：《认知中国：近代中国社会调查的人群聚类分析与研究》，商务印书馆，第 412 页。

担任调查部部长，并从日本国内调来一批农林专家参与情报的搜集调查工作。调查部由旧惯调查班、经济调查班和俄国调查班组成，分管民间旧惯、金融贸易和俄国的调查。其中旧惯调查班的成果从1913年到1915年出版成书，共9册，也就是《满洲旧惯调查报告》。满铁调查部在成立之初共聘用了14名调查员，但在1908年，由于财政困难，调查部不得不缩小规模，削减为8名调查员，并更名为调查课。即使如此，调查部的业务范围仍然在不断地扩大，非常注重对业务的调查、对工作人员的培养以及中文和俄文资料的翻译。1920年，调查部创立了月刊《调查报告》(1932年更名为《满铁调查月报》)。

与此同时，满铁还设立了三个与调查部相辅相成的重要机构，包括1908年设立于满铁东京分社的东亚经济调查局、满洲史地调查部以及1907年专为测量抚顺煤田和鞍山铁矿而设立的地质调查所。其中东亚经济调查局是日本国内对外调查的唯一机构，由冈松参太郎担任局长，调查研究东亚、满蒙经济，实质上是日本政府国内外政策的"顾问"。

从1913年开始，经过几年的摸索探究，满铁逐渐向系统化方向发展，开始了对满、蒙和苏联的全面调查。此时的调查部经过几年的调查工作，有了大量的情报积累，调查部机构也臻于完善并制定了调查事务大纲。1923年4月特设了哈尔滨事务所，目的是为调查研究北满和苏联远东问题甚至中日苏三国关系的动向，从而为军事政策的制定提供参考。

"九一八"事变前，满铁打着"经营满洲"的幌子，利用各种手段和特权发展日本在南满以至全东北的势力。据满铁经济调查会后来公布的数字，1930年年底，日本在满铁的投资额超过了日本在东北投资总额的半数，同时满铁还掌握着铁路、港口，经营着煤矿、制铁所，侵占了"铁路附属地"，通过子公司垄断了南满地区的电力、煤气、玻璃、纺织等工业部门，并从事情报活动，活动范围扩及山东、北满、内蒙古和朝鲜[①]。至此，满铁二十多年的经营活动为日本侵占我国东北地区，发动"九一八"事变做了充足的准备。

1931年9月18日，日本在中国东北蓄意制造并发动了"九一八"事变。事变发生后，满铁在同关东军的合作中设立了经济调查委员会，以国家机关的姿态掌握和控制伪满政权的一切经济、政治和法令等政策的制定。并于此时编辑出版了大量有关东北及苏联情况的各种调查资料和研究成果，如《满

① 苏崇民:《满铁史概述》,《历史研究》,1982年05期,第6页。

洲经济年报》《苏联事情》和《苏联年鉴》等[①]。同时满铁调查部继续扩大其活动范围。1935年满铁在天津设立了事务所。次年，又设立了上海事务所。这是为了更好更方便的对中国北方地区进行调查，为侵略华北地区作情报储备。

1936年，满铁经济调查委员会撤销，取而代之的是为更有利于侵略中国内地而设立的新的调查机构——产业部，这一机构的设立为日本对东北地区进行殖民统治，调查和开发东北资源，了解华北地区的经济提供了极大的便利。产业部由原来的经济调查会、计划部、地方部农务课、商工课、总务部资料课、地质调查所、农事试验场等各种产业机构和调查机构合并而成，主要任务是进行产业调查与业务研究、制定伪满洲国以及华北地区产业开发计划等。[②]

1937年7月7日，日本发动全面侵华战争。战争爆发后，产业部废止。1938年4月，为了迎合日本侵华的需要，满铁重新设立调查部。1939年，日本为了获得更多情报，来准确制定侵华战略和政策，遂扩大调查部规模，并改称大调查部。大调查部将各地分散调查综合为一体化，有明确分工，如：自然科学和文化方面调查归中央试验所；铁路交通方面调查归铁路总局调查局；东亚综合的长期调查任务一调查部为中心进行；中国北部、东部的日本占领区的统治政策和南京汪伪政权的立案与政治控制由上海事务所担任[③]。到1941年，大调查部的专职人员达二千人以上，财政预算也达到八百万日元，规模可谓空前扩大。

1942年，满铁总部由大连迁往新京[④]。1945年日本战败投降，将中国东北归还，而满铁也随之停止运作。其资产大多被苏联红军接收并拆运回国，对满铁资产的清算工作直至1957年才算结束。

满铁在其存在的40年间，更换总裁17人，进行大的机构改革达21次，

---

① 李志英，罗艳，傅奕群：《认知中国：近代中国社会调查的人群聚类分析与研究》，商务印书馆，第414页。

② 同上。

③ 王贵忠：《关于满铁调查部》，《历史教学》，1984年第7期，第32页。

④ 新京：特别市，即长春，伪满洲国的首都、特别市，伪满洲国的政治、经济、军事中心，是伪满洲国的中心地带。“九一八”事变后，东北沦陷，建立伪满洲国。1932年长春被定为伪满洲国首都并更名为“新京”。

这种频繁的机构增设更迭，无一例外都是为了扩大侵略，加速掠夺。其庞大的机构设置包罗了工农商学各行各业，构成地地道道的“满铁王国”。满铁实质上就是日本政府对中国进行经济侵略的重要工具，从 1906 年成立至 1945 年彻底废止，日本帝国主义几乎所有的重要侵华行动都与它相关，满铁的存在过程，是日本帝国主义侵华史的“缩影”。满铁是日本在华最大的殖民机构，以铁路交通为主业，主要掠夺煤铁等战略资源，并全方位渗透到工商、农、林及移民等各领域，获取了高额殖民利润，它表面只从事经济行为，但实际却是不着军装的侵华“急先锋”，其所收集的情报极大地刺激了日本侵略者的决心，为武力侵略进行了充足铺垫。[①]

二、满铁的农村调查活动

满铁调查部作为日本情报搜集的大本营，为了给日本提供全方位的情报，从 1906 年成立到 1945 年终结，这 40 年间设立了许多调查机关，进行了大量的调查活动，收藏和形成了包罗万象的调查报告、图书文献和档案材料。

满铁的首任总裁后藤新平对经营满铁也有自己独特的思想和理论，如“文装的武备”强调用文明的方法为武力侵略做准备，认为调查活动是经营满洲“确实的学术基础之上的根本保证”[②]。因此，为顺应日本侵略的需要以及在后藤新平的经营理念指导下，满铁从一成立就以搜集我国情报为目的，而搜集的范围始于我国东北地区。之后随着日本侵略政策的推行，满铁将调查的范围不断自北朝南向中国内陆深入，覆盖了中国广大地区。就满铁对中国农村的调查活动而言，其在东北、华北、华东的调查布点最多，规模最大，并在战时和战后出版印行了大量的调查报告书[③]。因此本章将着重从满铁对东北、华北和华东地区在内的农村调查活动展开做进一步阐述。

(一)满铁对中国东北地区的农村调查

1905 年日俄战争俄国失败后，日本帝国主义侵占了我国东北辽南地区，并于 1906 年成立了南满洲铁道株式会社即满铁，不久之后将总部由东京迁

---

① 《吉林省社科院专家揭秘“满铁”是日本侵华急先锋》，《延边日报》，2014 年 5 月 7 日。

② [日]田中清次郎：《中国农村问题》，东京：1940 年，第 1 页。

③ 曹幸穗：《满铁的中国农村实态调查概述》，《中国社会经济史研究》，1991 年第 4 期，第 104 页。

往大连。满铁成立后，日本政府为了殖民政策的顺利推行，首要任务是掌握东北地区的情况，因此对我国东北地区的调查率先成为满铁农村调查的重点。

1908年，日本政府从国内派来一批农林专家，正式开始了对我国东北地区农村的大规模调查，调查的内容涉及农村经济和人口、农业生产状况、农业资源等方面。这个阶段的调查活动，满铁的经营者和调查员们其实还处于一种摸索的状态，经验不足导致调查活动未能形成体系，但由于日本政府和满铁首脑的大力扶植，还是取得了不小的成果，这些成果通过相继出版的《南满洲在来农业》等9册专项调查报告得到了印证。此后随着调查范围的扩大，调查内容的充实，从目前可考的资料来看，满铁在“九一八”前公开发表了有关东北农村的调查报告50余册，如：《满洲农业事情》（满蒙实业调查会第二次报告，1915）、《满蒙土地放贷参考资料》（1918）、《从人口、耕地及农产物看满蒙大势》（1919）、《满铁沿线农业用地十年来农牧林业之梗概》（1921）、《满洲气象与旱地农业》（1925）等，都是这一阶段的重要调查研究成果。[①]

1931年“九一八”事变后，日本占领了中国东北三省，并在新京（现吉林长春）扶植成立了伪满洲国傀儡政权。满铁之前的调查成果大大刺激了日本政府侵略中国的决心。1927年山本条太郎就任满铁总裁后，为贯彻日本侵略政策，充实调查内容，明确提出“满铁所属各机关要毫不停留地发挥功能”，以配合好关东军的军事行动。根据这一要求，满铁开始组织大批具有实地调查经验的专业调查人员对东北各地进行规范化、系列化的农村调查。这些调查的特点是以自然村为单位，以农户为调查对象，逐家逐户作全面的经济调查。在调查过程中满铁在调查部设置了满洲旧惯调查班，编制了统一的调查程序和调查项目，组织了专门的调查小组，并与关东军联合组成了一支机构庞大的调查队伍，有针对性地选点调查，以期全面而确切地掌握我国东北地区农村实况。这一阶段，有过两次大规模的调查活动，一次是“满洲旧惯调查”，一次是由伪满洲国实业部临时产业调查局主持指导的农村经济调查。

其中满洲土地旧惯调查是满铁在东北地区开展的一次大规模的调查，采

① 曹幸穗：《满铁的中国农村实态调查概述》，《中国社会经济史研究》，1991年第4期，第105页。文章中所参考和引用的满铁出版物，原文均系日文，为便于排印和阅读，行文时均已转译成汉语。

用文献调查和实地调查两种方式，调查内容包括“一般民地”“蒙地”“皇产”“内务府官庄”“典地习惯”“押地习惯”“租权”等专题。至1935年底，满铁将这项调查的系列报告陆续出版成书共9册。这是一次运用法律社会学的理论进行的实地调查，它为后来在华北地区开展的农村习俗调查积累了经验和培训了人员。

另一次是以经济调查为重点的系列调查，调查时间从1934年到1936年长达两年，调查范围涉及伪满洲国全境数十个县，调查内容分为三大类，即以县为单位的“农村实态一般调查”，以自然村为单位的“农村实态户别调查”以及“农村实态专项调查”(包括租佃关系、雇佣关系、农具、农家生计、农家经营、农村社会、土地关系)。调查报告自1935—1938年间在长春陆续出版。此外还有伪满洲国实业部、国务院统计处、大同学院等单位分别进行的类似调查。这些调查共编纂出调查报告50册，形成了一套相当完整的经济调查模式。[①]

满铁在中国东北地区的农村实地调查是日本殖民政府为侵略中国搜集情报进行的第一次大规模调查，这次调查活动培养了一支有实地调查经验的调查队伍，在调查过程中形成的体系和积累的经验为以后深入华北、华东地区的进行农村调查提供了借鉴。

(二)满铁对中国华北地区的农村调查和《中国农村旧惯调查》

自1933年1开始，短短5个月时间，日本侵略军先后占领热河、察哈尔两省及河北省北部大部分地区，直逼北平、天津。1933年5月31日，日军迫使当时的国民党政府签署了限令中国军队撤退的《塘沽协定》。《协定》的签订，助长了日军的嚣张气焰，日本政府急欲进攻华北、华中、华东等中国广大地区，以尽快实现吞并中国的野心。1936年3月，满铁为配合日军对中国的军事侵略行动，也为了进一步对中国实施经济掠夺，迅速制订了“冀东13县农村实态调查计划”，在日本侵华“驻屯军司令部”主持的主持下，以满铁1935年设立的派出机构——天津事务所为主，组成了“冀东地区农村实态调查班”。这一由调查班日军代表伊藤武雄(此人亦为后来在华东调查的负责

① 曹幸穗:《满铁的中国农村实态调查概述》,《中国社会经济史研究》,1991年第4期,第105页。

人）担任"班长"，其成员包括日军情报人员、满铁调查员、日本在华留学生及伪"冀东政府"官员等 30 余人。

这次调查实施于 1936 年 4 月至 5 月间，开赴华北的 16 个县，实地搜集了 25 个村庄的社会经济资料。这是满铁组织的第一次冀东农村实态调查，并将调查成果编写成《冀东地区内农村实态调查报告书》4 册陆续出版。

这次调查以河北省遵化卢各寨村的调查最为详尽。对卢各寨村的调查是由满铁华北农业调查课著名调查员水野熏和天津军高桥公馆首脑高桥精等人组织进行的，他们试图将卢各寨村作为日本侵华占领区的"普通作物农业地区"的一个标准样本，来进行专门性的调查与研究。在对卢各寨村进行兜底调查的同时，调查班还对当时遵化的情况进行了全面细致的调查，涉及遵化的历史沿革、地理位置、资源状况、家庭人口、产业构成、气象水文等方方面面，这些内容一并被编入了《遵化县卢家寨农村实态调查报告》一书中①。

当时的满铁调查部对这一次的冀东农村调查并未满足，于是在 1937 年 2 月至 3 月，又进行了第二次冀东农村实态调查。此次调查可谓是对第一次调查的继续和补充，但又另选地点，组成新的调查班开展活动。这次调查中的 4 个调查班分别对当时谷物地区的平谷县、土布副业地区的宝坻县、种棉地区的丰润县、果树地区的昌黎县等若干农村地区进行了为期一个月的实地调查。但只完成了平谷、丰润、昌黎 3 县的调查报告，最终编为《第二次冀东农村实态调查报告》（平谷、丰润、昌黎各一册），并于 1937 年在大连出版。"七七事变"后，又在丰润、通县、获鹿、彰德（今河南安阳）等县作了调查，并分别出版了调查报告。其中对丰润县的米厂村作了连续三年（1937－1939）的长期调查。此外，满铁派驻各地的机构及个别日本学者还对山东境内的济南市郊、潍县、泰安市郊、青岛市郊、惠民、临沂等地农村以及石门市近郊、包头近郊、保定近郊、北京近郊、邢台县农村等作了实态调查②。

满铁在华北开展的另一项大型农村调查是 1940－1944 年的"中国农村惯行调查"。同样是为了适应日本侵华战争的需要，日本政府开始谋划对中

① 《日本对冀东地区殖民侵略的又一历史证据》，http://www.docin.com/p－105611254.html.

② 曹幸穗：《满铁的中国农村实态调查概述》，《中国社会经济史研究》，1991 年第 4 期，第 107 页。

国大陆进行大规模的经济政治研究，根据这个政策，满铁调查部提出了一个为期十年、预算500万日元的研究计划，即对华北地区进行农村惯行调查研究。这项调查由京东帝国大学的法学教授未弘岩太郎主持进行，他强调“这次调查的目的是考察中国社会的法律实践和习惯”，“如果有人问到这些调查的最终目的是什么，我们可以说，目的是观察中国人生活于其中的制度背景。我们的目标应该是通过尽可能清晰地描述出这一社会的习俗和惯例，记录下它的根本特征”①。调查预计的范围包括河北、山东、山西、绥察地方、江苏、浙江等地。满铁将第一期调查计划定为10年（1940－1949年），预算经费557万旧制日元②。

1940年11月至1944年8月间，满铁调查员首先对分属于不同作物种植区的河北、山东六个县进行了华北农村惯行调查。每个县选取一个“标准村庄”进行全方位的详尽调查。其中河北顺义的沙井村、昌黎的侯家营、良乡的吴店村属于小麦－高粱种植区，山东历城的冷水沟村主要种植水稻、恩县的后夏寨村则以花生种植为主。1940年11月至1942年11月，满铁调查部又进行了7次系统调查，此后还有若干次补充调查，每次调查持续时间约为一两个月，主要以谈话的方式进行③。

之后由于战局的急剧变化，在中国华北地区抗日军民的不断打击下，日本侵略军败局已定，使得满铁的调查计划无法再继续下去。1944年3月，这项声势浩大的中国农村惯行调查被迫停止，满铁预期十年的庞大调查计划未能最终完成，只在1940年11月至1944年8月在河北的昌黎、顺义、良乡、乐城及山东的恩县、历城等6县实施了调查。即使这样，该项调查也取得了丰厚的成果，调查所得的资料被编为123份专题报告并在日本战败后，由调查人员将原始资料带回日本。1952－1958年，这些资料被汇编成书，以《中国农村惯行调查》为题，分六大卷在东京出版。

(三)满铁对中国华东地区的农村调查

1937年8月13日，日军发动淞沪会战，大举进攻上海，进一步进犯我国

① 《中国农村惯行调查刊行会》,《中国农村惯行调查》,第一卷,东京:岩波书店,1952年,第18页。

② 《中国农村惯行刊行会》,1958年版,第6卷,第547－563页。

③ 李巨澜:《20世纪上半期日本在中国农村惯行调查评述》,《河南师范大学学报(哲学社会科学版)》,2004年,第31卷第4期。

华东地区。1939 年初，满铁在上海事务所设立了调查室，并继续采用在华北的调查方法对华东农村进行经济调查。

此次调查活动分两个阶段进行。第一阶段从 1939 年 6 月中旬至 7 月中旬，上海事务所调查室派出调查员 17 名，译员 6 名，分成 3 个调查组，分别对嘉定县石岗门镇的澄塘桥、丁家村、太仓县直塘镇遥泾村、常熟县虞山镇严家上村等 3 个县 4 个自然村作了实地调查。同年 11 月，各调查组分别提交了经过初步整理分析的综合调查报告，编入《上海满铁调查资料》第 33 编（嘉定县）、第 34 编（常熟县）、第 35 编（太仓县），并于 1940 年 2 月在上海出版。第二个阶段的调查在 1940 年下半年进行，派出调查员 19 名，译员 9 名，同样分为 3 组，分别对松江县华阳桥镇西里行滨、许步山桥、薛家埭、何家埭等 4 村、无锡县荣巷镇小丁巷、郑巷、杨木桥等 3 村以及南通县金沙镇头总庙村等 3 个县 8 个村庄作了实地调查。这 3 个县的调查报告编入《上海满铁调查资料》第 48 编（松江县）、第 50 编（无锡县）、第 51 编（南通县），1941 年 3 月在上海出版。以上六县 12 村的调查，都按预定的调查项目，采用统一的调查方法进行。调查报告的内容包含三大部分，包括县政概况、调查村庄概况及村民经济调查。县政概况的资料主要来自当时各类报刊书籍、日军特务班及汉奸县政府提供 的战时资料。调查人员采访县内各类人士的记录以及地方古籍上的记载等。[①]

以上重点介绍了满铁对我国东北、华北和华东地区的农村调查概况，但满铁调查活动远不止这些，除东北、华北、华东地区之外，日本还将罪恶的触角深入到我国西北地区的新疆、内蒙古、华中地区的湖北、湖南甚至我国最南端的海南岛等地，内容也不仅仅局限于中国农村实态调查，还包括专项经济调查、自然资源、社会人口、风俗习惯、历史地理、政治经济实况等，以期对中国进行全面研究分析，为侵略政策的顺利实施做好充足的准备。满铁调查搜集的资料和情报是日本殖民政府侵略中国获得情报的最重要的途径。因此，满铁被认为是日本侵华的排头兵，“满铁资料”也被认为是一部殖民主义的田野实录。

满铁在日本侵华过程中，始终扮演着侵略者的经济特务的角色，它不遗

① 曹幸穗:《满铁的中国农村实态调查概述》,《中国社会经济史研究》,1991 年第 4 期,第 108 页。

余力的对中国进行大量的调查活动，是日本帝国主义侵略中国的无数罪行的一个重要组成部分。虽然满铁的调查是建立在侵犯中国主权的基础上的罪恶行为，但不得不承认，无论是在调查的数量上还是质量上，这都不失为中国调查史上可以用来借鉴和研究的宝贵经验。满铁调查形成的调查报告内容繁多、数字详尽、史料详实，对于研究近现代中国遭受日本侵略和掠夺的历史是不可多得的珍贵原始资料，通过对满铁资料的整理、研究、开发和挖掘，可进一步弄清日本侵略掠夺中国的真相，对于研究一战二战时的历史是其他任何资料都代替不了的①。正如美籍华裔学者黄宗智先生评价的那样："满铁资料不失为用现代经济人类学方法来研究中国农村的一组数量最大而内容又极为丰富的资料。它们的质量，甚至可能高于本世纪前半期世界任何其他小农社会的有关资料"②。

总之，满铁的调查活动可以说是伴随于日本帝国主义侵略中国的全过程，调查研究形成的资料也是满铁自成立到终结 40 年主要活动的历史写真，它记录了日本的侵华史，是研究当时中国问题的最大资料库。对满铁的农村调查活动进行研究探索，能够比较全面的还原史实，并更深层次地发掘出史料本身的现实意义，对于揭露日本军国主义的侵华罪行，开展爱国主义教育和进行社会主义新农村建设具有重要的参考价值。

① 曲玲、陈庆东：《揭秘"满铁资料"》，《中文信息》，2016 年第 2 期。

② 黄宗智：《华北的小农经济与社会变迁》，中华书局，1986 年，中文版序。

附录一 农村调查报告书[①]

1. Gamble, Sidney C. ,1921, Peking: a social survey: conducted under the auspices of the Princeton University Center in China and the Peking Young men'Christian Association. New York: George H. Doran Company.

2. 陈达:《社会调查的尝试》,北京:清华学校,1923 年出版。

3. 张镜予编辑,白克令指导:《社会调查沈家行实况》,上海:商务印书馆,1924 年印行

4. Daniel Harrison Kulp II, 1925, Country life in South China. Volume I, Phenix village, Kwantung, China: the sociology of familism. New York city: Bureau of publications, Teachers college, Columbia university.

5. 中华职业教育社:《昆山县徐公桥乡区社会状况调查报告书》,中华职业教育社,1926 年 7 月。

6. 徐澄:《两个乡村的观察和比较》,金陵大学农学院,1930 年再版。

7. 董时进:《罗道庄之经济及社会情形》,北平:北平大学农学院,1930 年出版。

8. 浙江大学农学院三年级社会系学生著:《浙江八县农村调查报告》,杭州:浙江大学,1930 年发行。

9. Hsu, L. S. ,1930, Study of a Typical Chinsee Town. Peping: Dept. of sociology & social work, Yenching Univ. 许仕廉著:《一个市镇调查的尝试(宛平清河镇)》,北平:燕京大学社会学系,1930 年。

10. Cato Young & etc. ,1930, Ching Ho: a Sociological Analysi SPeping: Dept. of sociology & social work. Yenching Univ.

11.《浙江临安农村调查》,杭州:建设委员会调查浙江经济所,1931 年。

① 20 世纪二三十年代的农村调查报告书汗牛充栋,本书选取其中具有代表性的 500 余篇农村调查报告及研究论著以供读者参考使用。调查报告目录依据中国人民大学李章鹏的博士论文《现代社会调查在中国的兴起(1897—1937)》中所列目录修改整理而成。

12. 河北省立实验城市民众教育馆:《通县南关实验区社会调查专号》,《城市教育月刊》第10.11期合刊本,1932年9月。

13. 李景汉编著:《定县社会概况调查》,中华平民教育促进会,1933年发行。

14. 山东乡村建设研究院编:《社会调查及邹平社会》,济南:山东乡村建设研究院发行,出版年份不详。

15. 杨季华:《皖北农村社会经济实况》,蚌埠:安徽省立第二乡村师范学校,1933年4月。

16. 乔启明:《江宁县淳化镇乡村社会之研究》,南京金陵大学农学院,1934年11月。

17. 张培刚:《冀北察东三十三县农村概况调查》,1934年。

18. 北平市政府编:《北平市四郊农村调查》,北平市政府,1934年。

19. 冯紫岗、刘瑞生编:《南阳农村社会调查报告》,上海:黎明书局1934年。

20. 行政院农村复兴委员会编:《江苏省农村调查》,上海:商务印书馆,1934年。

21. 行政院农村复兴委员会编:《河南省农村调查》,上海:商务印书馆,1934年9月。

22. 行政院农村复兴委员会编:《浙江省农村调查》,上海:商务印书馆,1934年。

23. 行政院农村复兴委员会编:《陕西省农村调查》,上海:商务印书馆,1934年。

24. 华北合作事业总会编:《河北省正定县后太保农村实态调查报告书》,1934年。

25. 湖南省立农民教育馆编:《社会初步调查》,长沙:编者刊,1935年7月。

26. 行政院农村复兴委员会编:《广西省农村调查》,上海:商务印书馆1935年。

27. 行政院农村复兴委员会编:《云南省农村调查》,上海:商务印书馆1935年。

28. 陆军第八十八师特别党部编:《涪陵县社会概况调查》,陆军第八十八师特别党部,1935 年印。

29. 中国国民党陆军第十八师特别党部调制:《丰都社会调查》,1935 年。

30. 冯紫岗编:《兰溪农村调查》,杭州:浙江大学,1935 年。

31. 江西省农业院推广部编制:《南昌全县农村调查报告》南昌:江西省农业院,1935 年。

32. 杨汝南:《北平西郊六十四村社会概况调查》,1935 年。

33. 杨汝南编:《河北省二十六县五十一村农村概况调查》,1935 年。

34. 杨瑞春,等调查:《绥远省各县乡村调查纪实第一集》,绥远省教育会,1935 年。

35. 林缵春:《琼崖农村》,琼崖农业研究会,1935 年。

36. 杨汝南:《河北省二十六县五十一村农村概况调查》,北平大学农学院农业经济系,1935 年。

37. 陈国梁、卢明编:《樟林社会概况调查》,广州:中山大学社会研究所,1936 年 5 月版。

38. 冯紫岗编:《嘉兴县农村调查》,浙江大学嘉兴县政府,1936 年。

39. 湖北省政府秘书处编:《湖北省农村调查报告武昌县(第 1 册)》,湖北省政府秘书处,1937 年 10 月。

40. 湖北省政府秘书处统计室编:《湖北省农村调查报告应城县(第 4 册)》,湖北省政府秘书处,1937 年 10 月。

41. 陈序经、王恒智、梁锡辉:《河北高阳县社会调查》,南开大学,出版时间不详细。

42.《广东番禺河南蜀五十七乡村调查报告》,东南大学教育科乡村教育及生活研究所刊,出版时间不详。

43. 张世文:《湖南衡山师古乡社会调查概况》,湖南衡山师古乡村师范学校,出版时间不详。

44. 冯锐:《广东番禺县茭塘司河南岛五十七村普通社会的与经济的调查报告》,东南大学教育科乡村教育及生活研究所刊,出版时间不详。

45. 经济部江西农村服务区管理处编:《江西农村社会调查经济部》,江西农村服务区管理处,1938 年 5 月。

46. 黄迪编:《清河村镇社区》,北京:燕京大学社会学系,1938 年 6 月。

47. 湖北省政府秘书处统计室编:《随县农村调查报告》,湖北省政府秘书处统计室，1938 年出版。

48. 湖北省政府秘书处统计室编，湖北省农村调查委员会调查：《湖北省农村调查报告(第 6 册)》，湖北省政府秘书处统计室，1938 年印。

49. 湖北省政府秘书处统计室编，湖北省农村调查委员会调查：《湖北省农村调查报告(第 7 册)》，湖北省政府秘书处统计室，1938 年印。

50. 中国农村经济研究所：《山东省惠民县农村调查报告》，北京：中国农村经济研究所，1939 年。

51. 廖泰初：《一个城郊的村落社区》，1939 年。

52. 华北棉产改进会编：《河南省新乡县马小营村概况调查报告》，1940 年。

53. 华北棉产改进会编：《河南省彰德县安阳桥村概况调查报告》，1940 年。

54. 华北棉产改进会编：《河北省邯郸县五里铺村概调查报告》，1940 年。

55.《农村实态调查报告书(晋北阳高县)》，1940 年。

56. 裴时英编：《冉村实验区鸟瞰》，北京：燕京大学教育学会，1941 年 5 月。

57. 李柳溪编：《赣县七鲤乡社会调查》，南昌：江西省地方行政干部训练团，1941 年印行。

58. 毛泽东：《农村调查》，党内刊物，1941 年。

59. 叶懋、潘鸿声：《华阳县农村概况》，四川省农业改进统计室，1942 年发行。

60. 中共西北中央局宣传部编：《固临调查》，中共西北中央局宣传部，1942 年出版。

61. 华北棉产改进会编：《华北植棉农村临时综合调查中问题报告》，1943 年。

62.《民国三十一年度管下各县农务关系工作调查汇编》，1943 年。

63. 河北省合作联合会编《农村实态调查报告书(河北省真定道晋县丁家庄)》，1943 年。

64. 华北合作事业总会调查科编辑：《山东省滋阳县县联概况乡村实态调查书》，北京：华北合作事业总会，1944 年发行。

65. 江国权：《芜湖县第四区第三乡农村调查》，南京：中国农业经济研究会,1944年4月。

66.华北综合调查研究所编:《石门市近郊农村实态调查报告书(石门市东焦村)》,北京:华北综合调查研究所,1944年出版。

67.河北省合作社联合会编:《武清县农村实态调查报告书》,1944年。

68.《乡村调查的一例》,江淮出版社,1944年。

69.东北宣传部编:《东北农村调查》,东北书店,1946年12月。

70.孙本文陈倚兴编:《湖南长沙崇礼堡乡村调查》,1948年6月。

71.地委调查研究室编:《关东农村若干问题的调查》,1948年。

72.中共黄龙地委:《合阳县东北区社会调查》,1948年。

73.延安农村调查团:《米脂县杨家沟调查》,北京:三联书店,1957年。

74.费孝通、张之毅:《云南三村》,天津:天津人民出版社,1990年11月版。

75.张闻天:《晋陕调查文集》,张闻天选集传记组、中共陕西省委党史研究室、中共山西省委党史研究室编,北京:中共党史出版社,1994年。

76.费孝通:《江村经济——中国农民的生活》,北京:商务印书馆,2001年。

77.杨懋春:《一个中国村庄:山东台头》,张雄等译,南京:江苏人民出版社,2001年。

78.中共中央新疆分局宣传部编:《北疆农村调查》,出版社不详,出版时间不详。

79.乔启明、姚禹:《安徽宿县原有乡村组织之概况》,南京,金陵大学农学院农业经济系,1934年版。

80.张折桂:《定县大王耨村人口调查》,北京:燕京大学社会学系,1931年。

81.吴顾毓编:《邹平实验县户口调查报告》,上海:中华书局,1935年。

82.江宁自治实验县县政府编:《江宁自治实验县二十二年户口调查报告》,江宁自治实验县县政府,1935年发行。

83.福建省政府秘书处统计室编:《福安县人口农业调查》,福州:福建省政府秘书处统计室,1936年。

84.福建省政府秘书处统计室编:《金门县人口农业调查》,福州:福建省政府秘书处统计室,1936年。

85.福建省政府秘书处统计室编:《莆田县人口农业调查》,福州:福建省政府秘书处统计室,1936 年。

86.福建省政府秘书处统计室编:《霞浦县人口农业调查》,福州:福建省政府秘书处统计室,1936 年。

87.建省政府秘书处统计室编:《同安县人口农业调查》,福州:福建省政府秘书处统计室,1936 年。

88.福建省政府秘书处统计室编:《清流县人口农业调查》,福州:福建省政府秘书处统计室,1936 年。

89.福建省政府秘书处统计室编:《福鼎县人口农业调查》,福州:福建省政府秘书处统计室,1936 年。

90.福建省政府秘书处统计室编:《福州惠安县人口农业调查》,福州:福建省府秘书处统计室,1936 年。

91.福建省政府秘书处统计室编:《大田县人口农业调查政府》,福州:福建省府秘书处统计室,1936 年。

92.《邕宁县人口农业调查》,广西省统计局,1936 年春发表。

93.南京市户口统计专门委员会办事处编:《南京市户口统计报告(民国二十五年度)》,南京地方自治推进委员会,1937 年。

94.福建省政府秘书处统计室编:《福建省长乐县人口农业普查报告》,福州:福建省政府秘书处公报室,1937 年。

95.蒋杰:《关中农村人口问题》,国立西北农林专科学校,1938 年。

96.陕西省振会:《灾后三十七县妇女调查》,1931 年。

97.陈翰笙、王寅生:《黑龙江流域的农民与地主》,上海:国立中央研究院社会科学研究所专刊第一号,1929 年。

98.陈翰笙主编:《广东农村生产关系与生产力》,上海:中山文化教育馆,1934 年出版。

99.陈翰笙:《解放前的地主与农民:华南农村危机研究》,北京:中国社会科学出版社,1984 年出版。

100.陈正谟编著:《各省农工雇佣习惯及需供状况》,南京:中山文化教育馆,1935 年发行。

101.中共中央晋绥分局调查研究室编:《农村土地及阶级变化材料:根据老区九县二十个村调查》,中共中央晋绥分局调查研究室,1946 年出版。

102.国立第三中山大学浙江大学劳农学院推广部:《农家调查统计第一、二报》,1927年12月及1928年7月。

103.[美]卜凯:《芜湖一百零二农家之社会的及经济的调查》,徐澄译,金陵大学农林科,1928年印。

104.中华职业教育社编:《农民生计调查报告》,上海:中华职业教育社,1929年。

105.[美]卜凯:《河北盐山县一百五十农家之经济及社会调查》,孙文郁译,金陵大学农林科,1929年印。

106.李景汉:《北平郊外之乡村家庭》,上海:中华教育文化基金董事会社会调查部,1929年。

107.李景汉:《一百六十四家经济与社会调查》,商务印书馆,1929年。

108.李景汉:《五百一十五农村家庭研究》,北京:燕京大学社会学系,1930年印行。

109.董时进:《河北省二万五千家乡村住户之调查》,北京:1932年刊印

110.贺灵扬:《察绥蒙民经济的解剖》,商务印书馆,1933年。

111.言心哲:《农村家庭调查》,商务印书馆,1935年版。

112.广西统计局:《邕宁县属蒲庙五塘苏墟等地农家调查》。

113.郑林宽:《福建省农民生活费用与食物消费之分析》,福建省农林处农业经济研究室,1943年。

114.《华北综合调查研究所养成所学员练习调查报告——北京西郊挂甲屯家计调查》,华北综合调查研究所,1944年。

115.华北棉产改进会编:《农家经济记账调查冬季定期报告书》,北京:华北棉产改进会,1945年。

116.郑林宽:《福建省农民生活费用与食物消费之分析》,《农业经济研究丛刊第一号》,福建省农林处农业经济研究室编印,1943年8月。

117.中华民国二十年金陵大学农学院农业经济系编:《水灾区域之经济调查》,南京:金陵大学农学院农业经济系,1932年印行。

118.实业部中央农业实验所农业经济科:《民国二十三年江浙皖三省旱灾调查》,实业部中央农业实验所农业经济科,1934年。

119.万树庸:《沪宁道上农民新村查考记略》,北京:燕京大学社会学系,1930年6月初版。

120:吴副主任报告:《调查定县 北平 邹平 青岛 上海 无锡 江宁各地村乡区建设概况》,1935 年。

121:国民政府军事委员会委员长行营湖北地方政务研究会调查团编:《调查乡村建设纪要述》,武昌:湖北地方政务研究会,1935 年发行。

122.樊库报告:《考察江宁 兰溪 邹平 荷泽 博野 定县报告书》,1935 年。

123.李宗黄编:《考察江宁 邹平 青岛 定县纪实》南京:正中书局,1935 年发行。

124.蒋杰编著:《乌江乡村建设研究》,南京:1935 年。

125.镇平县地方建设促进委员会编:《镇平乡村实验事业调查》,河南镇平:镇平县地方建设促进委员会,1936 年 5 月初版。

126.中央农业推广委员会:《全国农业推广实施状况调查录》,1936 年 12 月。

127.省政府建设厅:《安徽一年来之农村救济及调查》,1936 年

128.庞新民:《两广猺山调查》,上海:中华书局,1935 年。

129.颜复礼、商承祖编:《广西凌云瑶人调查报告》,中央研究院社会科学研究所,1929 年国立中央研究院社会科学研究所专刊第 2 号。

130.俞湘文:《西北游牧藏区之社会调查》,上海:商务印书馆,1947 年。

131.马无忌:《甘肃夏河藏民调查记》,重庆:文通书局,1947 年。

132.湖北建设厅:《湖北省二十县农村经济调查表册》,1928 年

133.张履鸾:《老河口经济概况初步报告》,豫鄂皖赣四省农村经济调查第四号油印本,1934 年。

134.中国农民银行四川省农村经济调查委员会编:《四川省农村经济调查报告》,1941 年。

135.陕西省银行经济研究室编辑:《陇海铁路潼宝段沿线经济调查》,陕西省银行经济研究室,1942 年发行。

136.宁强县经济调查团编:《宁强县经济调查团全县经济调查报告书》,陕西:宁强县经济调查团,1943 年。

137.张汉林:《丹阳农村经济调查》,丹阳:江苏农民银行总行,1930 年 9 月。

138.董时进:《考察四川农业及经济情形报告》,北平大学农学院,1931 年 2 月。

139. 顾倬、朱云泉编:《江苏无锡农村经济调查》第一集第四区,无锡:江苏省农民银行,1931 年 12 月。

140. 金维坚编:《铜山农村经济调查》,镇江:江苏省农民银行,1931 年。

141. 杨季华:《皖北农村社会经济实况》,蚌埠:安徽省立第二师范学校,1933 年。

142. 瞿明宙等:《宝山县农村经济概况调查》,国立中央研究院,1933 年(未发表)。

143. 黄孝方编著:《山东旧济南道属农村经济调查》,邹平:山东乡村建设研究院出版股,1934 年发行。

144. 陈伯庄:《平汉沿线农村经济调查》,上海交通大学研究所,1936 年。

145. 吕平登编:《四川农村经济》,上海:商务印书馆,1936 年印行。

146. 陈希诚编:《福州紫阳村经济调查》,福州:协和学院农业经济系,1937 年。

147. 张文涛编:《山东省农村经济状况实地调查报告》,山东省政府建设厅合作事业指导处,1937 年。

148.《广州石牌附近农村经济调查》,中山大学,出版时间不详。

149. Malon,C. B. and Tayler J. B, A study of rural Chinese economy. Peping:China International Famine Relief Commission.

150. 中国经济统计研究所编辑:《吴兴农村经济》上海:中国经济统计研究所,1939 年发行。

151. 潘鸿声等编:《四川省农村经济调查报告》,中国文化服务社,1941 年。

152. 陈兴乐、郑林宽:《邵武农村经济调查报告书》,福州:私立福建协和大学农学院农业经济学系,1946 年发行。

153. 福建省农业改进处编:《福州市郊农村经济之调查与分析》,福州:福建省农业改进处,1947 年。

154. 张世文:《定县农村工业调查》定县:中华平民教育促进会,1936 年发行。

155. 定县中华平民教育促进会编:《定县农村工业调查统计图》,1936 年。

156. 胡邦宪:《农产品运销概况调查表》,1936—1937。

157. 潘鸿声编:《四川主要粮食之运销》,重庆:中国农民银行四川省农村经济调查委员会,1941 年。

158. 金城:《新昌农事调查》,1919 年。

159. 直隶农业讲习所编:《直隶农业讲习所农事调查报告书》,天津:华新印刷局,1920 年印刷。

160. 山东公立农业专门学校、山东农业调查会编:《山东之农业概况》,济南:启明印刷社,1922 年印行。

161. 东南大学农科编:《江苏省农业调查录 金陵道属》,江苏省教育实业行政联合会,1923 年印行。

162. 东南大学农科编:《江苏省农业调查录 苏常道属》,江苏省教育实业联合会,1923 年。

163. 东南大学农科编:《江苏省农业调查录 沪海道属》,江苏省教育实业联合会,1924 年印行。

164. 国立广东大学农科学院编:《广东农业概况调查报告书》,广州:国立广东大学农科学院,1925 年刊行。

165. 东省铁路经济调查局编辑:《北满农业》,哈尔滨:东省铁路经济调查局,1928 年发行。

166. 张心一,陶桓菜,庄继曾编:《试办句容县人口农业总调查报告》,参谋本部国防设计委员会,1934 年印行。

167. 崔毓俊:《到西南去滇黔农业调查旅途杂记》,南京:金陵印刷公司,1935 年印刷。

168. 汤惠荪等:《陕西省农业调查》,资源委员会农垦组,1936 年。

169. 李明良:《四川宁属农牧调查报告》,新新印刷社,1937 年印行。

170. 中山大学农院推广部:《琼崖各县农业概况调查报告》,国立中山大学出版部,1937 年。

171. 四川省政府调查农业组编:《新都县农业调查报告:二十六年六月》,成都:四川省政府调查农业组,1937 年。

172. 望炳麟:《宣城县农业考察略表》,版本不详。

173. 何廉:《山东农业经济调查》,南开大学,出版时间不详。

174. 调查经济部资源委员会等调查编纂:《贵州省农业概况》,贵州农业改进站,1939 年 1 月。

175. 叶懋、王嘉谟编:《川东农业调查》,四川省政府建设厅,1939年印行。

176. 农林西南经济调查合作委员会编:《四川经济考察团考察报告第二编》,重庆:独立出版社,1940年。

177. 浙江省农业改进所编:《浙江省归处属十县农业概况调查报告》,该所1940年。

178.《西南经济考察团考察报告:农林2》,独立出版社,1940年。

179. 福建省政府统计处编述:《福建省各县区农业概况》,福建省政府统计处,1942年印行。

180. 葛荫萱:《河北农事调查水利局》,农地科,1942年。

181. 熊伯蘅、万建中编:《陕西农业经济调查研究》,武功:西北农学院,1942年

182. 中央设计局台湾调查委员会编:《日本统制下的台湾农业中央训练团》,1944年12月。

183. 四川省农村合作指导人员训练所编:《农业调查》,四川省农村合作指导人员训练所印行,出版时间不详。

184. 刘庆琦:《调查农业报告书》,铅印本,版本不详。

185. 嘉定县公署编:《农产调查》,版本不详。

186. 甘鹏云调查:《归绥垦务报告书:八卷》,石印本,1916年。

187. 郭葆琳、王兰馨编辑:《东三省农林垦务调查书》,东京:神田印刷所,1915年。

188. 山东公立农业专门学校调查会编:《西北察绥两区垦务调查报告书》,山东公立农业专门学校调查会,1923年。

189. 汤惠荪等:《绥远农垦调查报告》,1923年。

190. 兴安屯垦区公署编:《兴安屯垦区第一期调查报告》,兴安区屯垦公署,1929年。

191. 华源实业调查团:《陕西长安县草滩泾阳县永乐店农垦调查报告》,苏州:华源实业调查团,1933年。

192. 雷力田编:《陕甘青宁绥五省移垦调查》,1936年。

193.《马边垦务调查报告书》,1937年。

194. 李明良:《四川宁属农牧调查报告》,成都:开明书店,1937年。

195. 唐滙远、朱天祜、贾植三编:《平武北川农垦调查报告》,四川省政府建设周讯编译部出版,1938 年 4 月。

196. 四川省政府建设厅编:《四川西北边区垦牧调查报告》,成都:四川省政府建设厅,1938 年 6 月。

197. 程绍行编:《四川东南边区酉秀黔彭石五县垦殖调查报告书》,成都:四川省建设厅,1938 年。

198. 宁夏省政府地政局编:《宁夏省难民垦荒调查概述》,宁夏:宁夏省政府地政局,1939 年 1 月。

199. 王玉文编:《广西农事试验场附属沙塘无忧石碑坪三垦区调查》,柳州:广西农事试验场,1939 年。

200. 陕西黎平垦区调查团编:《陕西黎平垦区调查报告》,陕西:陕西黎平垦区调查团,1939 年 3 月。

201. 四川省政府建设所编:《四川西南边区雷马屏我昭五县垦牧调查报告》,版本不详。

202. 曲直生:《河北省八县合作社农民耕田状况之一部分》,北平:社会调查所,1933 年。

203. 韩德章编:《河北省深泽县农场经营调查》,北京:社会调查所,1935 年。

204. [美]卜凯:《中国农家经济——中国七省十七县二八六六田场之研究》,上海商务印书馆,1936 年 12 月初版。

205. 张培刚:《清苑的农家经济》,国立中央研究院社会科学研究所,1936 年 3 月—1937 年 3 月。

206. 乔启明、杨寿标调查,《四川省农场经营》,戈福鼎编辑,1941 年发行。

207. 中央农业实验所编:《云南省五十县稻作调查报告经济部经济部》,中央农业实验所,1939 年。

208. 金陵大学农学院农业经济系调查编纂:《豫鄂皖赣四省之棉产运销》,南京:金陵大学农业经济系 1936 年印行。

209. 实业部国产检验委员会上海商品检验局编:《屯溪茶业调查》,屯溪:实业部国产检验委员会,1937 年印行。

210. 孙文郁等调查,金陵大学农学院编:《江西瑞昌湖北阳新大冶宁麻之生产及运销》,成都:金陵大学农学院,1938年。

211. 豫鄂皖赣四省农民银行委托金陵大学农学院农业经济系调查及编制:《黄岗县烟叶贸易调查记》,金陵大学农学院经济系,1934年发行。

212. 广东建设厅农林局经济系编:《鹤山烟茶产销状况调查报告》,广州:广东建设厅农林局经济系,1936年3月。

213. 吴德麟等编:《无锡嘉兴蚕农经济与吴兴之比较》,中国经济统计研究所,1939年。

214. 刘润涛、潘鸿声:《四川三台蚕丝之产销研究》,金陵大学农学院出版,1940年6月。

215. 四川省甘蔗试验场编:《沱江流域蔗糖业调查报告》,内江:四川省甘蔗试验场,1938年发行。

216. 陈翰笙:《帝国主义工业资本与中国农民》,上海:复旦大学出版社,1984年。

217. 山东省政府建设厅合作事业指导委员会编:《莱阳梨青州蜜桃烟台水果调查报告:民国二十三年十一月份》,山东省政府建设厅合作事业指导委员会,1934—1949。

218. 浙江省立农业改良场编:《浙江省永嘉瑞安平阳及黄岩柑桔调查报告》,杭州:浙江省立农业改良场,1932年。

219. 杨显东:《四川蓝靛之生产与运销:农业经济组调查报告之七》,成都:四川省农业改进厅,1941年10月。

220. 许植方:《萧山红萝卜之研究》,浙江:浙江省农矿调查所,1929年。

221. 中国银行编:《四川省之山货》,重庆:中国银行,1934年。

222. 平绥铁路车务处编:《平绥铁路沿线特产调查》,平绥铁路车务处,1934年。

223. 建设委员会经济调查所统计课编:《浙江之特产》,杭州:建设委员会经济调查所,1936年。

224. 卓宏谋:《绥远分县物产图》,北京:文岚簃印书局,1937年。

225. 山东省国货推销委员会编:《山东省各种特产调查报告》,山东省国货推销委员会印,出版时间不详。

226. 工商部上海工商辅导处调查资料编辑委员会编:《输出特产品》,上海:工商部上海工商辅导处调查资料编辑委员会,1948年发行。

227. 陈敬棠等编辑:《忻代宁保十三县调查物产说明书》,同武将军行署出版,出版时间不详。

228. 汪仲毅编:《临平稻虫防治实施区白穗调查及螟害损失量之统计》杭州:浙江省立植物病虫害防治所,1931 年 12 月 1 日。

229. 朱学曾:《关于稻初枯病之几种调查研究报告》,杭州:浙江省立植物病虫害防治所,1931 年 12 月 5 日。

230. 浙江省立植物病虫害防治所编:《浙江省植物病虫之几种调查报告》,杭州:浙江省立植物病虫害防治所,1932 年。

231. 浙江省昆虫局推广部编:《民国二十一年浙江省桑蟥为害调查》杭州:编者,1933 年 10 月。

232. 吴昌济编:《内麦类黑穗病分布之初步调查报告》南京:实业部中央农业实验所,1934 年。

233. 吴福桢:《民国二十二年全国蝗患调查报告实业部》,中央农业实验所,1934 年。

234. 柳江区、南宁区、苍梧区广西农林局编:《广西昆虫调查报告书第一号》,桂林:广西农林局,1935 年。

235. 吴福桢、郑同善:《民国二十三年全国蝗患调查报告》,实业部中央农业实验所,南京:实业部中央农业实验所,1935 年。

236. 吴福桢、郑同善:《民国二十四年全国蝗患调查报告》,实业部中央农业实验所,南京:实业部中央农业实验所,1936 年。

237. 吴昌济编:《国内麦类黑穗病分布调查第二次报告》,南京:实业部中央农业实验所,1936 年。

238. 沈其益、周咏曾:《中国棉病调查报告民国二十三至二十五年》,南京:全国经济委员会棉业统制委员会中央棉产改进所,1937 年印行。

239. 吴逊三、崔伯泉:《山东甜菜害虫之初步调查与防治》,南京:实业部中央农业实验所,1937 年。

240. 实业部广州商品检验局植物病虫害检验组编:《广东番禺县柑橘主要病虫害发生状况之调查》,实业部广州商品检验局植物病虫害检验组,1937 年。

241. 赵善欢、林世平:《我国西南各省杀虫植物调查报告》,版本不详。

242. 陈翰笙等编:《亩的差异无锡 22 村稻田的 173 种大小不同的亩》,上海:中央研究院社会科学研究所,1929年刊。

243.赵承信:《广东新公慈溪土地分配调查》,北京:燕京大学社会系,1931年6月。

244.导淮委员会编:《高宝湖区土地经济调查报告》,1933年。

245.《土地经济调查报告》,1933年。

246.内政部统计司编:《全国各市县土地人口调查》,内政部统计司,1935年。

247.财政部整理地方捐税委员会编:《安徽省当涂县土地陈报概略》,财政部整理地方捐税委员会,1935年。

248.财政部整理地方捐税委员会编:《江苏省萧县土地陈报概略》,财政部整理地方捐税委员会,1935年。

249.《土地委员会报告第三种调查报告》,1935年12月。

250.北平大学农学院编:《国立北平大学农学院冀南碱地视察报告书》,北平大学农学院,1935年刊印。

251.汪诰:《收复匪区之土地问题 中央政治学校地政学院研究报告之四》,南京:正中书局,1935年7月印行。

252.万国鼎:《南京旗地问题》,南京:正中书局,1935年

253.土地委员会编:《全国土地调查报告纲要》,1937年。

254.中央政治学校地政学院、平湖县政府编:《平湖之土地经济》,平湖县政府1937年编印、发行。

255.财政部整理地方捐税委员会编:《江苏省江都县土地陈报概略》,财政部整理地方捐税委员会土地陈报调查报告之五,版本不详。

256.蒙古联合自治政府地政总署土地制度调查室编:《白契汇集》,蒙古联合自治政府地政总署土地制度调查室,1940年。

257.林诗旦、黄大伦、黄振乾编纂:《荒地调查》,将乐县政府,1940年。

258.林诗旦、屠剑臣编纂:《土地经济调查》,将乐县政府,1941年发行。

259.熊伯蘅、王殿俊合编:《陕西省土地制度调查研究》,陕西武功:西北农学院农业经济系印行,1941年。

260.张迦陵、陈念贻等:《贵州威宁、毕节、铜仁荒地区域调查报告》,1942年5月。

261.王光仁、林锡麟编辑:《抗战以来各省地权变动概况》,农产促进委员

会,1942 年 2 月印行。

262. 费孝通:《禄村农田》,重庆:商务印书馆,1943 年出版。

263. 吴文辉等编:《广西柳江流域荒地调查报告》,农林部垦务总局,1944 年。

264.《东北土地总检讨》,调查委员会编印,1945 年。

265. 郑林宽:《福建省耕地面积数字之商榷》,福建省农业改进处调查室,1946 年。

266. 蒋南翔:《陇东中学地干班调查》,张家口:新华书店,1946 年。

267.《福清惠安同安三县荒地调查》,版本不详。

268. 柴树藩等著:《绥德、米脂土地问题初步研究》,北京:人民出版社,1979 年。

269. 陈翰笙:《解放前西双版纳土地制度》,中国社会科学出版社,1984 年 8 月。

270. 江西省财委会编:《南昌墨山村土地利用调查》,南昌:江西省财委会,1934 年。

271. [美]卜凯:《中国土地利用:统计资料中国 22 省、168 地区、16786 田场及 38256 农家之研究 1929—1933》,南京:金陵大学,1937 年。

272. [美]卜凯主编:《中国土地利用地图集》,1937 年。

273. 图谢申、黎旭祥测制:《、云南潋江县土地利用概况》,1940 年。

274. 江苏农民协会筹备委员会:《江苏省田租调查报告》,1927 年 11 月。

275. 江苏省农民协会筹备委员会调查:《江苏农佃状况》,1927 年。

276. Buck,J. Lossing, Farm ownership and tenancy in China. Shanghai: National Christian Council 1927.

277. 金陵大学农学院农业经济系编纂:《豫鄂皖赣四省之租佃制度》,南京:金陵大学农业经济系,1936 年印行。

278. 郭汉鸣、洪瑞坚:《安徽省之土地分配与租佃制度》,正中书局,1936 年版。

279. 乔启明、杨寿标:《四川省租佃制度》,中国农民银行四川农村经济调查委员会编,1941 年发行。

280. 郭汉鸣、孟光守:《四川租佃问题》,重庆:商务印书馆,1944 年印行。

281. 土地金融处编:《中国各重要市县地价调查报告》,重庆:中国农民银行土地金融处，1944年。

282. 王正：《中国北部土壤内pH值之研究》，实业部地质调查所、北平研究院地质学研究所土壤专报第3号，北京：西城兵马司，1931年10月。

283. 肖查理：《中国土壤一概观之实地考察》，邵德馨译，北京：实业部地质调查所、北平研究院地质学研究所，1931年。

284. 郑植仪撰：《番禺县土壤调查报告书》，广东：土壤调查所，1931年。

285. 潘德顺等：《绥远萨拉齐区土壤报告》，实业部地质调查所、北平研究院地质学研究所土壤专报第4号，北京：西城兵马司，1932年5月。

286. 潘德顿：《广东中部土壤约测报告》，实业部地质调查所、北平研究院地质学研究所土壤专报第6号，北京：西城兵马司，1933年5月。

287. 中山大学广东土壤调查所编：《中山县土壤调查报告书》中山：中山大学农学院广东土壤调查所，1933年。

288. 刘茂青编著：《南海县土壤调查报告书》，广州：中山大学农学院广东土壤调查所，1933年。

289. 梭颇、侯光炯：《江苏省东部盐渍三角洲区土壤约测》，实业部地质调查所、北平研究院地质学研究所土壤专报第7号，北京：西城兵马司，1934年5月。

290. 周昌芸、李连捷、陈恩风：《江苏省句容县土壤调查报告》，实业部地质调查所、北平研究院地质学研究所土壤专报第8号，北京：西城兵马司，1934年8月。

291. 谢申、陈宗虞编著：《高要县土壤调查报告》，广州：中山大学农学院广东土壤调查所，1934年。

292. 刘茂青、覃树辉编著：《新会县土壤调查报告》，广州：中山大学农学院广东土壤调查所，1934年。

293. 刘茂青编著：《顺德县土壤调查报告书》，广州：中山大学农学院广东土壤调查所，1934年。

294. 邓植仪、谢申等编著：《东莞县土壤调查报告书》，广州：中山大学农学院广东土壤调查所，1934年。

295. 彭家元等编著：《三水县土壤调查报告》，广州：中山大学农学院广东土壤调查所，1935年。

296. 周昌芸调查：《长沙湘潭湘乡衡山四县土壤图[舆图]》，1935年。

297.《广西邕宁县土壤调查报告书》,柳州:广西土壤调查所,1935 年。

298.周昌芸等:渭河流域土壤调查报告实业部地质调查所、北平研究院地质学研究所土壤专报第 9 号,北京:西城兵马司,1935 年 4 月。

299.李连捷:《广西雍宁之土壤》,实业部地质调查所、国立北平研究院地质学研究所土壤专报第 16 号,北京:西城兵马司,1936 年 10 月。

300.广西土壤调查所:《广西柳州县土壤调查报告书》,广西土壤调查所版,1936 年。

301.金陵大学农学院农业经济系编纂:《豫鄂皖赣四省土地分类之研究》,南京:金陵大学农学院农业经济系,1936 年刊行。

302.陈宗虞、温大明编著:《澄海潮安土壤调查报告》,广州:中山大学农学院广东土壤调查所,1936 年。

303.谢申等编著:《梅县大埔蕉岭土壤调查报告》,广州:中山大学农学院广东土壤调查所,1936 年。

304.谢申、朱达龙编著:《宝安增城县土壤调查报告》,广州:中山大学农学院广东土壤调查所,1936 年。

305.刘茂青、覃树辉等编著:《花县从化佛冈土壤调查报告》,广州:中山大学农学院广东土壤调查所,1936 年。

306.刘茂青等编著:博罗、惠阳土壤调查报告广州:中山大学农学院广东土壤调查所,1936 年。

307.彭家元等编著:《曲江县土壤调查报告》,广州:中山大学农学院广东土壤调查所,1936 年。

308.彭家元等编著:《广宁四会土壤调查报告》,广州:中山大学农学院广东土壤调查所,1936 年。

309.成寿徵等编著:《浙江省杭县土壤调查报告》,杭州:浙江省土壤研究所,1936 年。

310.谢申等编著:《梅县大埔蕉岭土壤调查报告》,1936 年。

311.《三门湾调查简报・浙江省土壤研究所丛刊第三类第三种》,浙江省土壤研究所,1937 年发行。

312.朱莲青:《四川成都区土壤约测》,实业部地质调查所、北平研究院地质学研究所土壤专报第 18 号,南京:1937 年。

313.熊毅:《中国盐渍土之分类及其概性》,经济部地质调查所、北平研究院地质学研究所,1938年印行。

314.四川省土地陈报办事处、金陵大学农学院农业经济系编:《四川省土地分类调查报告》,四川省土地陈报办事处,1939年印行。

315.叶镜允等编纂:《土壤调查将乐县政府》,1940年。

316.陈宗虞黎旭祥等编:《广东陆丰、海丰、揭阳、紫金等县土壤调查报告》,广州:中山大学农学院广东土壤调查所,1940年。

317.谢申等编著:《云南省澄江之土壤》,粤北:中山大学农学院,1941年。

318.福建省地质土壤调查所编著:《福建之地质土壤调查》,福建:福建省政府秘书处,1944年。

319.俞震豫、刘海蓬:《福建福安、福鼎两县土壤土壤报告第9号》,福建省建设厅地质土壤调查所,1944年。

320.《大兴安岭森林土壤调查报告》,版本不详。

321.《督办广东治河事宜处报告书:中华民国七年第二期》,万盛印务局,1918年印。

322.督办运河工程总局编辑处编辑:《调查河套报告书》,北京:京华印书局1923年印刷。

323.顺直水利委员会编:《顺直河道治本计划报告书》,顺直水利委员会,1925年。

324.《天津海河调查报告书:民国十六年十二月》,1927年。

325.林保元等编:《调查浙西水道报告书》,太湖流域水利工程局,1928年出版。

326.《包西水利辑要》,绥远省政府建设厅,1929年发刊。

327.太湖流域水利委员会编:《太湖流域民国二十年洪水测验调查专刊》,苏州:太湖流域水利委员会,1931年。

328.《冀西井泉调查记》,1932年印行。

329.王化棠、刘锡彤、吴树德著:《黄河中游调查报告》,天津:华北水利委员会,1934年发行。

330.朱庭祜:《江西南昌附近之地下水》,南京:行政院农村复兴委员会,1934年印行。

331.王珏、吴燕生、马振图:《行政院农村复兴委员会地下水研究报告第二号:河南安阳林县汤阴淇县浚县一带地下水》,1935 年。

332. 邵从荣:《四川水利初步计划》,天津:鸿记华丰印字馆,1936 年印刷。

333. 宁夏省建设厅编:《宁夏省水利专刊》,宁夏省政府建设厅,1936 年印。

334. 全国经济委员会水利处编辑:《陕西省水利概况》,南京:全国经济委员会,1937 年发行。

335.《山东黄河实地调查平面图[舆图]》,1938 年。

336. 吴技正编:《华北河渠建设事业关系各县农事调查报告书》,北京:建设总署水利局,1942 年。

337. 中共西北中央局调查研究室编:《边区的水利事业》,1944 年。

338. 甘肃省银行经济研究室编辑:《甘肃之水利建设》,兰州:甘肃省银行总行 1945 年发行。

339. 中央调查统计局特种经济调查处编:《敌伪农田水利建设概况第七十九号》,中央调查统计局,1945 年。

340. 倪超编著:《新疆之水利》,上海商务印书馆,1948 年发行。

341. 薛德:《黄河流域农田水利调查报告》,中央水利实验处,1949 年。

342. 四川省建设厅建设周讯编辑部编:《四川之水利特辑》,四川省建设厅建设周讯编辑部出版,出版时间不详。

343.《四川省二十县农田水利调查报告》,版本不详。

344. 李秀洁等著:《后套水利调查》,台北:东方文化书局,1973 年。

345. 吴耕民编:《青岛果树园艺调查报告》,青岛:青岛市农林事物所,1934 年。

346.《东江水源调查报告书》,广东建设厅农林局,1930 年发行。

347.《东省林业》,苏林中东铁路经济调查局,1931 年。

348. 李觉等调查:《南路水源林调查报告书》,广州:广东建设厅农林局,1931 年。

349. 李觉等调查:《韩江水源林调查报告书》,广州:广东建设厅农林局,1931 年。

350. 广东建设厅农林局林业系编著:《琼崖水源林调查报告书》,广州:广东建设厅农林局,1932 年。

351. 四川省政府建设厅编:《四川之森林》,成都:四川省政府建设厅,1938 年。

352. 翁礼馨编:《福建之木材》,福州:福建省政府秘书处统计室,1940 年发行。

353. 浙江省农业改进所编:《浙江省旧处属十县林业概况调查报告》,浙江:浙江省农业改进所,1940 年。

354. 冯钟粒等调查:《贺兰山森林调查报告》,1941 年。

355. 翁绍耳:《福建省松木产销调查报告》,福建邵武:私立协和大学农学院,1941 年。

356. 冯钟粒等:《宁夏森林调查报告》,宁夏省政府,1941 年。

357. 宋廷模:《热河围场森林调查录》,版本不详。

358. 陈观文等撰:《调查鸭浑两江森林地方情形报告》,抄本,出版时间不详。

359.《闽江流域杉木调查》,版本不详。

360.《江苏省森林之调查报告》,油印本,出版时间不详。

361. 皮作琼等调查:贵州省林业调查报告,版本不详。

362.《浙江省旧处属十县林业概况》,调查报告版本不详。

363. 青岛市社会局编:《青岛市牛业调查》,1933 年。

364. 郑林庄:《平津一带鸡卵之产销》,北京:燕京大学经济学系,1937 年。

365. 四川省政府建设厅编:《西康省泰宁实验区之畜牧调查》,四川省政府建设厅出版,出版时间不详。

366. 四川省政府建设厅编:《四川西北边区畜牧调查报告》,成都:四川省政府建设厅,1938 年。

367. 许振英:《荣隆内江两中心区养猪调查报告:民国二十八年》,中央大学农学院畜牧兽医系、四川农业改进所畜牧兽医组,1940 年。

368. 潘鸿声编:《四川畜产》,成都:金陵大学农学院,1941 年。

369. 许宗岱编辑:《四川畜产陈兆耕》,成都:四川省农业改进所,1941 年印行。

370.《荣隆内资资简六县养猪调查报告》,四川省农业改进所,1942 年4月。

371. 农工银行经济调查室:《河南之牛羊皮》,1943 年。

372. 交通部、铁道部北方大港筹备委员会编:《北方大港港址渔业调查报告》,交通部铁道部北方大港筹备委员会,1935 年。

373.《浙江省米价变动之研究》,中央农业实验所,1934 年。

374. 农林部中央农业实验所编:《近七年乡村物价调查:四川西康两省十处》,荣昌:农林部中央农业实验所,1941 年印行。

375. 杨铭崇编:《近七年我国十三省五十九处乡村物价调查》,农林部中央农业实验所,1941 年。

376. 乔启明、杨寿标:《四川省农村物价》,1941 年发行。

377.《浙江省农村信用社现状调查统计表》,1930 年。

378. 欧阳蒴编:《四川省农业金融:四川省农村经济调查报告第 4 号》,重庆:中国农民银行四川农村经济调查委员会,1931 年。

379. 韩德章:《浙西农村之借贷制度》,北京:社会调查所,1932 年。

380. 金陵大学农学院农业经济系调查编:《豫鄂皖赣四省之典当业》中国农民银行委托,南京:金陵大学农业经济系,1936 年发行。

381. 乔启明、杨寿标:《四川省农业金融》,欧阳苹编辑,1941 年。

382. 郑林宽、黄春蔚:《福建省之农村金融》,福州:福建省农业改进处调查室,1946 年。

383. 赵植基、孙祖荫编:《十个中等农业职业学校调查的研究》,南京:金陵大学农学院乡村教育系,1934 年。

384. 吴泽霖等纂修:《定番县乡土教材调查报告》,1939 年。

385. 张横秋:《今日乡村教会的观察》,上海:中华全国基督教协进会乡村教会农民生活事业委员会,1926 年刊行。

386. 林修竹编:《山东各县乡土调查录》,山东省长公署教育科,1920 年印行。

387.《历城县乡土调查录》,1927 年

388.《民俗妙峰山进香调查专号第 69.70 期合期》,广州:国立中山大学语言历史学研究所,1929 年。

389. 黎光明:《川西民俗调查记录》,1929 年。

390.《西宁县风土调查记》,1932 年钞本。

391.《互助县风土调查记》,1932 年钞本。

392.《贵德县风土调查记》,1932年钞本。

393.《共和县风土调查记》,1932年钞本。

394.《民和县风土调查记》,1932年钞本。

395.《乐都县风土概况调查录》,1932年钞本。

396.《塞源县风土调查记》,1932年钞本。

397.山东省立民众教育馆编:《山东庙会调查 第1集》,济南:山东省立民众教育馆,1933年。

398.山东省立民众教育馆编辑股编:《山东民间娱乐调查 第1集 儿童游戏》,济南:山东省立民众教育馆发行处,1933年。

399.李景汉、张世文编:《定县秧歌选》,中华平民教育促进会,1933年发行。

400.郑合成编:《陈州太昊陵庙会概况》,河南省立杞县教育实验区,1934年7月初版。

401.李家瑞:《打花鼓》,1935年。

402.卫惠林:《丰都宗教习俗调查》,成都:四川乡村建设学院研究实验部,1935年。

403.林用中、章松寿:《老东岳庙会调查报告》,杭州:浙江省立民众教育实验学校,1936年12月出版。

404.陈曾杰:《(伪)满洲国礼俗调查汇编》,文教部礼教司,1936年冬出版。

405.民国学院编:《北平庙会调查报告 侧重其经济方面》,北京:民国学院1937年印行。

406.《北平东岳庙调查》,叶郭立诚搜记,台北:东方文化书局,1971年。

407.聂守仁纂修:《甘肃大通县风土调查录》,抄本,出版时间不详。

408.教育部战区中小学教师第九服务团编:《湘西乡土调查汇编》,教育部战区中小学教师第九服务团,1940年1月出版。

409.中国文化学院戏剧系国剧组编:《台湾地方戏调查》,台北:东方文化书局,1976年。

410.赵元任等:《湖北方言调查报告》,上海:商务印书馆,1948年印。

411.陕西省方言调查指导组陕西省教育厅编:《陕西方音概况》,版本不详。

412. 董作宾等著:《方言调查研究》,台北:东方文化书局,1973 年。

413. 蒋旨昂:《战时的乡村社区政治》,商务印书馆,1944 年 11 月。

414. 胡庆钧:《呈贡基层权力结构》,版本不详。

415. 河北省县政建设研究院编:《定县地方自治概况调查报告书》,河北省县政建设研究院,1934 年印行。

416. 张得善编述:《江宁自治实验县地方自治调查摘要》,南京:中国地方自治学会,1935 年。

417. 民国二十三年河北省县政建设研究院编:《定县赋税调查报告书》,定县:河北省县政建设研究院,1934 年 10 月。

418. 万国鼎、庄强华、吴永铭:《江苏武进南通田赋调查报告》,参谋本部国防设计委员会,1934 年。

419. 万国鼎编:《浙江吴兴兰溪田赋调查报告》,1934 年。

420. 严仁赓编:《江宁兰溪财政调查报告》, 1937 年

421.《各省田赋征收实物调查》,农林部农产促进委员会印行,出版时间不详。

422. 晋察冀边区财经办事处编:《冀中冀晋七县九村国民经济人民负担能力调查材料》,阜平:晋察冀边区财经办事处,1947 年 8 月。

423. 王寅生:《中国北部的兵差与农民》,薛品轩石凯福编,上海:国立中央研究院祖会科学研究所,1931 年刊行。

424. 陈洪进、周扬声编辑:《各省农村劳力征调概况》,农林部农产促进委员会印行,1943 年 12 月。

425. 陈言:《陕甘调查记》,北京:北方杂志社,1936—1937 年。

426. 冀察政务委员会秘书处第三调查组编:《河北省安平县地方实际情况调查报告》,1937 年。

427. 冀察政务委员会秘书处第三调查组编:《河北省安新县地方实际情况调查报告》,版本不详。

428. 冀察政务委员会秘书处第三组编:《河北省磁县地方实际情况调查报告书》,版本不详。

429. 周希武:《玉树调查记》,1919 年钞本。

430. 牛献周编辑:《蒙古调查报告书》,1915 年。

431. 内外蒙古统计蒙藏院总务厅统计科编:《蒙藏院调查》,蒙藏院总务

厅统计科,1919年出版。

432. 蔡廉洲辑:《调查川边各县沿革疆域气候表》,北京:川边财政厅,1921年。

433. 王华隆等:《蒙古调查记》,上海:商务印书馆,1923年发行。

434. 张其勤、沈与白:《西藏调查记》,上海:商务印书馆,1924年发行。

435. 陈万里著:《西行日记 北京大学研究所国学门实地调查报告》,北京:朴社1926年。

436. 沈鹏飞编:《调查西沙群岛报告书》,广东:1928年。

437. 东省铁路经济调查局编:《呼伦贝尔》,哈尔滨:东省铁路经济调查局,1929年。

438. 王志文:《甘肃省西南部边区考察记》,兰州:甘肃省银行经济研究室,1932年初版,中国西北文献丛书第135册,兰州古籍书店,1991年新印本。

439. 杨溥:《察哈尔口北六县调查记》,北京:京城印书局,1933年印刷。

440. 俞省羞:《东北实地调查记》,上海:太平洋印刷公司,1933年。

441. 樊库等编辑:《绥远省分县调查概要》,绥远省民人教育馆总务部,1933年。

442. 青海省政府民政厅编:《最近之青海》,南京:新亚细亚学会出版科,1934年发行。

443. 绥远省民众教育部编辑:《绥远省河套调查记》,韩梅圃调查,绥远:民众教育馆总务部,1934年。

444. 张文郁:《拉卜楞视察记》,1935年。

445. 杨仲华:《西康纪要》,上海:商务印书馆,1937年印行。

446. 伪蒙政部调查科编:《阿荣旗事情》,阿荣旗志编纂办公室译,阿荣旗:阿荣旗志编纂办公室,1983年。

447. 蒙藏委员会调查室编:《马鬃山调查报告书》,南京:蒙藏委员会调查室,1938年印。

448.《宁属调查报告汇编》,军事委员会委员长行营,1939年。

449. 蒙藏委员会调查室编:《伊盟右翼四旗调查报告》,蒙藏委员会调查室,1939年。

450. 交通银行设计处编辑:《云南省开远蒙自两县调查报告》,重庆:交通银行设计处,1940 年。

451. 马凌甫:《青海调查报告》,安徽:西北实业调查团,1940 年发行。

452. 蒙藏委员会调查室编:《伊盟左翼三旗调查报告书》,蒙藏委员会调查室,1941 年印。

453. 蒙藏委员会调查室编:《青海玉树 囊谦 称多三县调查报告书》,蒙藏委员会调查室,1941 年印。

454. 华西协合大学西北考察团编:《华西协合大学西北考察团报告》,军事委员会运输统治局,西北公路公务局,1942 年。

455. 蒙藏委员会调查室:《宁属洛苏调查报告》,蒙藏委员会调查室,1942 年 4 月。

456. 蒙藏委员会调查室编:《祁连山北麓调查报告》,重庆:蒙藏委员会调查室,1942 年印。

457. 蒙藏委员会调查室编:《昌都调查报告》,蒙藏委员会调查室,1942 年。

458. 蒙藏委员会调查室编:《果洛调查报告》,蒙藏委员会调查室印,1944 年。

459. 蒙藏委员会调查室编:《丽德大道调查报告》,蒙城委员会调查室,1944 年。

460. 蒙藏委员会调查室编:《中甸调查报告》,蒙藏委员会调查室,1945 年。

461. 杜明烽等编:《峨马雷屏边务调查表册》,石印本,出版时间不详。

462.《国立浙江大学农学院浙江省立蚕业改良场调查报告第一号》,1928 年 11 月。

463. 吴志铎:《北通县第一区平民借贷状况之研究》,燕京大学研究院经济学系硕士毕业论文,1933 年 5 月。

464. 丁文治:《江苏泰兴县七十七农家之经济调查》,燕京大学法学院经济学系学士毕业论文,1934 年。

465. 杨子厚:《中国华洋义赈会农利股之内部组织及其对合作事业之管理》,燕京大学法学院经济学系学士毕业论文,1938 年 5 月。

466. 李国轼:《某村之土地制度导师》,燕京大学法学院经济学系学士毕业论文,1940 年 5 月,前八家村。

467. 孔祥莹:《某村大农业与小农业经营之比较》,燕京大学法学院经济学系学士毕业论文,1940 年 5 月。

468. 李镇:《事变后平郊某村之合作事业》,燕京大学法学院经济学系学士毕业论文,1941 年 5 月。

469. 方纯:《燕乡之初步观察》,燕京大学法学院经济学系学士毕业论文,1944 年 1 月。

470. 王文华:《西冉村的农民生活与教育》,燕京大学文学院教育学士毕业论文,1939 年 5 月。

471. 吴之训:《北平市郊冉村社区环境与儿童教养之研究》,燕京大学研究院教育学系硕士毕业论文,1943 年 6 月。

472. 许景英:《战后庙产分配之途径——成都县崇义乡庙产选样研究》,燕京大学文学院教育学士毕业论文,1945 年 1 月。

473. 逄兰翠:《调查二十家村民衣食住 临榆县》,燕京大学教育学系,1930 年。

474. 田兴智:《整理汶上实验县田赋刍议》,政治学系硕士毕业论文,1936 年 5 月。

475. 宾明绶:《江都县政调查与研究》,1937 年 5 月,燕京大学研究院政治学系硕士毕业论文。

476. 陈焕锦:《进让村调查》,燕京大学社会学士毕业论文,1927 年。

477. 赵承信:《广东新会慈溪土地分配调查》,燕京大学社会学士毕业论文,1930 年。

478. 万树庸:《黄土北店村的研究》,社会学系硕士毕业论文,1932 年 5 月。

479. 潘玉檙:《一个村镇的农妇》,燕京大学法学院社会学系学士毕业论文,1932 年 5 月,河北固安。

480. 牛鼐鄂:《北平一千二百贫户之研究》,燕京大学法学院社会学系硕士毕业论文,1932 年 5 月。

481. 张中堂:《一个村庄几种组织的研究》,燕京大学法学院社会学系学士毕业论文,1932 年 5 月。

482. 孟受曾:《中国农村家庭经济功用的改变——一个个例研究》,燕京大学文学院社会学系学士毕业论文,1934 年 5 月。

483.邓淑贤:《清河试验区妇女工作》,评阅者:杨开道、吴文藻,燕京大学文学院社会学系学士毕业论文,1934年5月。

484.李鸿钧:《清河小本贷款研究》,评阅者:杨开道、吴文藻,燕京大学文学院社会学系学士毕业论文1934年5月。

485.杨庆堃:《邹平市集之研究》,评阅者:杨开道、高厚德,燕京大学法学院社会学系硕士毕业论文,1934年5月。

486.田德一:《一个农村组织之研究 河北》,评阅者:杨开道、吴文藻,燕京大学文学院社会学系学士毕业论文,1934年5月。

487.蒋旨昂:《卢家村》,评阅者:杨开道、吴文藻,燕京大学文学院社会学系学士毕业论文,1934年5月。

488.林耀华:《义序宗族的研究》,评阅人:吴文藻,燕京大学法学院社会学系硕士毕业论文,1935年5月。

489.杨骏昌:《清河合作》,评阅者:吴文藻、陈其田,燕京大学法学院社会学系学士毕业论文,1935年5月。

490.梁树祥:《清河小学》,评阅者:吴文藻、陈其田,燕京大学法学院社会学系学士毕业论文,1935年5月。

491.邱雪我:《一个村落社区产育礼俗的研究》,评阅者:吴文藻、陈其田,燕京大学法学院社会学系学士毕业论文,1935年5月。

492.陈礼颂:《一个潮州村落社区的宗族研究》,评阅者:吴文藻、陈其田,燕京大学法学院社会学系学士毕业论文,1935年6月。

493.伍伯禧:《中国华洋义赈救灾总会农村合作事业之研究》,评阅者:吴文藻、杨开道,燕京大学法学院社会学系学士毕业论文,1936年6月。

494.李有义:《山西徐沟县农村社会组织》,评阅者:吴文藻(杨代)、杨开道,燕京大学法学院社会学系学士毕业论文,1936年6月。

495.高玉香:《中国乡村妇女工作之研究》,评阅者:雷洁琼,燕京大学法学院社会学系学士毕业论文,1937年6月。

496.陈函芬:《北平北郊某村妇女地位》,导师:赵承信燕京大学法学院社会学系学士毕业论文,1940年5月。

497.陈封雄:《一个村庄之死亡礼俗》,导师:杨垫,燕京大学法学院社会学系学士毕业论文,1940年5月。

498.沈兆麟:《平郊某村政治组织》,导师:黄迪燕京大学法学院社会学系学士毕业论文,1940 年 5 月。

499. 周廷堰:《一个农村人口数量的分析》,导师:赵承信,燕京大学法学院社会学系学士毕业论文,1940 年 5 月。

500. 卢权:《平郊村的住宅设备与家庭生活》,导师:杨垫,燕京大学法学院社会学系学士毕业论文,1941 年 5 月。

501. 韩光远:《平郊村一个农家的个案研究》,导师:黄迪,燕京大学法学院社会学系学士毕业论文,1941 年 5 月。

502. 陈永龄:《平郊村的庙宇宗教》,导师:杨堑,燕京大学法学院社会学系学士毕业论文,1941 年 5 月。

503. 邢炳南:《平郊村之农具》,导师:黄迪,燕京大学法学院社会学系学士毕业论文,1941 年 5 月。

504. 方大慈:《平郊村之乡鸭业》,导师:黄迪,燕京大学法学院社会学系学士毕业论文,1941 年 5 月。

595. 郭兴业:《北平妇女生活的禁忌礼俗》,导师:杨垄燕京大学法学院社会学系学士毕业论文,1941 年 5 月。

506. 杨树因:《一个农村手工业的家庭——石羊场杜家实地研究报告》,导师:林耀华,燕京大学法学院社会学系学士毕业论文,1944 年 6 月。

507. 沈宝媛:《一个农村社团家庭》导师:徐雍舜,燕京大学法学院社会学系学士毕业论文,1946 年 4 月。

508. 白锦娟:《九里桥的农家教育》,燕京大学法学院社会学系学士毕业论文,1946 年 4 月。

509. 张宗颖:《平西村农事劳动研究》,燕京大学社会研究所毕业论文,1947 年 5 月。

510. 蔡公期:《平郊村农工之分析》,燕京大学法学院社会学系学士毕业论文,1947 年 5 月。

511. 刘秀房:《前八家村之徐姓家族》导师:林耀华,燕京大学法学院社会学系学士毕业论文,1947 年 12 月。

512. 杨景行:《平郊村一个手工业家庭的研究》,导师:林耀华,燕京大学法学院社会学系学士毕业论文,1948 年 5 月。

513. 张绪生:《平郊村学龄儿童所受的教育》,导师:林耀华,燕京大学法学院社会学系学士毕业论文,1948 年 5 月。

514. 江载华:《树村村长与新政权》,导师:陈永龄,燕京大学法学院社会学系学士毕业论文,1949 年 6 月。

515. 马树茂:《一个乡村的医生》,导师:林耀华,燕京大学法学院社会学系学士毕业论文,1949 年 6 月,北京。

516. 林昌善:《定县梨树害虫防治法之研究》,评阅者:陆志韦、胡经甫,燕京大学研究院理科研究所生物学部硕士毕业论文,1938 年 5 月。

附录二　20世纪二三十年代典型调查研究问格、表格、问卷

乡村社会调查事项

广泛调查所采用的事项很少，可以随调查人的目的意见，去自由支配。专注调查的事项，则以详尽为主。现在我们把乡村社会各方面的事项，分别为在下面，供乡村社会调查者的参考。

(一)总纲

地名　　小地名及村名　　村名之解释及来源

所属乡名或区名　　县名　　省名

调查者姓名　　调查年月日

(二)历史的沿革

最初土著　　数目　　种族　　特性 文化程度

最初移民　　数目　　种族　　特性 文化程度

最初移民领袖 数目　　姓名 职业

移民来源　　何省何县　　距离本村

移民时候　　何时移来　　经过若干年，若干代

移民土著之关系　　土著他徙，同代，征服

历史上之大事变

历史上之大人物

历史上之纪念物

历史上职业之变迁

历史上人口增减之趋势

其他

(三)物理的状况

地图　　载地形、境界、村心、交通、学校的重要事项

面积　　东西距 南北距 总面积

经度　　纬度　　高度　　倾斜度

温度　　最高　　最低　　平均　　分配

湿度　　最高　　最低　　平均　　分配

风　　方向　　风力

雨量　　总量　　分布

霜　　最早　　最迟

雪量

雹

雾

山　　山脉　　多少　　大小　　高低

河　　多少　　每条名称 大小　　河床宽窄　　水量　　水势 水力　　水流速度 通舟 河堤

湖

野生动植物　　种类 多少

矿物　　种类　　多少　　开采情形

其他

（四）人口状况

数量　　总数 户数　　每户大小

密度　　每方里人数

人口增加　　生产率　　死亡率　　增加率

人口分配　　性分配　　年龄分配　　国籍分配　　种族分配

　　职业分配　　宗教分配 教育阶级分配

残废　　身体残缺者千人中几人　　心理残缺者

婚姻　　可婚者百分数　　未婚者　　已离者 离婚者

　　再婚者　　独身者　　结婚率（每年千人中有若干人结婚）

　　结婚年龄（初婚者平均年龄） 婚姻主权 多妻制

人口迁徙

　　徙入　　数目　　性质　　原因（大约解释）

　　徙出　　数目　　性质　　原因

堕胎　　溺儿　　自杀

其他

(五)家庭生活

家长　姓名　地位

家庭大小(每家平均人口若干)

家庭包含代数

家庭收入　数量　来源

家庭支出　衣　食　住　杂用

借贷关系　借款　贷款

家庭财产　价格　继承方法

家庭教育　教育程度　藏书　杂志报章

家庭娱乐　乐器　字画　古玩　玩具

家庭佣役　男佣　女佣　丫头

(六)家族组织

族数　各族姓氏　人口比较　班次序法

家祠　家谱　始祖　经过年数　经过代数

祭祀情形

家族组织

族长　班次 年龄 权利

其他

(七)农地

面积　耕地面积　占全村面积百分数　森林面积
　占全村面积百分数　可耕荒地面积

土质　黏土　壤土　沙土

土肥　有机物质

地价　上等　中等　下等

地租　分租　纳租　租谷　租舍

农场　数量　平均大小

其他

(八)职业

农作物　主要　次要　产量　价值

牲畜　主要　次要　数量　价值

森林　面积　种类

渔业

其他职业

农工　　工作　　待遇　　失业

其他

(九)经济状况

金融　　典款　　借款　　抵押　　利息　　期限

起会　　方法

贩卖

购买

合作　　组织　　性质　　会员

物价　　日用品　　农产品　　与城市比较

运轮　　孔道　　工具　　运费

其他

(十)风俗

婚礼

丧礼

过年过节

缠足　　穿耳

其他

(十一)教育状况

学校　　数目　　性质　　建筑　　设备　　经费

学生　　数目　　占全村学龄儿童百分数　　年级分配
　　性分配

教师　　每校数目　　职务　　待遇　　训练　　性分配

图书馆　　藏书　　公开

演讲会　　展览会　　夜校

在外求学学生　　数目　　年级

其他

(十二)医药卫生

医生　　数目　　训练

看护　　数目

产婆　　数目　　新法　　书法

病院　　病房数　　价目

西药房　　中药店

饮水　　来源　　清洁程度

阴沟制度

垃圾处置

厕所

蚊蝇防除

食品保护

厨房清洁

浴室设备

其他

（十三）娱乐状况

音乐　　田歌

村戏

游戏　　球类　　棋类

迎神赛会

文学

字画

名胜　　古迹

（十四）道德状况

娼妓

奸通

赌博

鸦片　　纸烟　　水烟

行凶

盗窃

匪患

其他

（十五）村政

村长　　姓名　　位置　　产生方法　　职权　　报酬

村公所　　组织　　设备

村财政　　收入　　支出

村警　　警察　　消防

党部　　农民协会

地方税　　官税

选举

村事公断

其他

(十六)宗教状况

佛教　　庙宇　　僧人　　尼姑

道教　　寺观　　道士

耶稣教　　教堂　　牧师　　教徒

迷信

其他

(十七)乡村领袖

数目　　性别　　年龄

根据　　财富　　年龄　　学问　　班次

代表机关

报酬

其他

——摘自杨开道:《乡村社会调查》,《燕大月刊》第三卷,1928年第3.4期。

调查应用问题

一、宗教生活

(一)关于一般的问题

1.村内有几种宗教?2.说明每种宗教的名称及其性质。3.每种有多少信徒?(男女分列)4.比较每种宗教徒的多少。5.比较该村宗教徒与非宗教徒的多少。(男女分列)6. 村内以何种宗教最有势力? 7. 村内有几种宗教机关或团体? 8. 他们做何种事业? 是否纯系宗教性质? 9. 对于乡村的利弊如何?

(二)关于庙宇内偶像的问题

1. 庙宇内有多少菩萨? 2. 主要的菩萨何名? 3. 他的职务是什么? 4. 他有妻子么? 儿子么? 5. 他在世的时候,有过什么职使? 6. 他在世的时候,是一个好人么? 7. 他何以变菩萨? 8. 他是一个和善仁爱的菩萨么? 不然,他的特性是什么? 9. 村民常常去祭祀他的么? 10. 他对于村民,能够做些什么? 11. 他是否需要衣食? 12. 他的衣食,从何来的? 13. 庙宇内还有何种附属的菩萨? 14. 他们叫什么名字? 15. 每个菩萨有何特性? 16. 村民相信每个菩萨能够为他们做些什么? 17. 他们为什么崇拜每个菩萨? 18. 每个菩萨在世的时候,是哪一种人?

(三)关于村内庙宇的问题

1. 名称。2. 位置。3. 宗教派别。4. 庙宇的年代,有多少长久? 5. 建筑庙宇的金钱如何筹募? 6. 管理庙宇的人(男子或女子)有几位? 7. 庙宇有否产业? 如果有的,在什么地方? 价值若干? 8. 村民是否常至庙内? 9. 庙内有否迎神赛会的菩萨? 10. 何人供给管守庙宇者? 11. 庙宇内每日敬神几次? 12. 管守庙宇者,除管守外,是否还有别的职使?

(四)关于村民宗教信仰的问题

1. 他们何以崇拜菩萨或上帝? 2. 对于疾病和贫穷,菩萨或上帝能否帮助? 3. 他们是否相信菩萨或上帝所作的事业与常人一样? 4. 如果他们不正当的对待菩萨或上帝,他们是否相信就要伤害村民? 5. 他们是否信鬼? 如果相信,鬼在什么地方? 有何种特性? 6. 他们相信自己死后到什么地方去? 7. 他们怕死么? 如果不怕,何故? 8. 阴间的刑赏是什么? 9. 他们是否相信灵魂? 10. 他们相信死后的灵魂到什么地方去? 11. 灵魂在阴间里,是否需要金钱衣食?

(五)关于宗教事业的问题

1. 说明每种宗教机关或团体的名称及性质。2. 说明每种宗教机关或团体的组织若何？3.说明每种关于下列所做的事情：(1)宣传事业，(2)社会事业，(3)救济事业，(4)医学事业，(5)教育事业。4.这些事业，对于居民生活，发生何种影响？5.他们所做的事业，是否含有诱惑的性质？6.如果没有，他们的宗旨何在？7.村民对于这些事业的态度如何？

二、地方行政与惩罚制

(一)地方行政

1.普通的

(1)村内人口有多少？有选举权者多少？(2)村民中有多少对于乡村事业发生兴趣的？了解的？(3)村中是否和平？

2.县知事

(1)县知事是否是该村最高的行政官长？(2)他对于该村的治理，是名义上的还是实际上的？(3)知事的姓名是什么？(4)他的本乡在哪里？(5)他已经任职几年？(6)他住在哪里？(7)他对于本地情形是否熟悉？(8)他到过该村几次？(9)村民是否很熟悉他的？(10)他对于该村，做些什么事情？(11)村民对于他的态度如何？(12)他由何人委任？对于何人负责？(13)他的职务与权限如何？(14)他对于高级官长有何关系？(15)他有多少僚属？(16)他的行政员，如何组织？(17)他是否可以随意委任或革斥下级官吏？(18)他的薪俸多少？(19)他应支给下级官员若干？(20)他的薪俸，是否能供他的需要？

3.乡议会

(1)在该村本地，是否有乡议会？如果没有，在何处可以代表？(2)会中有多少出席数？(3)该村得多少？(4)出席权的数目，以何为标准？该村占多少？(5)该村代表数，是否公平？(6)何时选举？何处投票？(7)何人管理选举？有否秩序？(8)乡议员如何选举？(9)议员应具何种资格？(10)议员任期几年？(11)议会何时开会？多少时期？(12)何人召集会议？(13)具有何种资格，方可参与选举？(14)何种人的选举权，是被剥夺的？是否公允？(15)该村具有被选的资格多少？上次有多少被选？(16)会中有何种职员？(17)他们如何产出？任期几年？(18)议长有何种职务？乡董？乡佐？现在何人在职？(19)职员与议员是否都受薪俸？何人支给？薪俸若干？(20)议员革职,由何人施行?有何理由?(21)议会经费来自何处?(22)该村对于议会选举有何种兴趣?(23)选举时的监督是否严厉?(24)绅董与选举有何关系?

4.本地绅董

(1)指出各绅董的姓名。(2)绅董应具何种资格?(3)村民对绅董的态度如何?(4)绅董对于县知事及别的官长,有何种关系?(5)绅董对于本乡生活,有何功效?他们是否真能扶助村民?(6)绅董对于乡议会或县知事有何建议?(7)如欲举办公共事业,是否应当先得绅董之意见?

5.地保

(1)该村地保何人?(2)他在社会的地位如何?(3)地保应具何种资格?(4)他的职务如何?(5)他的任期多长?(6)薪俸多少?何人支给?(7)他有何种别的职业?(8)他与村人的交接,如何密切?对于他们的问题,有何了解?(9)该村的地保,是必要的么?(10)如该村有一位以上的地保,如何决定他的数目?

(二)惩罚制

1.警察

(1)巡视该村的警察几位?(2)他们与何处警察局联络?对于何人负责?(3)他们何时在村内?(4)他们的职务与权限如何?(5)去年他们逮捕了多少人?因犯何罪?有多少定罪?逮捕重犯时,有否逃脱?(6)他们受过何种训练?(7)他们的薪金若干?何人支给?是否按时支付?能否供他们的需要?(8)他们带有何种器械?何种最多用?(9)被捕者未入狱以前,看守在何处?其中布置,于卫生上道德上是否合宜?(10)村人对于警察的态度如何?(11)村内有私警多少?(12)何人供给?(13)有何职务?(14)去年他们做过什么事情?(15)他们受过何种训练?(16)他们对于何人负责?(17)薪金多少?(18)该村是否再应添设警察?

2.法律与习俗

(1)村人对于普通法律,有多少知道?(2)如何可使村民对于法律更加明了?(3)习俗对于该村生活占何种地位?(4)法律与习俗有否冲突?

3.犯罪

(1)村民是否有逮捕权与刑罚权?如果有的,他们是否常常执行?(2)家族对于刑罚犯罪者，有何关系？

4. 法庭

(1)何处法院对于该村有司法权？他们的职权如何？(2)在何处？(3)审问时有否陪审员？(4)每庭有几位审判官？(5)他们曾在何处受过教育？(6)他们由何人委任？受何人革除？(7)薪俸若干？(8)本乡何处？(9)已经任职几年？(10)庭内有差役几个？何种职务？(11)费用来自何处？(12)该庭是否受外界势力？(影响)(13)他们是否施行检查制(Probation System)？(14)去年判决罚款的罪案有多少？悬案多少？监禁的多少？(15)于法院最近报告书中之犯罪表内，指出该村之犯罪者。

5. 监狱

(1)该村犯人，于罪案未决时，被警察厅或法院看守在何处？(2)判决后他们在何处监禁？监内男犯多少？女犯多少？16岁以下幼童犯多少？(3)何人管理监狱？(4)述明监狱建筑及其布置大要。(5)每犯有几人看护？(6)看护兵的薪俸多少？(7)他们受过何种训练？(8)他们对于何人负责？(9)男成人犯与16岁以下的幼童犯，是否看守在同一狱室内？或于膳食时能否交接？(10)每狱室内住几个犯人？室之容积若干？室内之卫生布置如何？(11)每天有何种食品？他们买的什么？(12)他们做什么工作？占犯人几分之几？是否强迫？(13)他们在何处膳食？(14)犯人是否全体一起链住？有否手铐？脚镣？(15)他们受何训练？何人施训？(16)他们有何种娱乐与运动？(17)如何可以见客？(18)他们可否写信至亲朋？有否限制？(19)出狱后受何种协助？(20)有否救犯会帮助他们？(21)监狱是否施行信约制(Parole system)？(22)犯人如何可于期满前得释放？(23)监内有否医生临诊指导及医院？(24)犯人入狱时，有否体格考查及智力测验？(25)去年监内死亡数若干？死亡的原因何在？(26)监内卫生与道德情形，是否能使犯人在出狱时比进狱时有进益？(27)作一表指明监内该村所有犯人，并去年该村犯罪者及其判决案。(28)对于16岁以下童子有否感化院？述明他的设备与工作。

三、教育

(一)学校儿童

1. 村内学校人口多少？2. 入学儿童数多少？3. 强迫学校律的内容若何？

何人施行？

(二)学校

1.填写下列各项关于村内公立或私立学校的事项(包括一切含有教育宗旨的机关)。(1)名称。(2)宗旨与工作。(3)管理。(4)经费来源及其数目。(5)能力。(6)与政府的关系。

2.作一地图，指出学校的位置。

关于每校状况，请答以下(三)至(八)各项问题。

(三)校产及校具

1.校舍

(1)如果校舍不是特建的，则凡陈腐与无用之物有否毁除？(2)校之四周，是否清洁并适于卫生？(3)学校位置对于大多数学童的家庭是否便利？(4)校舍是否全年稳固？有否受水火风雨之患？(5)校内房舍，是否昼夜自然流通空气？(6)校内房舍.是否不受烟气伞灰之扰？(7)课室内的光线，是否来自左边及背后？光线是否充足？于窗之距离远处有否适宜之光线可以看报？无论在日中与阴天，室内是否均有充足的光线？(8)当光线最强时，有否窗帘蔽护？(9)室内地面，是否不受潮湿？(10)天花板与墙壁，是否能抵抗鼠类的损害？

2.校场

(1)校内一切空地，是否都作游戏场与校园之用？(2)游戏场的面积，是否能容全体学生之运动？(3)这种游戏场，在下雨的时候亦能适用否？(4)雨后游戏场是否就能干燥？

3.校具

(1)课室内的用具。书桌的构造，是否不妨碍学生身体的发展？是否便于教师的管理？黑板位置，对于全体学生是否便当？学生用黑板时，是否因挂得不适当而发生困难？课室内是否备有钟、铃、寒暑表、日历及字纸笼？课室内的装饰是否合于美观？对于学生有否价值？是否备有到班册及分数册？教师是否每天使用？全体学生是否备有必需的文具及教科书？(2)普通用具。校中是否备有国旗、校旗及校歌？是否常用的？是否备有开水及茶？杯子是否于未用前洗净？厕所内是否全年没有苍蝇？是否备有洗手面的面盆？

是否备有公用的毛巾？(3)游戏场的用具。校中空地，是否适于球战及团体游戏？对于年幼或年长的学生是否备有秋千架？(4)医药用品。当学生有病时，有否医生或看护为之处理？(5)图书馆用具。校内是否备有书籍、报章、杂志等，为学生参考及自修之用？教师曾否把这些读物介绍给学生？图书室看书是否受监察？

(四)行政

1.行政员。如果学校不受地方教育局视察员或调查员之管理，则该校之指导者，是否是教育专家？指导者是否至少每星期到校一次？他是否按期作有报告书？

2.普通行政。招收学生的时候，是否有智力测验、体格检查，及关于家庭状况的访问？(如父兄或保证人之职业、教育及对于儿童教育的态度)学生到校是否用强迫制？不到校的原因何在？学生回校后教师是否就寻出他们不到的原因？学校是否把学生不到校的次数报告保证人？学校是否有学期成绩报告寄给保证人？如果学生中途停学，学校是否为他继续设法？学校有否同学会？对于毕业生如何联络？

3.经济行政。如果学校经费不是完全或一部受地方教育局之供给，则该校有否稳固的基本金？如果学校收入，完全由于学生，则所入者，是否能抵所出？有否预算表？学校入款是否能于每年开学前收齐？学校账目是否报告？是否经过检查？对于贫寒学生，学费是否减少？

(五)师资问题

1.普通情形。教师之未被检定者，是否受过师范教育？如果教员任期不是永久的，则学校与教员是否订有两年以上之合同？教师对于学校有关的乡村，是否能了解其普通状况及其需要？教师是否与村内领袖人物联络？

2.待遇。薪水是否以12个月计算？每月薪水有否在20元以下？如果教师的经济是依赖亲属的，当遇不测、疾病或死亡发生时，学校是否加以雇恤金？学校是否鼓励教师保寿险？并于保险费亦否负一部分的支付？学校对于教师是否有优待金？学校是否帮助教员利用假期与知识的发展？学校是否有教员图书室？教员是否有娱乐？教员对于家务及校役工作，是否不必负责？教员是否备有必需的文具？教员是否受社会的尊重？

(四)行政

1.行政员。如果学校不受地方教育局视察员或调查员之管理,则该校之指导者,是否是教育专家?指导者是否至少每星期到校一次?他是否按期作有报告书?

2.普通行政。招收学生的时候,是否有智力测验、体格检查,及关于家庭状况的访问?(如父兄或保证人之职业、教育及对于儿童教育的态度)学生到校是否用强迫制?不到校的原因何在?学生回校后教师是否就寻出他们不到的原因?学校是否把学生不到校的次数报告保证人?学校是否有学期成绩报告寄给保证人?如果学生中途停学,学校是否为他继续设法?学校有否同学会?对于毕业生如何联络?

3.经济行政。如果学校经费不是完全或一部受地方教育局之供给,则该校有否稳固的基本金?如果学校收入,完全由于学生,则所入者,是否能抵所出?有否预算表?学校入款是否能于每年开学前收齐?学校账目有否报告?是否经过检查?对于贫寒学生,学费是否减少?

(五)师资问题

1.普通情形。教师之未被检定者,是否受过师范教育?如果教员任期不是永久的,则学校与教员是否订有两年以上之合同?教师对于学校有关的乡村,是否能了解其普通状况及其需要?教师是否与村内领袖人物联络?

2.待遇。薪水是否以12个月计算?每月薪水有否在20元以下?如果教师的经济是依赖亲属的,则当遇不测、疾病或死亡发生时,学校是否加以雇恤金?学校是否鼓励教师保寿险?并于保险费亦否负一部分的支付?学校对于教师是否有优待金?学校是否帮助教员利用假期与知识的发展?学校是否有教员图书室?教员是否有娱乐?教员对于家务及校役工作,是否不必负责?教员是否备有必需的文具?教员是否受社会的尊重?

(六)课程

如果学校已采取新学制,则学校课程是否包括自然科学、手工、园艺、公民学及国语?

(七)学校生活

1.在教室内。学生对于教室规则是否了解？班上训练是直接的，还是间接的？学生是否能照他们能力的限度管理自己？班中是否有学生领袖？学生是否轮流服务？教师是否能使学生发生兴趣因而引起他们的留意？学生是否自己觉得他们是大家协作的？

2.在游戏场上。学生对于运动规则能否了解并欣赏？当学生违犯规则时，是否即行改正？各种游戏事业是否因性别而异？各种游戏是否由教师督察？

3.学生活动。学生有否自治会之组织？是否以教员为顾问？如果校内无童子军(包括女童子军)之组织，则学生有否别种关于实际上与智识之发展或改进学校全体之团体？(如运动会、辩论会、卫生会、美术社、社交团等。)

(八)学校的社会化

1.关于乡村的了解。办学者是否知道邻近学校的位置？办学者是否明了各种有势力的社会制度如家庭、政府、经济组织、宗教等？办学者是否明了该村的精神？办学者对于村内的学童数是否知道？

2.学校与乡村协作。村内各校，有否游戏比赛、演说竞争或运动会？学生是否去参观别的学校或与教育事业有关的机关？学生的家长是否常常去参观学校？教师于不含训练目的时，是否常常去探访家族？村内有势力的分子，于学校特别会议时，是否被请在内？他们能否帮助学校解决问题？校中课室、图书室及游戏场，是否准村民借用？有何特别办法？

3.学校出版物。校中如果有定期的出版物，则学校事业是否应该刊入？出版物是否赠阅？学校章程是否赠送？装订是否美观？是否能引起读者的兴趣？对于学校负经济之责者，是否每年分给报告书？学校大事，是否登载新闻纸上？

四、农工商业

(一)普通的

1.地理上的位置

(1)距城市多远？最近的大城叫做什么？(2)交通的方法如何？(江、河、马路、铁路或别的。)(3)该村四周区域的工业、商业与社会状况如何？

2. 村民职业的分类。将男子、妇女及 14 岁以下的儿童，各立一表。

(1)村内劳动者的总数多少？(2)农夫占总数的多少？(3)厂工占多少？(4)家庭工业劳动者占多少？(5)手艺工人占多少？(6)半农半工者占多少？(7)店中工作时间占总数的多少？(8)在茶店的时间，占工作总时的多少？(9)精敏的工人，占劳动者总数的多少？(10)拙笨者占多少？

3. 工作时间。将男子、妇女及 14 岁以下的儿童各立一表。

(1)工人每周工作时间，依下表计算，每项占总劳动者的多少？

不到 48 小时的。自 48 至 60 小时的。自 60 至 72 小时的。72 小时以上的。

(2)工人每日工作时间，依下表计算，每项占总劳动者的多少？

不到 8 小时的。8 小时至 10 小时的。10 至 12 小时的。12 小时以上的。

4. 工人每天有休息的时间多少？

5. 说明工人换班的数目与次数。

6. 厂工每日的工作时间多少？

7. 雇工

(1)述明下列各种人的百分数：①该村内 14 岁以下之工作儿童。②该村工作之妇女。③该村工作之男子。

(2)述明下列被雇工人之百分数：每日计算的，每周计算的，每月计算的，每季计算的，每年计算的。

(3)雇工的方法如何？有多少工人用下列方法的。①由雇用局代谋的。②由亲朋介绍的。③由机关介绍的。④由个人自己去寻找的。⑤由工厂雇工部转的。

8. 失业

(1)去年失业的工人多少？

(2)去年因下列各种原因失业的百分数是多少？①疾病。②不测。③年老。④智力缺陷。⑤身体残弱。⑥劳动过度。⑦短期工作。⑧缺乏训练。

(3)村中对于失业者，有下列何种救济法？①职业学校：(a)成人的。(b)儿童的。②官立雇用局。③私立雇用局。④失业保险。⑤工会。⑥公立赈济机关。⑦私立赈济机关。

9.工资与人款

(1)将男子、妇女及14岁以下之儿童各立一表,指明每月收入的工资及其人数。

5元以下者。5元至10元者。10元至15元者。15元至20元者。20元至25元者。25元至30元者。30元以上者。

(2)有何种特别工资?

10.工人的费用

(1)每人每月生活费多少?(2)他们在何种情形之下,就要借钱?何处去借?

(3)多少工人有储蓄的?何处储蓄?(4)何时费用最大?(5)何时偿债?

(二)农业状况

1.农夫的普通情形

(1)多少农夫养牛?(2)多少雇用工人?(3)多少被雇?①每日的。②每月的。③每季的。④每年的。(4)除农事以外,不作别业的家庭有多少?(5)间断在工厂或别处做工的农夫有多少?(6)拥有下列田亩数的农夫有多少?①500亩以上。②200亩至500亩。③100亩至200亩。④50亩至100亩。⑤50亩以下。(7)每年要几亩田的生产,能有1 000元的收入?

2.农场的普通情形

(1)每年可种几次谷类?哪几种?(2)主要出产品是什么?(3)每亩每种的出产品数量是多少?(4)培养:①每种产物的主要肥料是什么?②肥料的价目若干?③每亩肥料费若干?(5)土地是否需要灌溉?用何方法?(6)土地劳动的消费。①普通每年的种作收获时期表若何?②每年最忙何时?最闲何时?③每种产物所需的耕耘、灌溉、培壅、撒种及收获,费劳力多少?(7)农夫有否受过农作的新知识?(8)他们能否用科学方法除灭害虫?(9)种子何处得来?如何造法?(10)农夫中有几分之几是种果子的?种树木的?种蔬菜的?培养家畜的?(11)下列各项,每年消费几何?①肥料。②雇工。③修理器具。④添置器具。(12)出产物在何处销售?售与何人?①每种出产物的市价多少?②距离市场若干?③运输的方法如何?④每种出产物的销售数有几分之几?

(三)工业状况

1.家庭工业

(1)村人用何种器具或机器做工?(2)自己备有器具的家庭有多少?(3)家庭工作中,何人做的最多?(4)制造何种物品?自用的吗?销售的吗?(5)何时工作?①每年何季?②每日何时?

2.手艺工

(1)作该村手艺工之种类表一。(2)每种手艺工的人数多少?(3)自己做主人的手艺工人有多少?雇用别人有多少?(4)他们有多少受女儿与妻子的帮助?(5)手艺工的工作状况;①是否按时工作?②工作是否每季更换?③如何介绍?④他们的工作时间表如何?⑤有否由工会的组织?做何种事业?⑥有否集会的地方?

3.厂工

(1)男工数。女工数。14岁以下的儿童数。14岁以下的女子数。(2)该村与工厂距离若干?(3)从该村到工场的交通方法如何?(4)往还时间约需多少?(5)工厂工作以外,工人是否再负家庭责任?(6)工作时在何处膳食?何时?(7)工厂情形。①防备火灾用何种方法?②去年发生多少不测的事情?③何处发生?何故?④有否因职业含毒性的工作而致疾病或死亡》⑤工人有否受过下列各项训练?(a)预防不测。如何训练?(b)个人平安与卫生。如何训练?⑥厂中卫生状况如何?⑦有何卫生规则?⑧厂内洒扫事宜是否由工人担任?还是特别雇人担任?⑨厂内光线,有否妨碍工人视线,室内如何?⑩厕所是否分男女?(a)每一厕所可容几人?(b)是否合乎卫生?(c)何人管理?⑪对于工人有否医药的帮助?⑫有否制服?能否减少不测的事情?⑬是否备有茶水?(a)放在何处?(b)茶杯是否公用?(c)茶水是否冬热夏凉?⑭是否备有洗具?(a)碗及水槽是否公用?或个人自备?(b)手巾是否公用?(c)肥皂是否公用?⑮有否科学的通气法?⑯工人有否座位?是否能用?⑰有否工人膳堂?各日是否温暖?⑱有否工人休息室?有多少?⑲有否工人雨具室?⑳工厂是否受政府检查?㉑有多少工人组织团体,保护自身?如何组织?

(四)商业

1.区别该村商店的种类。每种有几家?总数多少?2.该村最大商店的资本多少？最小的多少？普通的多少？3.每类商店的主要贩卖品是什么？4.这些货品的来源在什么地方？5.该村本地出产品占几分之几？6.何种货物的需求最大？7.每店平均雇工多少？8.买货可否赊欠？9.店外有何种生意？10.本地店主占几分之几？11.店友每年薪资多少？12.店主有否团体组织？工人呢？做些什么事业？13.店中用人的工资多少？14.每日营业时间若何？15.何时最忙？16.店友工作时间多少？17.店友与店主有何关系？18.店友睡在何处？19.店中卫生状况如何？

五、健康与公众卫生

(一)影响健康的地势和气候

1.关于气候的性质如何？(1)温度。(2)气候的变迁。(3)湿度。2.泥土的性质如何？经过大雨以后，会被冲蚀么？3.以下所说的地势情形，对于健康发生影响么？(1)江河，(2)运河，(3)山岭，(4)高原。

(二)影响健康的经济状况

1.村中居民的财力，够办公众卫生上的事业么？

2.村民操何职业？对于他们自己的健康有否妨碍？情形怎样？

3.村民工资及他种所人，是否足以支持健康？

4.村民做工地方的卫生情形，对于下列四事若何？(1)通气，(2)光线，(3)防火之设备，(4)清洁。

5.下列各工人每天做工几小时？每星期做几天？(1)成年男工。(2)女工。(3)16岁以下之男女童工。

6.参查法律上对于工人卫生的条文，尤其是：(1)关于禁止童工及女人操作于夜间的；(2)关于禁止12岁以下之男女童工的劳动律；(3)关于男工做工时间的限制；(4)关于工人疾病和意外危险的体恤和处置。

7.以上所说的法律，怎样施行？效力如何？

8.工人是否能组织团体，以防免工业上的危险和不卫生的情形？

9.招收工人的时候，雇主是否给他们检查体格？他们的职业是否与身体相称？

10.工人因职业劳动而受伤的待遇怎样？

(三)人口与健康

1. 本地和长住的人口有多少？游移或暂住的有多少？

2. 来自别地的居民中有妨碍卫生的生活习惯的有多少？

3. 不知道公众卫生方法的村民占人口的多少？

(四)生死统计

1. 参查法律上关于生死时报告政府的条文。

2. 如果没有这种法律，生死时是否报告？如果报告，由何人负责？报告何人？是否有永久记录？

3. 疾病是否报告或登录？何人负责？报告何人？

(五)死亡率

1. 下列各类的总死亡率(1 000 人中之死亡数)若何？(指出去年的死亡统计)

(1)全体

(2)婴孩(男女分计)：①1 岁以下，②3 个月以下，③1 个月以下，④胎殇与堕胎。

(3)儿童(男女分计)：①1 岁以上 5 岁以下，②5 岁以上 10 岁以下，③10 岁以上 15 岁以下。

(4)成人(男女分计)：①15 岁以上 20 岁以下，②20 岁以上 25 岁以下，③25 岁以上 30 岁以下，④30 岁以上 35 岁以下，⑤35 岁以上 40 岁以下，⑥40 岁以上 45 岁以下，⑦45 岁以上 50 岁以下，⑧50 岁以上 55 岁以下，⑨55 岁以上 60 岁以下，⑩60 岁以上 65 岁以下，⑪65 岁以上 70 岁以下，⑩⑫70 岁以上 75 岁以下，⑬75 岁以上 80 岁以下，⑭80 岁以上 85 岁以下，⑮85 岁以上。

2. 这些死亡率，与中国别处相似的乡村比较如何？比较欧洲如何？比较美国如何？

3. 村中以哪一区或哪一住宅的死亡率为最低？何处为最高？

(六)死亡与疾病的原因

1. 去年的死亡数中(或以最近统计为准)，有多少是由下列原因而死的？

(1)1 岁以下的婴孩：①痢疾，②肠热症，③肺炎，④梅毒。

(2)全体(一切年龄包括在内)(男女分列)：①肺痨，②天花，③寒热，④红热症，⑤花柳病(梅毒及白浊)，⑥肺炎，⑦别种传染病，⑧不测，⑨天灾，⑩霍乱，⑪痢疾。

2. 去年的患病者中有多少是由下列的原因(或依最近统计)？(1)红热症，(2)寒热症，(3)喉痧，(4)别种传染病。

3. 过去之最近 5 年中，村内有何种流行病发生？多少得病？多少死亡？

4. 在过去的 2 年中，因流行病之发生，学校停闭了多少时候？何种流行病？

(七)影响疾病的环境

1. 废物之排除。(1)废物积蓄在何处？经多少时候？(2)这种地方，是否为妨碍卫生之源？(3)废物如何排除？何处？(4)公共厕所在何处？(5)何人所有？(6)多少时候洁除一次？(7)建筑如何？合于卫生么？(8)能否防免蚊蝇？(9)培养土地，用何种肥料？发生何种卫生问题？

2. 用水。

(1)村民何处用水：①饮水，②烹饪。

(2)作一地图，表明下列各项：①井之位置，②别种水源的位置，③厕所的位置，④肥料缸的位置，⑤别种传染物的位置，⑥土地的性质及斜向，⑦说明污水的来源。

(3)水之分送，是否合于卫生？

3. 食品。

(1)参查关于乡村清洁食品与药料的法律条文。是否严厉执行？

(2)茶肆与贩卖糖食的商店，是否受法律的限制？详细说明。

(3)如果不受限制，对于公众健康，有否危险？有何危险？

(4)对于患花柳病或别种传染病者，携取食物有否加以防护？

(5)畜类在何处宰杀？何人宰杀？

(6)追索过去的 2 年中，村内何种疾病或死亡，是因用公共处所烹煮的食物的缘故？

4. 苍蝇与蚊子。作一地图，指明苍蝇与蚊子发育的地方？

5. 公共浴室。(1)村内有多少公共浴室？(2)何人去用？(3)怎样取费？

(4)用哪一种水?(5)是否卫生?(6)有否妨碍公众健康之处?

(八)肺痨病

1.村内有否特别疗治的人?

2.他们在教育上职业上的地位如何?

3.村内何处贩卖医治肺痨的药品?何人贩卖?

4.村内有否做教育事业的团体教导村民以肺痨的危险及其疗治和预防法?

5.学校内有否像"康健十字军"(Modem Health Crusaders)这样的团体,使儿童抵御此种疾病?

(九)待遇病者的设备

1.医生、药铺及禁止疫地人民之交通。

(1)作该村医生,注明下列各项:①姓名。②年龄。③医科学位何处得来?④有何别种医学训练?⑤领有何人颁发的执照?⑥法律上对于何人负责?

(2)村内何人用迷信的方法治病?

(3)医病时如何处置病人?

(4)村内有否特许专卖的药品?何人专卖?

(5)村内有多少药店?对于病人能否开方?

(6)参查法律上关于一切禁止疫地人民交通的条文。

(7)如有此种法律,则其禁止是否已成习惯?已执行多少时候?

2.机关与团体

(1)参查法律上关于乡村卫生事宜的权限。

(2)如果没有此种法律,村内卫生事宜的权限属于何人或何种机关?关于何种卫生事宜?

(3)除医院以外,关于村内卫生机关,说明下列各项:①名称,②位置,③宗旨,④所有权及管理,⑤能力,⑥去年所医治的数目。

(4)关于村内各医院,说明下列各项:①名称,②位置,③开办者及其供给的来源,④管理,⑤能力,⑥去年所医治的数目及其种类,⑦免费床位的数目,⑧西医的数目,⑨容纳的种类及去年施医局所医治的数目与院外部的数目,

⑩容纳的数目及去年关于眼目、肺痨、花柳病及婴孩的临症教导的数目，⑩医院的卫生教育事业。

3. 村民是否由下列各种方法，接受过疾病的性质、原因、治理和预防法的教育？

(1)文字，(2)演讲，(3)卫生运动，(4)清洁运动。

(十)学校卫生

1. 该村学校里的儿童，有否给以生理检查？何人检查？

2. 是否每个学生受过检查？

3. 经多少时候，检查一次？

4. 去年学生中受过检查的比例多少？

5. 教员有否留意学生的检查证？

6. 学生的眼睛，是否每年经过医生或看护士的查验？

7. 如果学生应配眼镜，负学校之责者，有否督成之？

8. 学生的牙齿，是否每年经过医生、看护士或牙医的查验？

9. 如果学生患有牙病，负学校之责者，是否促其医治？

10. 学生座位，是否适宜？

11. 教师是否鼓励学生的好姿势？

12. 每校有几种洗浴法？(灌水浴、盆浴)

13. 是否常用？何人使用？

14. 学生体重，有否每月记录？

15. 学校是否备有免费或廉价点心？

16. 对于食量不足及体重不及格的儿童，有何办法？

17. 对于不能说话的、瞎眼的、耳聋的及四肢残废的儿童，有何特别待遇法？

18. 对于身体反常与有肺痨嫌疑的儿童(即家庭中有患肺痨病者)，有何特别办法？

19. 学校厕所，是否隐藏？建筑是否适宜？是否合于卫生？

20. 学生是否用公共的茶杯及公共的手巾？

21. 校内有否受监督的体育和娱乐？

22. 卫生教育，是否包括在学校课程以内，和别种功课一样？如果包括在内,用何种教本？如何教授？

六、娱乐

(一)关于公共娱乐的普通状况

1.村民有何种方法做他们的娱乐？

2.村内的娱乐,是否受地方政府的监察？

3.村内有何种私人创办的娱乐设备？设备的情形怎样？

4.述明村内娱乐团体或机关的名称与性质？

(二)家庭娱乐

1.村内以何种家庭娱乐为最普通？

2.对于儿童有何种家庭娱乐？

3.住宅内是否有天井？可作何种娱乐之用？有几家？

4.各家是否常有宴会？何种宴会？

5.家内是否常有赌博？何种赌博？有几家？

6.村内有否吸鸦片者？有几人？

(三)学校娱乐

1.村内哪个学校设有游戏场？

2.每个儿童,可占游戏场的空位几方尺？

3.场内有哪几种游戏？是否适宜？

4.这种游戏,是否有人监视？

5.校内游戏场及房屋,除供给学生运动及学校办事外,是否借与村民作别种用处？何用？

6.在夏季的时候,校舍及游戏场是否仍许儿童应用？

7.校内是否有音乐会及交谊会之举行？有何目的？有何种类？

8.校内有几种娱乐品？对于女生,是否有特别的设备？

9.校内是否有图书室？范围若何？哪几种人要用图书室？

10.村内有多少主日学校？到主日学校里去的是哪几种人？他们有何种娱乐的秩序？到主日学校的人数每次有多少？其中学生多少？不是学生多

少？男子多少？女子多少？成人多少？儿童多少？

(四)公园

1. 公园位置占全村面积的几分之几？

2. 作一地图，指出公园的位置，及村中最拥挤的地方。（包括公办与私办的公园，及村中的空地？）

3. 何种私人创办的公园可以任村民去游戏的？是否有特别规条？

4. 夜间公园内是否有适当的灯光？是否有警察守护？

5. 公园内是否有军乐队的设置？公家或私人创办的呢？有否交谊会或宴会的举行？

6. 公园内或村内空场上，有何种娱乐的设备？受何人监察？他们的性质如何？

7. 到公园里去的游客，每天有多少？（男女及儿童分计）

(五)公共游戏场

1. 由第(四)问题2的地图上，指出公共游戏场的位置。

2. 游戏场夜间是否开放？放假日是否开放？是否全年开放？

3. 游戏场的位置是否在人口的中心点？

4. 何人可用游戏场？

5. 游戏场由何人支持？

6. 场内球场及别种布置，是否为成人而设备？

7. 对于儿童是否有特别的设置？

8. 游戏场由何人监察？如何监察？

9. 支持游戏场的费用若干？

10. 每一游戏场，备有何种用具？

11. 每天游戏的人数多少？占该村人口几分之几？男子多少？女子多少？成人多少？儿童多少？

(六)街道

1. 街上可作何种游戏之用？

2. 是否有警察监视？

3. 是否拥挤？

(七)酒肆与茶坊

1. 由第(四)问题2的地图上，指出酒肆与茶坊的位置。

2. 妇女与儿童是否可进茶坊、酒肆？有否特别的禁止？

3. 茶坊、酒肆是否抽捐？何人监察？是否严紧？

4. 茶坊、酒肆内的道德情形若何？

5. 茶坊、酒肆内是否盛行赌博？何时最盛？何种赌博？

6. 茶坊、酒肆内是否常有宴会亲朋的事情？

7. 每天的人数多少？

(八)宴会迎神与戏剧

1. 村内有何种宴会？有何目的？何时举行？

2. 村内是否有剧场？何种性质？受何人监视？由第(四)问题2地图上，指出剧场的位置。每次看剧的人数多少？

3. 村内有何种迎神赛会的举行？何时举行？有何目的？何种人参与？费用多少？

(九)将来的娱乐

1. 村内是否有未经改辟的地方可作将来娱乐事业之用？

2. 该村当费若干金钱，可使全村居民得适当的娱乐的需要？

3. 村内对于娱乐事业的改进，有否特别举动？村内何人对于娱乐事业特别发生兴趣？何人专为监督娱乐事业？

七、居住

(一)作图

将村中街道之位置及广阔、实业地点及性质，二三层楼房屋或其他特异房屋之位置，皆填写清楚。

(二)居住律

1. 关于乡村居住律的条文抄下。

2.居住律是否皆一一执行？何人执行该律？

3.不洁及有害健康的事物如何减少？该方法于近二年内常用否？

4.村中居民自备之房屋有几家？出租之房屋为何人所有？

(三)房屋之种类

1.造屋之材料如何？

2.房屋间之距离如何？

3.每屋之空地是否占该屋三分之一的面积？

4.用木地板的房屋共有几家？

(四)光线与空气

此项可将大概情形报告(惟每户必须调查清楚)。

1.每室之窗户面积,是否至少等于地板面积十分之一？

2.每室之四周,可否随时随气候持报纸细看？

3.屋内共有玻窗几面？

4.无窗户之室有几？作何用？

5.室内空气用何法使之流通？

(五)火险

1.村中房屋用木料及其他易燃之料造成者,约占几何？

2.楼房有否避火梯？

3.火起时,居民易从屋中逃出否？

4.厨中用何种燃料？

5.烟囱内时起火否？

(六)卫生情形

1.村中房屋是否清洁卫生？

2.居民可晓避去蚊蝇之扰害么？用何方法？

3.鼠多否？对之作如何处置？

4.厨房之情形如何？此项亦可作概括报告。(1)食物如何保护,使避去苍蝇？

(2)洗碗盆之器具是否洁净？(3)地面是否干洁？(4)豕、犬、猫、鸡等，是否喂于厨内？(5)厨内有否烟灰？

5.饮料来自何处？

6.户内厕所有多少？是否洁净？用者多否？

7.垃圾如何处置？

8.家畜养在何处？

9.卧室情形如何？

10.房屋内之布置及家伙，是否具洁美之性质？

(七)关于品性者

1.村中房屋内室之种种布置，是否可造成完美高燥之空气？

以下列各条，述其大概(每户须调查清楚)。(1)每户之卧室，是否有人数之一半？(2)几人居一卧室？(3)6 岁以上之儿童，是否与父母同一卧室？

(八)街道

每条街道调查毕事，即报告其概括。

1.阔几何？

2.阔度是否等于街道上最高房屋之高度？

3.街道是否砌平？

4.如何使街道清洁？何人担任此种责任？

——摘自白克令著，张镜予译，《社会调查——沈家行实况》附录，商务印书馆，1924 年。

风俗调查表

旨趣

(1)风俗调查，为研究历史学、社会学、心理学及行为论，以及法律、政治、经济等科学上不可少的材料。调查人如肯尽心做去，不独于自己的见识及学问的贡献上两有利益，并且为暑假中最好的消遣品。

(2)本调查表分为三表如下，请调查人依各表每项下，记载所得的事情。

如表中所载有未尽处，请各人酌量加入（此表于暑假后回校时或随时缴回研究所国学门）。

（3）希望调查人于“习惯”一表上，在特载栏中推论与环境及思想相关系的缘故（如说：此地寒，所以人喜欢饮酒；封神传流行甚广，所以义和团的势力甚大之类）。

（4）对于满蒙藏回朝鲜日本及南洋诸民族的风俗.如有确知真相愿意供给材料者，尤为特别欢迎。

（5）政治的措施，法律的制裁，军人的行为，及华洋的杂处，影响于一地方的风俗至巨且大，望调查人于特载栏上附记，以备参考，不另列表。

（6）下表所调查的，以一地方上的多数人为标准。如有一阶级的特别情状者（绅界官场等现形记），希望从中声明。

（7）搜罗材料，当用科学的方法：即是实地调查，实事求是，不可捕风捉影。如有怀疑及不可能的情形，均望将理由详细注明。

（8）调查人对于本地的风俗，应该就事直书，不可心存忌惮与掩饰。

（9）调查时如能附带收集各地特别器物更佳。并且将惠赠人的芳名记下，以备将来“风俗博物馆”成立时，永久留为纪念。

（10）不能用文字表示者，可用图书或照片。

（11）将来如装成风俗书时，除将调查人的姓名登载外，并给予相当的酬劳品。

（一）环境

（1）地名。即所要调查的地名，如北京天津或乡村之类（以调查人的生长地为佳，或所游历的地方也好，但望注明为哪一种）。

（2）人口。男女分别更好（儿童产育数的多少，近十年死生率之比较）。

（3）职业。男女分举。

（4）气候。四季长短及特别天气。

（5）地理。山，海，平原，河流，湖泊，名刹，胜境。

（6）出产。何种？

（7）经济状况。基本产业，工资，利息等。

（8）生活程度。贫富及中户分别。

（9）交通。水，陆，或航船，汽船，铁路，轿车等。

(10)民族。

(11)地方特殊的组织。如宗族,合作等。

(12)家畜。马、牛、羊、猪、鸡、狗等培养法,及繁殖率。

(二)思想

(1)语言。普通话或土语。

(2)歌谣。以最通行为主。

(3)本地半历史的故事。童话和绕口令或相传的趣事(如说鼠母教鼠子如何食油,鼠子不听话,致被人捉去之类)。

(4)戏剧。何种戏剧,艺员程度如何?演戏时人民有何种兴趣?

(5)格言和俗语。如一字值千金,好子不当兵,树倒猢狲散之类。

(6)小说。何种最通行,用何方法去传播?(或唱书,或自看,或互相授受。)

(7)宗教和信仰。耶教、佛教、回教及本地神明巫祝等。

(8)教育。何种学校,教程如何,家庭教育状况,旧时科举的势力是否存在?

(9)美感。雕刻、图画、音乐、唱歌、织绣等。

(10)普通观念与判断。如说:"学校所养成的均是一般坏学生""共和国是洋鬼子的制度";以及对于下表各项习惯上的批评之类。

(三)习惯

(1)衣。小孩、老人及成年的男女的"内衣""外衣"在四季上的装束。衣服的材料和做法。手巾,袜鞋,帽等(如在时装多变的地方,也请列明如何变法)。

(2)食。米、麦、黍、粉等。烟(鸦片,纸烟等)、酒、油、酱、盐与调味的物料及烹饪的方法。贫富每日所食的肉,菜,及饭,粥,麦,黍的多少。

(3)住。木、竹、砖、土等所建的屋。屋内的排设(器具盘皿等),屋外的布置,睡床与大小便的地方的状况。家畜的安置。

(4)婚姻。养媳,嫁娶人的年龄若干。聘金与婚费的多少。六礼与完婚时的规矩。闹房及验处女膜等恶俗。

(5)丧礼。分别贫富。

(6)坟墓。风水观念，及坟墓的筑造法。

(7)祭礼。如家庙、祠堂、坟墓及祀神等。

(8)家礼。子女对于父母，媳妇对于翁姑及家人等，生子及冠、笄等礼。

(9)客礼。

(10)公共集会的习惯。

(11)游神和赛会。

(12)娶妾和纳婢。

(13)守节。贞女及寡妇。

(14)养子。或寡妇，或夫妻无出，是否有养子的风俗？

(15)再醮。寡妇再醮或再嫁否？社会上对再醮或再嫁的寡妇的批评。

(16)修饰。缠足、束乳、头发装扮。头、耳、手、指、颈上、脚上的修饰品。

(17)争斗与诉讼。械斗、打架、咒骂(如村妇相骂，及许多地方以骂人为语助辞，如北京人的“禽”之类)。诉讼(好讼否?)。

(18)嫖。除妓女外，相公及男色的嗜好。

(19)赌。何种赌？男女同赌，或分赌？

(20)盗。小盗，合伙的打劫贼。

(21)娼。公娼，私娼。公娼的娼寮制度及娼女的生活。私娼卖淫的方法。

(22)男女社交。

(23)清洁或肮脏。实据的证明。如衣、食、住及洗澡拭身等。

(24)年节的习俗和商人的讨账。

(25)勤惰。每日工作若干时，何种工作，夜间有无工作。妇人在家庭中工作的状况等。

(26)玩耍。儿童的游戏，或如猴子戏、狗戏与傀儡戏及音乐会等，

(27)杂技。如打拳、算命、看相、算卦。

(28)乞丐。

(29)货声。即“叫卖”声调、词句、器具等。

(30)奴仆的情绪。

(31)慈善事业。

(32)遗弃子女。

——北京大学张竞生教授设计，摘自北京《晨报副刊》，1923年7月7

日，被誉为“中国第一份规范化”研究问格。

民族文化调查问格

注意1：调查务求切实，宁缺勿滥。

2：随时随地收集各种文化的实迹。

宗教与迷信

1.图腾崇拜：现在术士所用以驱役鬼神的符篆，是一种图腾崇拜的遗物、其符篆上所画的，是如何的形状？或写何字而表明其图腾崇拜的对象？有何禁忌？有何传说？其他。

又如普通人家堂中或房门上悬贴的压邪图，他们把这图中的图像看作一种神灵，乃奉之为一家族的保护神。这可说是家族的图腾崇拜。其图中所绘的这种崇拜的对象，是何种生物的图像(虎？龙？其他？)有何种禁忌？有何传说？其他。

又如个人的生肖，是一种个人图腾崇拜的遗迹。譬如，生于子年的，其生肖属鼠，则以鼠为其呵护神灵。生于已年的，其生肖蛇，则以蛇为其呵护神灵。故对此而生祀鼠祀蛇的崇拜行为。其宗教的仪式如何？除祀蛇祀鼠外，尚有其他动物的奉祀否？有何禁忌？有何传说？其他。

2.神人的崇拜：

(一)祖先——宗族及家族的祖宗。

(二)圣贤或英雄。

(三)社神或农神。

(四)灶神，夫人神及紫姑神。

(五)其他的鬼神。

详述以上所举各种神人的信仰崇拜的仪式，及其传说。祖先崇拜中的做“阴寿”宜留意及之。其他。

3.占卜：使用何种方法？使用何种器物？由谁人执行占卜的仪式？现在广东有和鹊卦一种，将干支写成若干卦，卷成小纸条，使和鹊啄取一条，即以之占卜休咎。此外各地亦有此卜或类于此的卦卜否？其他。

4.巫术：举出男女巫神的俗称。巫术师有什么技术？巫术的仪式如何？

巫术师姿势的使用(例如跳舞)和声音的使用(如唱歌,呢喃,复话等等话的声音。)如何?他们使用何等巫具?巫师的地位如何?其势力如何?收集巫师所用的经典。其他。

5.祈禳:(一)求神签,(二)祈鬼(如打花会,在乱坟中求示兆。)(三)降童请神,(四)祈雨祈年,(五)祈子,(六)扶乩,(七)许愿和还愿,(八)问,(九)其他。就上所举,细作调查,并详述之。

6.巫医:(祝由科),为符咒治病的法术。相传谓其术不肯轻意传授于人。举出巫医师的俗称。有女巫医师否?巫医师有什么法术?用药物的疗治?用非药物的疗治?病者所受。巫医的影响如何?其他。

——中国民族学会筹备会编制,摘自《新社会科学季刊》第一卷第二期,1934年。

中国婚俗调查问格

注意 1:调查务求真实,宁缺勿滥。

2:搜集其民俗的物品。

(一)普通婚嫁

1.男女双方的年龄若干?

2.定婚以前男女双方有无相互“看亲”(或相亲)之举?

3.定婚的礼节如何?

4.结婚前的礼节如何?

5.结婚时的礼节如何?

6.结婚在那一季举行?

7.男女嫁娶时有何惯俗?(例如出嫁时歌哭等类)

8.聘金多少?

9.嫁妆多少?

10.嫁娶时有何种迷信上的表示和禁忌?

11.男女两方穿何种特殊的衣服?

12.新娘有面盖否?

13.新娘随身带有伴娘否?

14.新娘身边携带何物？

15.有无一次以上的宴会？

16.有何种贺婚歌唱的诗词？

17.表演何种特别的歌乐或跳舞？

18.婚费多少？

19.闹房和打喜的情形如何？

20.验贞的习惯如何？

21.验贞后有无报喜或公开表示之举？

22.婚后的礼节如何？

23.有的地方，新郎远在外地，一时赶不及结婚，男家为权宜计，使用雄鸡或其他的代表物替新郎和新娘举行婚礼，探其意义何在？

其他。

(二)特殊婚俗

1.典妻：

出典的妇人是寡妇或非寡妇？

典价若干？

承典人随时供给额外的财物多少？

出典期间的长短？

举行典婚仪式否？

典妇于出典期中是否寄居承典人家内，或承典人可随时

往就典妇之家？原夫与典夫相处的情形如何？

有何避忌？

举出他的俗称。

注意其典约和歌谣的搜集。

其他。

2.招夫养夫(此与一妻多夫制有些不同)：此俗发生的原因何在？——威因原夫的经济能力有限，或因其为病所困，或为了其他何种原因而另招一夫以维持其家庭？

三者相处的情形如何？

举出他的俗称。

其招约和歌谣的搜集。

其他。

3. 转婚(兄死,弟娶其嫂,弟死,兄娶其妇?)

其发生的原因何在?

这种婚娶下的家庭状况如何?

举出婚的俗称。

其婚约和歌谣的搜集。

其他。

4. 抢婚

起于何种原因?

当男家纠众向女家或原夫家实行掠取的时候,女方的邻家亲族对之取何种态度? 而男家对之亦施以何种应付?

举出他的俗称。

其歌谣的搜集。

其他。

5. 童养婚

男女的年龄比例如何?

童养媳结婚之初,虽未举行完婚仪式,但有何种礼节?

其发生的原因何在?

童养媳在家庭中的待遇如何?

举出他的俗称。

其婚约和歌谣的搜集。

其他。

6. 等郎婚

男方抱养她姓女子时,自己还没有特定男的存在,以待将来生有男孩或立有继嗣时,始给她婚配。在此惯俗之下,女的年龄和男的年龄差得多远?

假使彼此年龄差得很远,对于两性生活,发生何种影响?

举出他的俗称。

其婚约和歌谣的搜集。

其他。

7. 赘婚

赘婚有数种，其流行于一她的，有那几种？详述其类别。

其发生于何种原因？

其赘婚书和歌谣的搜集。

举出他的俗称

其他。

8.冥婚

这是“亡男亡女相婚”的婚俗，此俗的发生。

大多出于何方的意思？

其结亲的仪式如何？

起于何种心理？

对于财产继承问题有何关系？

出于借此争继从中取财的，是死者的舅家，抑是他的宗族？

用什么东西做死者的代表：茅草呢？或是纸呢？

注意其实物的搜集。

举出他的俗称。

其他。

9.娶殇婚

这是“女死男娶”的婚俗。

其发生于何种动机？

其结亲的仪式如何？

用什么东西做死者的代表？

注意其实物的搜集。

举出他的俗称。

其他。

10.嫁殇婚

其婚约和歌谣的搜集。

其他。

7赘婚

赘婚有数种。其流行于一地的，有那几种？详述其类别。

其发生于何原因？

其赘婚书和歌谣的搜集。

——中国民族学会筹备会编制，摘自《新社会科学季刊》第一卷第二期，1934年。

乡村调查表格

乡村家庭调查表

A 填表年　　月　　日

B 省　　县　　镇　　村

C 填表者

甲

(1)家主姓名　　地址　　种族

(2)诞生地

(3)在本地住多久　　移来原因

(4)娶妻时年龄　　妻出嫁时年龄

(5)娘家离本村多少里

(6)共生过多少子女:男　　女

(7)现有多少:男　　女

(8)故去子女之年龄　　原因或何病

(9)其他家中人之嫁娶年龄:男　　女

(10)嫁家多远

(11)45岁以上之妇女所生子女数目:男　　女　　在16岁以下去世者数目:男　　女

(12)共同生活之人口的年龄及何人全年或一部分(在何月及多久)　离家做事:

家主　妻　子　女　父　母　兄　弟　姊　妹　其他

乙

(1)共种地几块,每块多少亩及每块每亩价值　　其中自己田地多少亩

租耕之田地几块及每块多少亩　　每块租价

(2)近12月种何种作物(米粮、棉花等)及每种亩数(若同时同地有两种或为一年中第一次作物亦请注明)　　家用各种作物多少　　出售各种作

物多少及价值

(3)种菜园几亩

(4)去年产每一种青菜若干斤　　出售多少及价值

(5)自有房屋几间　　价值　　出租几间,租价及期限

(6)现有牲畜家禽多少　　普通年多少

(7)各种车辆数目

(8)有直径2寸以上之树多少棵　　其中半尺以上者多少

(9)每年水果收入及种类

(10)有井几口

(11)除种地外家中人有何他项工作,在一年中何时、多久及进款多少

(12)其他收入:去年　　今年

(13)全年收入总计

丙

(1)每月平均用各种米面多少(斗或斤)价值(说明单位)每年用费 其中何种为自己收获者及数量　　购买者何种及数量

(2)最常用之菜蔬种类:春　　夏　　秋　　冬　　价值总计:每月　每年　　其中自种者占百分之　　购买者百分之几

(3)每月豆腐费　　每年

(4)每月调和费:油　　盐　　其他　　每月调和费总计　　每年　自制者占百分之几及何类

(5)除年节外每年肉类费　　每年果类费

(6)其他每年食品费(如鸡蛋、白薯等)

(7)平均每月食品费总计　　每年　　估计其中自有物品之百分数　购买者之百分数

(8)每月茶叶费　　每年

(9)每年喂养各种牲畜家禽费用　　食物种类及数量

(10)每年所添家中所有男人衣帽鞋袜费　　每年家中女人衣帽鞋袜费　全年全家衣服费总计

(11)每年全家所填被褥费

(12)每月平均燃料费　　种类及数量:冷季　　暖季　　其中自有者

占百分之几　　购买者百分之几

(13)何种灯火及每月用费:冷季　　暖季

(14)若住自己房屋每年修理费　　或房租(说明期限)　　共几间(指现住者无论自有或租赁)

(15)每年各种农具费　　家用器具费

(16)每年缴地亩赋税共多少(说明每块每亩)

(17)每年各种籽粒价值多少

(18)每年雇长工短工及牲口用费(注明饭费工资费若干)

(19)每年购买肥料种类及用费

(20)每年青苗会费

(21)家中何人吸烟每月用费及种类　　每月酒费

(22)新年各种用费　　端午节用费　　中秋节用费　　其他节日

(23)每年酬应费

(24)信何宗教及每年用费(如香火费)　　神名　　真诚信仰否　　每年烧纸费

每年占卦算命及跳神等用费(亦可以近12月为标准)

(25)每年教育费

(26)近12月内医药费

(27)每年装饰费及种类(如听戏及茶馆听书等)

(28)每年赌钱费,何人及在一年中何时

(29)近12月内婚事费及何人　　生育费　　生日费　　丧事费及何人

(30)每年坐车骑牲口费

(31)每年捐助公益及慈善事业用费

(32)每年警察捐

(33)近12月打官司费

(34)兵灾损失:　　去年　　今年

(35)吃白面次数:每月　　每年　　吃白米次数:每月　　每年

(36)支出总计:每日　　每月　　全年

丁

(1)每次借债多少,月利几分,偿还方法,期限及借去原因:去年　　今

年　　目下欠债总数

(2)典物种类,量,值,每月利息及典物原因:去年　　今年

(3)目下典物赎价总计

(4)借粮几次,每次多少斗:去年　　今年　　目下欠粮多少

(5)得过何种救济及自何处:去年　　今年

(6)加入何种互助会　　会中人数　　每月会费　　会之章程

(7)每年用记账法购物价值总计

戊

(1)共有卧室几间及每间卧室睡几人　　房顶种类:瓦　　灰　　土　其他　　屋

内地种类:砖地　　土地　　其他　　漏雨否　　夏天屋内:干　潮　　湿

每间:长　　宽　　高　　院子:长　　宽

(2)墙垣种类

(3)同院住若干家　　全院房屋间数总计　　全员人口总数

(4)家中种牛痘者几人(指被调查之家)　　未种者

(5)残废　　傻子　　精神病

(6)缠足妇女几人　　天足　　缠足女孩几人　　天足

(7)妇女梳何种头

(8)带发辫之男子几人　　不剪原因　　不带发辫者几人

(9)何人念过书及程度

(10)现在入学子女及程度

(11)家中每人至远到过何处

(12)家中有童养媳否　　曾将自己女儿给别人作童养媳否

(13)每间屋窗上之玻璃大小:长　　宽

己

(1)民国好　　还是皇上好

(2)民国的意思

(3)现在大总统是谁

(4)现在管理中国的是谁

(5)本县知事是谁

(6)你的家境与5年前比较如何　　与10年前比较如何

(7)你打算叫你的子女将来作何事业　　为什么

注意:(1)每项问题须有答案,不可遗漏;(2)请用正字誊清,万勿潦草;(3)问题后答“是”或“有”是用∠为符号,答“否”或“无”时,用O为符号;(4)用西文数目字填写各项数目,写法亦要始终一律并极清楚;(5)收入支出等数目在誊写前若能合成大洋填写更好(数目不及铜圆20枚者可将铜洋并列);(6)在誊写前须详细核算收入支出各项是否相合,若前后显有矛盾设法更正,或有相当之解释;(7)残缺不全之表请暂不交还,凡交还之表至少调查者本人觉得满意;(8)发生疑问时请随时与教授讨论。

——摘自《社会研究丛刊》第三种,商务印书馆1929年版

分村整治土地概况调查表

调查地点:　　　省　　　县　　　区　　　村

调查日期:　年　　月　　日。

告知者姓名:

告知者职位:

调查员:

团　长:

(一)土地方面

Ⅰ.土地分配

(1)全村共有几家?

[Ⅰ]自己无田而亦不种田者几家?

[Ⅱ]自己无田而替人耕种者几家?

[Ⅲ]自己有田而全部出租与人者几家?

[Ⅳ]自己有田只雇工耕种,而自己不下田者几家?

[Ⅴ]自种自田兼雇工耕种,而年有剩余者几家?

[Ⅵ]自种自田,兼雇工耕耘,而仅足生活者几家?

[Ⅶ]耕种少数自田或租田,生活不敷,往往出雇于人者几家?

(2)全村村户共有田亩若干?

所有田亩	[Ⅲ]类村户家数	[Ⅳ]类村户家数	[Ⅴ]类户射家数
0~5亩者			
5.1~10亩者			
10.1~20亩者			
20.1~30亩者			
30.1~50亩者			
50.1~100亩者			
100.1~200亩者			
200.1~500亩者			
500.1~1000亩者			
1000.1~亩以上者			
总数			

备注:

Ⅱ、租佃关系

本村村户所租种之农田共有若干亩?

		钱租	谷租	分租	力租
各类田租所占之成数	今年				
	去年				
	5年内增减之原因				
租田手续					

	永佃田所占成分		%	%	%	%
租田年限	普通租田	最长	年	年	年	年
		最短	年	年	年	年
		普通	年	年	年	年
租额	永佃田		元	斤 石 斗	成	日
	普通租田	最高	元	斤 石 斗	成	日
		最低	元	斤 石 斗	成	日
		普通	元	斤 石 斗	成	日
田租在耕种前预缴否						
每亩押租若干			元	元	元	元
除田租押租外更须缴纳其他物品若干						
每年须为地主服役几天						

[注意](1)力租地主供膳食否？

(2)每日膳食约合多少钱？

(3)力租大部分在每年何时缴纳？

Ⅲ.田产转移

(1)

	民21年	民17年
本村村户全年抵押出多少田	（亩）	（亩）
本村村户全年抵押进多少田		
本村村户全年典当出多少田		
本村村户全年典当进多少田		
本村村户全年卖出多少田		
本村村户全年买进多少田		

(2)抵押

		现 在	民17年
抵押手续			
抵押后归何方完粮			
每亩所能抵押款数	最 多		
	最 少		
	普 通		
	与地价之比例		
抵押时费用	额 数		
	支付者		
限 期	最 多		
	最 少		
	普 通		
	到期不适普通如何办法		

(3)典当

	典出后卖主种者		典出后得主种者	
	现 在	民17年	现 在	民17年
典地水平				

<table>
<tr><td rowspan="4">每亩典价</td><td colspan="2">最 多</td><td></td><td></td><td></td><td></td></tr>
<tr><td colspan="2">最 少</td><td></td><td></td><td></td><td></td></tr>
<tr><td colspan="2">普 通</td><td></td><td></td><td></td><td></td></tr>
<tr><td colspan="2">典地价之比例</td><td></td><td></td><td></td><td></td></tr>
<tr><td rowspan="2">典地时
费用</td><td colspan="2">额 数</td><td></td><td></td><td></td><td></td></tr>
<tr><td colspan="2">支付者</td><td></td><td></td><td></td><td></td></tr>
<tr><td rowspan="4">限 期</td><td colspan="2">最 长</td><td></td><td></td><td></td><td></td></tr>
<tr><td colspan="2">最 短</td><td></td><td></td><td></td><td></td></tr>
<tr><td colspan="2">普 通</td><td></td><td></td><td></td><td></td></tr>
<tr><td colspan="2">不到期可
否赎回</td><td></td><td></td><td></td><td></td></tr>
<tr><td colspan="3">每亩须纳租多少多少年不
还租得主便可没收该田</td><td></td><td></td><td></td><td></td></tr>
<tr><td rowspan="4">赎 取</td><td colspan="2">典出后赎回的
田亩约估几成</td><td></td><td></td><td></td><td></td></tr>
<tr><td colspan="2">手 续</td><td></td><td></td><td></td><td></td></tr>
<tr><td rowspan="2">费用</td><td>额 数</td><td></td><td></td><td></td><td></td></tr>
<tr><td>支付者</td><td></td><td></td><td></td><td></td></tr>
<tr><td rowspan="2">找 价</td><td colspan="2">如何便可找价</td><td></td><td></td><td></td><td></td></tr>
<tr><td colspan="2">手 续</td><td></td><td></td><td></td><td></td></tr>
</table>

(4)卖买

①

<table>
<tr><td colspan="2"></td><td>现 在</td><td>民 17 年</td></tr>
<tr><td colspan="2">卖买手续</td><td></td><td></td></tr>
<tr><td rowspan="3">田 价</td><td>最 高</td><td></td><td></td></tr>
<tr><td>最 低</td><td></td><td></td></tr>
<tr><td>普 通</td><td></td><td></td></tr>
</table>

卖买时费用	额数		
	支付者		
买进田者多数为何如人			
中小农之田地在卖出前先经典当者几成			

②

近20年大批收卖田地事件	1	2	3	4	5
收买者为何如人					
收买年月					
收买亩数					
每亩价格					
收买后用途					

Ⅳ.作物产量

本村主要作物						
每亩产量	今年					
	去年					
粮食价格	今年					
	去年					

Ⅴ.币制量制衡制及田亩面积

(1)币制

1.银元一枚可以换当十铜元多少枚？现在，　　;民17年时，　　。

2.银元一枚可以换铜元票多少枚？现在，　　;民17年时，　　。

(2)量制

通行本村之斗	第1种	第2种	第3种	第4种	第5种
普通名称					
每斗合公升数					
普通所量物品					

(3)衡制

通行本村之斗	第1种	第2种	第3种	第4种	第5种
普通名称					
每斤合公升数					
普通所称物品					

(4)田亩面积

村户种类	[Ⅲ]	[Ⅳ]	[Ⅴ]	[Ⅵ]			[Ⅶ]		
所量地块	第1块	第2块	第3块	第1块	第2块	第3块	第1块	第2块	第3块
口号亩数									
公亩数									

(二)政治方面

Ⅵ.乡村镇公所

组织				
长履历				
经费	全年总数		来源	
主要工作				
办事困难				

Ⅶ.保卫团

<table>
<tr><td colspan="2">组织</td><td colspan="3"></td></tr>
<tr><td colspan="2">团长履历</td><td colspan="3"></td></tr>
<tr><td>团丁</td><td>待遇</td><td></td><td>来源</td><td></td></tr>
<tr><td>经费</td><td>全年总数</td><td></td><td>来源</td><td></td></tr>
<tr><td>枪械</td><td>总数</td><td></td><td>来源</td><td></td></tr>
<tr><td colspan="2">主要工作</td><td colspan="3"></td></tr>
</table>

Ⅷ.税捐

(1)田赋

年份	全村缴纳钱粮银两算	每两合银元数	每亩所纳银元数	杂例	缴纳方法	预征情形
民17年						
民18年						
民19年						
民20年						
民21年						

(2)摊派

年份	军需摊派总额	摊派方法	公债摊派总额	摊派方法
民17年				
民18年				
民19年				
民20年				
民21年				

(3)其他杂捐

税捐名称	开始年份	本村全年总额	征派方法

——摘自《农村复兴委员会会报》之《本会举行苏浙豫陕四省农村调查之筹备经过》。

县政治土地概况调查表

_______省_______县　　　　调查者______年______月______日

Ⅰ.作物

(1)四乡之土壤如何?

(2)四乡之水利如何?

(3)四乡主要作物之分布如何?

Ⅱ.人口

(1)全县共有若干户若干口?

农户约估几成?

(2)全县农户普通种田几亩?

种田在几亩以下,便算贫农?

此种贫农约占全体农户之几成?

Ⅲ.土地分配

(1)全县粮地共有若干亩?

有田一千亩以上者几家?

五百亩至一千亩者几家?

二百亩至五百亩者几家?

一百亩至二百亩者几家?

田产最多者约有若干亩?

(2)全县公产共有若干亩?

庙产共有若干亩?

族产共有若干亩？

Ⅳ.政治组织

(1)县政府之组织如何？各部分至职权如何？

(2)全县共分几区？

区公所之组织如何？职权如何？

区公所经费之来源如何？

(3)全县共有若干乡村镇？

乡村镇公所之组织如何？职权如何？

乡村镇公所之经费来源如何？

(4)全县之警卫组织如何？

人数多少？枪械多少？

Ⅴ.划分经济区域

(1)全县可分几个经济区域？请以另页画一地图表明之。

(2)各个经济区域至特性如何？

(3)本县所能代表之区域如何？

土地分配挨户调查表

户主姓名________________　　告知者________________

(1)

	现在	民17年
本户共有几人		
16岁以上有工作能力者几人		
现家从事田间工作者几人		
出外工作者几人		
除种田外兼做何种副业		
全年副业收入可有若干		
雇长工几人		
有耕畜几头		

(2)本户分家情形

<table>
<tr><td>分家年月</td><td colspan="4"></td></tr>
<tr><td>分家前户主姓名</td><td colspan="4"></td></tr>
<tr><td>分家后户主姓名</td><td></td><td></td><td></td><td></td></tr>
<tr><td>现住本村否</td><td></td><td></td><td></td><td></td></tr>
</table>

(3)至分家时本户所有及使用田亩之增减

<table>
<tr><td></td><td>民 17 年</td><td>分家时</td><td colspan="4">增减原因</td></tr>
<tr><td rowspan="2">所有亩数</td><td rowspan="2"></td><td rowspan="2"></td><td>卖出</td><td>买进</td><td>典出</td><td>典进</td></tr>
<tr><td></td><td></td><td></td><td></td></tr>
<tr><td>使用亩数</td><td></td><td></td><td colspan="4"></td></tr>
<tr><td>租出亩数</td><td></td><td></td><td colspan="4"></td></tr>
<tr><td>租进亩数</td><td></td><td></td><td colspan="4"></td></tr>
<tr><td>押出亩数</td><td></td><td></td><td colspan="4"></td></tr>
<tr><td>押进亩数</td><td></td><td></td><td colspan="4"></td></tr>
</table>

(4)(分家时)至现在本户所有及使用田亩之增减

<table>
<tr><td></td><td>民 17 年
(或分家时)</td><td>现 在</td><td colspan="4">增减原因</td></tr>
<tr><td rowspan="2">所有亩数</td><td rowspan="2"></td><td rowspan="2"></td><td>卖出</td><td>买进</td><td>典出</td><td>典进</td></tr>
<tr><td></td><td></td><td></td><td></td></tr>
<tr><td>使用亩数</td><td></td><td></td><td colspan="4"></td></tr>
<tr><td>租出亩数</td><td></td><td></td><td colspan="4"></td></tr>
<tr><td>租进亩数</td><td></td><td></td><td colspan="4"></td></tr>
<tr><td>押出亩数</td><td></td><td></td><td colspan="4"></td></tr>
<tr><td>押进亩数</td><td></td><td></td><td colspan="4"></td></tr>
</table>

区分所调查表

______省______县　　　调查者______年______月______日

名 称			
区长姓名		履 历	
组 织			
全年经费总数		来 源	
主要事业			
办事困难			

农民对于政治的观念或意见

（此表就耳闻所及或与农民谈话所得分别记载）

______省______县　　　填写者______，______年______月

对于全国或一省一县		
对于区长或乡镇(或村)长		
对于税捐及其征收方面		
对于警察保卫团等		
对于司法方面		
对于教育方面		
对于其他		

居户调查表

乡镇名			村名			门牌号数			
姓氏		与家主的关系	性别	年龄	已否婚嫁	读书年数	职业	每月进账（非农业者）	身心有何缺陷
户主									
家属									
房屋田地	自屋　间，约值　元。				自有宅基地　亩　分　厘				
	租屋　间，租金每月　元。				租用宅基地　亩　分　厘				
	自田　亩，田底田　亩。				种桑　亩，稻麦　亩，菜园　亩				
	租田　亩，租种田　亩。				山地　亩，鱼池　亩				
畜养	养蚕：春蚕种　张，秋蚕种　张，养鱼种　斤								
	养鸡　只，养鸭　只，养猪　只，养羊　只，牛　只								
经济	盈余？　收支相抵？　亏空？								

民国　年　月　日　调查者

乡镇家族调查表

<table>
<tr><td colspan="2">组长姓名</td><td></td><td>合族人数</td><td></td><td>分布区域</td><td></td></tr>
<tr><td rowspan="3">族谱</td><td>始祖</td><td></td><td>何处迁来</td><td></td><td>何时迁来</td><td></td></tr>
<tr><td>现分几支</td><td colspan="5"></td></tr>
<tr><td>最近一次修谱年代</td><td></td><td colspan="2">最小一辈是第几世</td><td colspan="2"></td></tr>
<tr><td rowspan="4">宗祠</td><td>建筑年代</td><td></td><td colspan="2">地址</td><td colspan="2"></td></tr>
<tr><td>房屋间数</td><td colspan="5"></td></tr>
<tr><td>式样大小</td><td colspan="5"></td></tr>
<tr><td>现作其他利用否</td><td colspan="5"></td></tr>
<tr><td rowspan="6">族产</td><td>种类</td><td>田产</td><td colspan="2">房屋</td><td colspan="2">现金</td></tr>
<tr><td>数量</td><td>亩</td><td colspan="2">间</td><td colspan="2">元</td></tr>
<tr><td rowspan="2">每年收入</td><td>租　　米</td><td></td><td>房租</td><td colspan="2"></td></tr>
<tr><td>利　　息</td><td></td><td>其他</td><td colspan="2"></td></tr>
<tr><td>用途</td><td colspan="5"></td></tr>
<tr><td>经管人</td><td colspan="5"></td></tr>
<tr><td rowspan="2">祭祀</td><td>每年次数</td><td>第一次</td><td></td><td>第二次</td><td></td><td>第三次</td></tr>
<tr><td>仪式</td><td colspan="5"></td></tr>
<tr><td colspan="2">族规</td><td colspan="5"></td></tr>
<tr><td rowspan="3">本族所办社会事业</td><td>学校</td><td colspan="5"></td></tr>
<tr><td>救济</td><td colspan="5"></td></tr>
<tr><td>其他</td><td colspan="5"></td></tr>
<tr><td colspan="2">在当地之地位</td><td colspan="5"></td></tr>
</table>

调查者________ 告知者________ 调查时期________年________月________日

工厂调查表

厂名			厂址				
独资或集股			雇主或经理人姓名				
开办年月			改组次数				
资本额:固定资本			元流动资本				元
建筑名称	办事室	厂房	动力间	堆栈	工房		
数量							
总值							
设备名称							
数量							
总值							
职员:人数			月俸总数				
工人:男工	人	女工	人	童工	人		
工人每日工作时间			每月付出工资总数				
工人每日最大工资		最小工资			平均工资		
原料名称							
来源							
全年总值							
制造品名							
销路							
全年总值							
历年盈亏平均							
备注							

调查者　　　　告知者　　　　调查　　　　年　　　月

乡家庭手工业调查表

工业名称	业此者人数	原料来源	制造品销路	全年生产总额	工人每日工作收入	三年来之盛衰

调查者　　　　告知者　　　　调查　　　　年　　　月

镇商业调查表

行铺类别	行铺数	全年营业数		去年收账折扣	去年盈亏	进货地点	推销地域
		现交	欠账				
粮食							
肉庄							
鱼行							
豆腐店							
油酒杂货							
饭馆点心							
山货水果							
烟纸杂货							
糖食							

药店							
洋货绸布							
京广杂货							
茶馆							
理发							
浴室							
竹器							
铅皮洋铁							
银楼饰物							
地货行							
藕行							
染坊							
材铺							
纸马冥器							
花网							
圆作							
漆匠							
铁店							
嫁妆							
猪行							
木行							
鞋子店							
缝衣店							
典押当							
桐油店							

年　　　　月　　　　日调查表

乡金融调查表

钱会	组织方式			
	交款时期			
	轮收方法			
	规定利率			
	中途解散手续			
借贷	借贷种类			
	抵押品			
	通常利率			
	通常期限			
质当	可以典质之物品			
	典质地点			
	典质价与物价之比率			
	利率			
	期限			
	全乡典质度日之户			

调查者　　　　告知者　　　　调查　　　年　　　月

乡镇政治调查表

<table>
<tr><td>乡镇公所沿革</td><td colspan="7"></td></tr>
<tr><td>乡镇公所成立日期</td><td colspan="2"></td><td>地址</td><td colspan="4"></td></tr>
<tr><td>常年经费</td><td colspan="2"></td><td>来源</td><td colspan="4"></td></tr>
<tr><td>设备</td><td colspan="7"></td></tr>
<tr><td rowspan="4">乡镇长副</td><td colspan="2">姓名</td><td>年龄</td><td>职业</td><td>教育程度</td><td colspan="2">资　留</td></tr>
<tr><td colspan="2"></td><td></td><td></td><td></td><td></td><td></td></tr>
<tr><td colspan="2"></td><td></td><td></td><td></td><td></td><td></td></tr>
<tr><td colspan="2"></td><td></td><td></td><td></td><td></td><td></td></tr>
<tr><td rowspan="2">全乡镇现有户口数</td><td colspan="2">户</td><td rowspan="2">现分间数</td><td rowspan="2"></td><td rowspan="2">现分邻数</td><td colspan="2" rowspan="2"></td></tr>
<tr><td colspan="2">口</td></tr>
<tr><td rowspan="5">公安组织</td><td>团体名称</td><td>成立日期</td><td>人数</td><td>器械</td><td>经常费</td><td>经费来源</td><td>组织</td></tr>
<tr><td>救火会</td><td></td><td></td><td></td><td></td><td></td><td></td></tr>
<tr><td>商　团</td><td></td><td></td><td></td><td></td><td></td><td></td></tr>
<tr><td>冬防队</td><td></td><td></td><td></td><td></td><td></td><td></td></tr>
<tr><td>保卫团</td><td></td><td></td><td></td><td></td><td></td><td></td></tr>
<tr><td rowspan="4">政治团体</td><td>名称</td><td>等　级</td><td colspan="2">成立日期</td><td>职　员</td><td>全体人数</td><td>工作概况</td></tr>
<tr><td></td><td></td><td colspan="2"></td><td></td><td></td><td></td></tr>
<tr><td></td><td></td><td colspan="2"></td><td></td><td></td><td></td></tr>
<tr><td></td><td></td><td colspan="2"></td><td></td><td></td><td></td></tr>
<tr><td rowspan="4">公产公款保管法</td><td>类　别</td><td>庙　宇</td><td>庵　堂</td><td>义塚坟</td><td>耕　田</td><td>荒　地</td><td>公　款</td></tr>
<tr><td>数　量</td><td></td><td></td><td></td><td></td><td></td><td></td></tr>
<tr><td>保管法</td><td></td><td></td><td></td><td></td><td></td><td></td></tr>
<tr><td>保管人</td><td></td><td></td><td></td><td></td><td></td><td></td></tr>
<tr><td>乡镇长日常事务</td><td colspan="7"></td></tr>
<tr><td>备注</td><td colspan="7"></td></tr>
</table>

调查地点　　　　　　调查者　　　　　　告知者　　　　　　年　　　　月

小学调查表

<table>
<tr><td>校　名</td><td colspan="7"></td></tr>
<tr><td>开办年月</td><td colspan="2"></td><td colspan="2">校　　址</td><td colspan="3"></td></tr>
<tr><td>校　舍</td><td colspan="2">间</td><td colspan="2">是否特建</td><td colspan="3"></td></tr>
<tr><td rowspan="3">设　备</td><td>用　具</td><td colspan="6"></td></tr>
<tr><td>教　具</td><td colspan="6"></td></tr>
<tr><td>图　书</td><td colspan="6"></td></tr>
<tr><td rowspan="4">经费来源
（以年计）</td><td>教育局支援</td><td colspan="2">元</td><td rowspan="4">经常
支出</td><td>薪　水</td><td colspan="2">元</td></tr>
<tr><td>地方辅助</td><td colspan="2">元</td><td>工　会</td><td colspan="2">元</td></tr>
<tr><td>学费收入</td><td colspan="2">元</td><td>办　公</td><td colspan="2">元</td></tr>
<tr><td>总　　计</td><td colspan="2">元</td><td>总　计</td><td colspan="2">元</td></tr>
<tr><td rowspan="8">教职员</td><td>职　别</td><td>姓名</td><td>性别</td><td>籍贯</td><td>年龄</td><td>在校供
职年数</td><td>履　　历</td></tr>
<tr><td>校　长</td><td></td><td></td><td></td><td></td><td></td><td></td></tr>
<tr><td rowspan="6">教　员</td><td></td><td></td><td></td><td></td><td></td><td></td></tr>
<tr><td></td><td></td><td></td><td></td><td></td><td></td></tr>
<tr><td></td><td></td><td></td><td></td><td></td><td></td></tr>
<tr><td></td><td></td><td></td><td></td><td></td><td></td></tr>
<tr><td></td><td></td><td></td><td></td><td></td><td></td></tr>
<tr><td></td><td></td><td></td><td></td><td></td><td></td></tr>
<tr><td colspan="2">学级数</td><td></td><td>始业期</td><td></td><td>编制</td><td colspan="2"></td></tr>
<tr><td colspan="2">现有学生</td><td colspan="6">男　　人，　　女　　人，　　共　　人</td></tr>
<tr><td colspan="2">已毕业学生</td><td colspan="6">男　　人，　　女　　人，　　共　　人</td></tr>
<tr><td colspan="2">毕业生出路</td><td colspan="6">升学　　人，习农　　人，经商　　人，其他　　人</td></tr>
<tr><td colspan="2">有无校董会组织</td><td colspan="6"></td></tr>
</table>

调查者　　　　　告知者　　　　调查　　　年　　　月

私塾调查表

名称			地址			开办年数		
塾师	姓名		年龄		籍贯		履历	
校舍		间数		所有者		学生	男	女
塾师收入						塾师膳宿		
座董	姓名	年龄	职业	所尽义务	姓名	年龄	职业	所尽义务
备注								

调查者　　　　告知者　　　　调查　　年　　月

中等以上学校只毕业肄业生调查表

姓名	性别	年龄	住址	毕业学校	肄业学校	服务机关	专长	家长

宗教寺观调查表

名　称				宗　派					
地　址				建立者					
建立缘由				建立年月					
毁坏年月				毁坏原因					
乡村对于毁庙之反应	态度								
	举动								
以前房屋间数				现　在					
毁坏以前之偶像数				现在之偶像数					
僧尼或道士之总数		人	曾受戒者	人		本地土著	人		
僧道所作佛事之种类									
每年奉祖神佛之特别举动									
佛会	举行时期								
	期长								
	人数								
	费用								
财　产		田地　亩		房屋　间		现金　元		其他	
每年支出	来源	资产收入		香火收入		募化		捐助	
	用途	生活费		房屋修理		佛像修理		香火消耗	其他
	盈亏								
储藏之经典									
关于各种灵异之传说									
平时香火之盛衰									
现在寺观之用途									
借考									

调查者　　　　告知者　　　　调查　　　年　　　月

乡道德调查表

<table>
<tr><td colspan="2">乡　　名</td><td colspan="8"></td></tr>
<tr><td rowspan="4">强虏成亲</td><td>时　　期</td><td colspan="8"></td></tr>
<tr><td>原　　因</td><td colspan="8"></td></tr>
<tr><td>经　　过</td><td colspan="8"></td></tr>
<tr><td>结　　果</td><td colspan="8"></td></tr>
<tr><td colspan="2">男子结婚最早之年龄</td><td colspan="2"></td><td colspan="3">女子结婚最早之年龄</td><td colspan="3"></td></tr>
<tr><td rowspan="6">男女被卖</td><td>性　　别</td><td colspan="4">男</td><td colspan="4">女</td></tr>
<tr><td>被卖原因</td><td colspan="4"></td><td colspan="4"></td></tr>
<tr><td>年　　龄</td><td colspan="4"></td><td colspan="4"></td></tr>
<tr><td>被卖时期</td><td colspan="4"></td><td colspan="4"></td></tr>
<tr><td>出 卖 者</td><td colspan="4"></td><td colspan="4"></td></tr>
<tr><td>人　　数</td><td colspan="4"></td><td colspan="4"></td></tr>
<tr><td colspan="2" rowspan="2">女子缠足人数</td><td colspan="2">二十岁以上者</td><td colspan="2">人</td><td colspan="4" rowspan="2">占女子全数之百分比</td></tr>
<tr><td colspan="2">二十岁以下者</td><td colspan="2">人</td></tr>
<tr><td rowspan="3">卖青婴儿</td><td>人　　数</td><td colspan="8"></td></tr>
<tr><td>原　　因</td><td>经济困难者</td><td>人</td><td>私生子</td><td>人</td><td>子女太多者</td><td>人</td><td>其他</td><td>人</td></tr>
<tr><td>结　　果</td><td>死亡者</td><td>人</td><td colspan="2">送慈善机关者</td><td>人</td><td colspan="2">得人抚养者</td><td>人</td></tr>
<tr><td rowspan="3">凌虐妇女</td><td>被虐人数</td><td colspan="8"></td></tr>
<tr><td>事　　实</td><td colspan="8"></td></tr>
<tr><td>原　　因</td><td colspan="8"></td></tr>
<tr><td colspan="2">恃强鱼肉乡民之事实</td><td colspan="3"></td><td colspan="3"></td><td colspan="2"></td></tr>
<tr><td colspan="2">吃鸦片之人数</td><td colspan="3"></td><td colspan="3">烟馆家数</td><td colspan="2"></td></tr>
<tr><td colspan="2">赌场数目</td><td colspan="3"></td><td colspan="3">嗜赌人数</td><td colspan="2"></td></tr>
<tr><td colspan="2">赌之种数</td><td colspan="3"></td><td colspan="3">最兴盛者</td><td colspan="2"></td></tr>
<tr><td colspan="2">赌博最盛之时期</td><td colspan="3"></td><td colspan="3">原　　因</td><td colspan="2"></td></tr>
<tr><td colspan="2">女子再醮人数</td><td colspan="3"></td><td colspan="3">再醮原因</td><td colspan="2"></td></tr>
<tr><td colspan="2">童养媳人数</td><td colspan="3"></td><td colspan="3">入赘人数</td><td colspan="2"></td></tr>
<tr><td colspan="2">子女忤逆父母之人数</td><td colspan="3"></td><td colspan="3">兄弟争吵之人数</td><td colspan="2"></td></tr>
<tr><td colspan="2">离婚案件</td><td colspan="3"></td><td colspan="3">原　　因</td><td colspan="2"></td></tr>
<tr><td colspan="2">其　　他</td><td colspan="8"></td></tr>
</table>

调查者　　　　　　告知者　　　　　　调查　　　　年　　　　月

卫生调查表

乡名________村名________调查时________调查者________

(1)饮水:取饮水之河名________,河宽约________公尺,深________公尺,与大多数住屋之距离约________公尺,用此河水者约________户。淘米洗菜的码头与洗秽物的码头是否分开?________离________公尺,向河中抛弃秽物是否有禁止,________河水现在是否清洁?________________

(2)厕所:全村户数________共有露天厕所________处,隐蔽厕所________处。厕所与住屋只普通距离约________公尺,与饮水源普通距离________公尺。妨碍公众之厕所有________处,有何取缔所之规则?________________________

(3)垃圾处置:堆置垃圾之处数________,与住屋距离约________公尺,有何人负责清除________,能否堆藏起来用作肥料________。

(4)积水排泄:排除积水之设备________,积水流经何处________,积水流注何处________,是否污及饮水________。

(5)医生及产婆

姓名			
住址			
性别			
年龄			
学历			
行医年数			
科目			
出诊费			
门诊费			
资望			
是否检定			

调查者　　　　　　告知者

卫生调查表

告知者姓名　　　　　年龄　　　　　教育程度　　　　　职业

性别　　　　　住址　　　　　乡镇　　　　　村

(1)你家吃井水还是河水？干净吗？

(2)你家旁边有垃圾堆吗？发臭气吗？

(3)你家旁边有粪坑吗？苍蝇多吗？

(4)你家夜里有老鼠骚扰吗？

(5)你屋里的地基高燥吗？发霉天屋里进水吗？

(6)你睡的房间亮不亮？夏天风凉吗？

(7)你几人合住一个房间(卧室)？觉得挤吗？

(8)你家的垃圾倒在那里？

(9)你几天剪发一次？在哪儿剪？

(10)你热天几日洗浴一次？冷天呢？

(11)你早晨是不是天天洗面的？刷牙齿么？

(12)你家共有几人？用几块洗面手巾？

(13)你夜里点什么灯？有灯罩吗？

(14)你家是不是天天烧开水吃？

(15)你家常吃什么小菜？

(16)你常吃水果吗？

(17)你喜欢吃酒吗？吃什么酒？一天吃多少？

(18)你喜欢吃烟吗？吃什么烟？一天吃多少？

(19)你家今年有人生病吗？几人？什么病？
起初用什么法子医？

(20)你热天几日换一次衬衫？冷天呢？

(21)你床上被头几日洗一次？

(22)你夏天床帐里有蚊虫钻进来吗？

住宅调查表

每年修理费	建造年数	卧室厕所相距	卧室畜舍相距	厨房卧室相距	厨房畜舍相距	基地高燥否	能保持温度否	空气流通否	光线充足否	每间建筑费	窗户材料	屋地材料	屋顶材料	墙壁材料	房屋间数	住宅高度	住宅宽度	住宅长度	住宅面积	住宅人数	家主姓名	乡名

调查者　　　　　　告知者　　　　　　调查　　　　年　　　　月

乡节日调查表

项目类别	日期	地点	祝贺仪式	祝贺目的	平均每家费用	良好之结果	不良之结果	民众愿意不愿意
元旦								
路头节(正月初五)								
元宵节(正月十五)								
三宜素								
花朝节(二月十二)								

上巳节(三月三)								
清明节								
观音诞(二月十九)								
三月半								
三月二十八老八谢								
佛诞(四月初八)								
端阳节								
立夏节								
夏至节								
初 雷斋节(六月十四) 廿								
七夕节								
中元节(七月半)								
盂闷会								
地藏节(七月三十)								
七月供神节(七月廿五)								
中秋节								
龟神节(八月二十四)								
重阳节(九月初九)								
冬至节								
腊八节								
灶神节(十二月二十四)								
大小除夕								

调查者　　　　告知者　　　　调查　　　年　　　月

婚嫁调查表

甲,男子结婚费用

出项	事项		聘金	送嫁金	送嫁费	酒席费	行礼费	修理费	其他	总计
	费用	富								
		中								
		贫								
入项	事项		送礼金	嫁妆	其他					
	收入	富								
		中								
		贫								

乙,现行结婚仪式

乙,女子结婚费用

出项	[illegible]		事项	回聘	嫁妆	衣服	首饰	酒席费	行礼费	其他
	费用	富								
		中								
		贫								
入项	事项		聘金	送嫁金	送嫁礼	聘金	其他			
	收入	富								
		中								
		贫								

调查者　　　　告知者　　　　调查　　　年　　　月

为家长办丧事费用调查表

事项	棺木	衣服	治丧费	拜祭费	总计	备注
普通人家						
富家						
贫寒人家						
平均						

调查者　　　　告知者　　　　调查　　　年　　　月

乡迷信调查表

<table>
<tr><td rowspan="7">风水</td><td colspan="2">必须请教风水的事</td><td colspan="4"></td></tr>
<tr><td colspan="2">向内不相信风水的农户占几分之几</td><td colspan="4"></td></tr>
<tr><td rowspan="3">风水好之田地其每亩价格</td><td>最　高</td><td>元</td><td rowspan="3">普通每亩地之价格</td><td>最高</td><td>元</td></tr>
<tr><td>普通</td><td>元</td><td>普通</td><td>元</td></tr>
<tr><td>最低</td><td>元</td><td>最低</td><td>元</td></tr>
<tr><td rowspan="2">乡内风水</td><td>人数</td><td colspan="4"></td></tr>
<tr><td>每年得酬报</td><td colspan="4"></td></tr>
<tr><td rowspan="2">禁忌</td><td colspan="2">必须禁忌的事项</td><td colspan="4"></td></tr>
<tr><td colspan="2">乡民对于禁忌的态度</td><td colspan="4"></td></tr>
<tr><td rowspan="3">择日</td><td colspan="2">必须择日之事项</td><td colspan="4"></td></tr>
<tr><td rowspan="2">择日之人</td><td>人数</td><td colspan="4"></td></tr>
<tr><td>每年得酬报</td><td colspan="4"></td></tr>
<tr><td rowspan="4">巫观</td><td colspan="2">须请巫观之事项</td><td colspan="4"></td></tr>
<tr><td rowspan="3">现业巫观人</td><td>人数</td><td colspan="4"></td></tr>
<tr><td>住址</td><td colspan="4"></td></tr>
<tr><td>每年所得酬报</td><td colspan="4"></td></tr>
<tr><td rowspan="3">符咒</td><td colspan="2">须用符咒之事项</td><td colspan="4"></td></tr>
<tr><td colspan="2">符咒来源</td><td colspan="4"></td></tr>
<tr><td colspan="2">每种符咒费</td><td colspan="4"></td></tr>
<tr><td rowspan="3">星象、算命、测字、卜课、求簺</td><td colspan="2">乡民对于此等事项之态度</td><td colspan="4"></td></tr>
<tr><td colspan="2">乡内操此事业之人数</td><td colspan="4"></td></tr>
<tr><td colspan="2">每年收入</td><td colspan="4"></td></tr>
</table>

——摘自郭人全编:《乡村民众教育》,黎明书局,1934年6月。

参考文献

一、报刊

《中国农村》
《社会学界》
《农情报告》
《西北农林》
《农村复兴委员会报》
《农林新报》
《农学报》
《中农月刊》
《中国农民》
《新农村》
《益世报》
《禹贡》
《政治经济学报》
《中国经济》
《中国农村》
《中国农工季刊》
《中国近代经济史研究集刊》
《燕京社会科学》
《东方杂志》
《统计月报》
《燕大月刊》
《清华学报》
《陕西民者政月刊》
《乡村建设》
《国民政府公报》
《立法院公报》

《陕西省政府公报》

《内政调查》

《申报》

《大公报》

《西北导报》

《西京日报》

《清河旬刊》

《社会学刊》

《社会学杂志》

《社会研究》

《史地学报》

《新亚细亚》

《中央日报·社会调查》

《中国近代经济史研究集刊》

《中山文化教育馆季刊》

《国立中山大学文史学研究所月刊》

《国立中山大学语言历史学研究所周刊》

《天津南开大学经济研究所事务月报》

《满铁调查月报》(日)

《东洋史研究》(日)

《东洋学报》(日)等报刊杂志。

二、论著

[1]陶孟和.孟和文存.上海:亚东图书馆,1925.

[2]蔡毓骢.社会调查之原理及方法.上海:北新书局,1927.

[3]樊弘.社会调查方法.上海:商务印书馆,1927.

[4]顾颉刚.妙峰山.广州:中山大学语言历史研究所,1928.

[5]李景汉.北平郊外之乡村家庭.中华教育文化基金董事会社会调查部,1929.

[6]李景汉.中国社会调查运动.社会学界,第一卷,1927(6).

[7]李景汉.住在农村从事社会调查所得的印象.社会学界,第四卷,1930(6).

[8]许仕廉.一个市镇调查的尝试.社会学界,1931,5(6).

[9]李景汉.五百一十五农村家庭之研究.社会学界,1931,5(6).

[10]李景汉.定县大王耨村人口调查.社会学界,第五卷,1931,5(6).

[11]李景汉.从定县人口总调查所发见之人口调查技术问题.社会科学,1936,2(3).

[12]杨开道.社会研究法.上海:世界书局,1929.

[13]村治之理论与实施.北平:北平村治月刊社,1930.

[14]金陵大学农业经济系编纂.中华民国二十年水灾区域之经济调查.南京:金陵大学农学院,1932.

[15]姜书阁.定县平民教育视察记.察哈尔教育厅编译处,1932.

[16]汤茂如.定县农民教育.中华平民教育促进会学校式教育部,1932.

[17]社会调查所概况.北平:社会调查所,1933.

[18]金陵大学秘书处编.私立金陵大学一览.1933.

[19]李景汉.实地社会调查方法.北平:星云堂书店,1933.

[20]派克社会学论文集.燕京大学社会学会,1933.

[21]平民教育定县的实验.中华平民教育促进会,1933.

[22]定县的社会调查工作.中华平民教育促进会,1933.

[23]李景汉,张世文.定县秧歌选.中华平民教育促进会发行,1933.

[24]李景汉,余其心,陈菊人,等.定县经济调查一部分报告书.河北省县政建设研究院印行,1934.

[25]冯和法编.中国农村经济资料.黎明书店,1935.

[26]陕西省银行调查室.十年来的陕西经济(1931－1941).出版处不详,1942.

[27]中南军政委员会编.中南区一百个乡调查资料选集·解放前部分.出版处不详,1953.

[28]章有义编.中国近代农业史资料.(第2辑、第3辑).三联书店,1957.

[29]萧铮编.民国二十年代中国大陆土地问题资料.台湾成文出版社,1977.

[30]陈翰笙,薛暮桥,冯和法.解放前的中国农村(1－3辑),北京展望出版社,1985,1986,1987.

[31]中央档案馆编.中共中央文件选集.中共中央党校出版社,1991.

[32]陕西省地方志编纂委员会.陕西省志·农牧志.陕西人民出版社,1993.

[33]中国第二历史档案馆.中华民国档案资料汇编(第3辑、第5辑).江苏古籍出版社,1998.

[34]国家图书馆选.民国时期社会调查资料汇编.国家图书馆出版社,2013.

[35]李文海.民国时期社会调查丛编、民国时期社会调查丛编(二编)、民国时期社会调查丛编(三编).福建教育出版社,2005.2009.2014.

[36]行政院农村复兴委员会.陕西省农村调查、河南省农村调查、江苏省农村调查、浙江省农村调查、广西省农村调查、云南省农村调查.商务印书馆,1934,1935.

[37]土地委员会.全国土地调查报告纲要.1937.

[38]冯锐.乡村社会调查大纲.中华平民教育促进总会,1929.

[39]杨开道.农村调查.世界书局,1930.

[40]董时进.董时进论文及演说词.文化学社,1932.

[41]卜凯.中国农家经济.张履鸾,译,商务印书馆,1936.

[42]卜凯.中国土地利用.金陵大学农学院农业经济系出版,1941.

[43]安汉、李自发编著.西北农业考察.西北农林专科学校,1936.

[44]蒋杰.关中人口调查.西北农林专科学校,1938.

[45]熊伯蘅,万建中.陕西农业经济调查.西北农学院,1942.

[46]李景汉.定县社会概况调查.上海人民出版社,2005.

[47]中共中央文献研究室.毛泽东农村调查文集.人民出版社,1982.

[48]彭湃文集.人民出版社,1981.

[49]费孝通文集.群言出版社,1999.

[50]陈翰笙文集.商务印书馆,1999.

[51]乔启明文选.社会科学文献出版社,2012.

[52]陈翰笙.广东农村生产关系与生产力.上海:中山文化教育馆,1934.

[53]定县赋税调查报告书.河北省县政建设研究院印行,1934.

[54]塞列根曼(Edwin R. A. Seligman).社会科学百科全书第8卷.纽约:麦克米伦公司,1932.第14卷,纽约:麦克米伦公司,1934.

[55]中华平民教育促进会编印.中华平民教育促进会定县实验工作提要.1934.

[56]行政院农村复兴委员会.陕西省农村调查、河南省农村调查、江苏省农村调查、浙江省农村调查.上海:商务印书馆,1934.

[57]杨庆堃.邹平市集之研究.燕京大学法学院社会学系硕士毕业论文,1934.

[58]刘育仁.中国社会调查运动.燕京大学法学院社会学系学士毕业论文,1936.

[59]张世文.定县农村工业调查.中华平民教育促进会,1936.

[60]万树庸.黄土北店村社会调查.社会学界,1932,6(6).

[61]潘玉槑.一个村镇的农妇.社会学界,1932,(6)6.

[62]张玉堂.一个村庄几种组织的研究.社会学界,1932,6(6).

[63]李景汉.华北农村人口之结构与问题.社会学界,1934,8(6).

[64]蒋旨昂.卢家村.社会学界,1934,8(6).

[65]田德一.一个农村组织之研究.社会学界,1934,8(6).

[66]张世文.定县大西涨村之家庭手工业调查.社会学界,1934,8(6).

[67]许仕廉.社会计划与乡村建设.社会学界,1934,8(6).

[68]布朗.对于中国农村生活社会学调查的建议.社会学界,1935,9(6).

[69]黄迪.清河村镇社区——一个初步研究报告.社会学界,1936,10(6).

[70]范伟达,等.中国社会调查史.复旦大学出版社,2008.

[71]农民状况调查号.东方杂志,1927,24(16).

[72]卜凯.佃农纳租平议.金陵大学农业经济系出版,时间不详.

[73]陈翰笙.四个时代的我.中国文史出版社,1988.

[74]陈翰笙.广东农村生产关系与生产力.中山文化教育馆,1934.

[75]满铁调查部.北支那と农业の经济.日本评论社,1942.

[76]李景汉.社会调查.中国国民党中央执行委员会编印,1944.

[77]陈达.社会调查(社会调查之主要方法).中央训练团党政高级训练班编印,1944.

[78]卜凯(J·L·Buck),卡雌(W·M·Curtis).中国农场管理学.商务印书馆发行,1947.

[79]张世文.农村社会调查方法.重庆:商务印书馆,1944.

[80]梁方仲.评(中国土地利用).剑桥"Mass",1945.

[81]黄福燕.实用社会调查.上海:大东书局,1948.

[82]孙本文.当代中国社会学.南京:胜利出版公司,1948.

[83]中国农村惯行调查刊行会.中国农村惯行调查(全六卷),岩波书店,

1952－1958.

[84]杨懋春.近代中国农村社会之演变.台北:巨流图书公司,1980.

[85]陈达.现代中国人口.天津:天津人民出版社,1981.

[86]陈翰笙.解放前的地主与农民——华南农村危机的研究.北京:中国社会科学出版社,1984.

[87]孙克信,等.毛泽东调查研究活动简史.北京:中国社会科学出版社,1984.

[88]薛暮桥,冯和法.(中国农村)论文选·上.北京:人民出版社,1983.

[89]李景汉编.定县社会概况调查.北京:中国人民大学出版社,1986.

[90]水廷凯,等.社会调查教程(修订本).北京:中国人民大学出版社,1988.

[91]何炳棣.1368－1953中国人口研究.上海:上海古籍出版社,1989.

[92]宋恩荣编.晏阳初文集.北京:教育科学出版社,1989.

[93]吴文藻.吴文藻人类学社会学研究文集.民族出版社,1990.

[94]四川省政协、巴中县政协.平民教育家晏阳初.成都:四川大学出版社,1990.

[95]陶诚.30年代前后的中国农村调查.中国社会经济史研究,1990(3).

[96]李大钧等.调查研究概述.长春:吉林大学出版社,1990.

[97]刘凤莲.论毛泽东调查研究理论的形成和特点.许昌师专学报(社会科学版).1994,(4).

[98]宋恩荣,熊贤君.晏阳初教育思想研究.沈阳:辽宁教育思想出版社,1994.

[99]费孝通.略谈中国的社会学.社会学研究.1994(1).

[100]程继隆,向宏.中国调查研究学.长春:吉林大学出版社,1995.

[101]侯建新.二十世纪二三十年代中国农村经济调查与研究评述.史学月刊,2000(4).

[102]杨雅彬.近代中国社会学(上).北京:中国社会科学出版社,2001.

[103]张泰山.20世纪30年代前后的中国农村经济调查与成果回顾.湖北师范学院学报(哲学社会科学版).2002(1).

[104][日]川合隆男.近代日本社会调查的轨迹.东京:恒星社厚生阁,2004.

[105]小田.社群心态的解读——围绕1933年的浙江乡村调查而展开.社会科学,2004(7).

[106]阎明.一门学科与一个时代:社会学在中国.北京:清华大学出版社,2004.

[107]李章鹏.二十世纪二三十年代陈翰笙农村调查的历史考察.河北学刊,2006(2).

[108]范伟达,王竞,范冰.中国社会调查史.上海:复旦大学出版社,2008.

[109]米红,蒋正华.民国人口统计调查和资料的研究与评价.人口研究,1996,20(20).

[110]曹兴穗.满铁的中国农村实态调查概述.中国经济史研究,1999(4).

[111]曹兴穗.满铁资料的史料学价值.近代史研究,2000(3).

[112]盛邦跃.对卜凯的中国农村社会调查的再认识.学海,2002(2).

[113]李巨澜.二十世纪上半期日本在中国农村惯行调查述评.河南师范大学学报(哲社版),2004(4).

[114]马玉华.试论民国政府对贵州少数民族的调查.贵州民族研究,2005(2).

[115]马玉华,万永林.试论国民政府对云南少数民族的调查.思想战线,2005(2).

[116]马玉华.20 世纪上半叶民国政府对西南边疆少数民族的调查.中国边疆史地研究,2005(1).

[117]朱浒,赵丽.燕大社会调查与中国早期社会学本土化实践.北京社会科学,2006(4).

[118]史志宏.无锡、保定农村调查的历史及现存无、保资料概况.中国社会经济史研究,2007(3).

[119]夏明方.清末民国社会调查与近代社会科学的兴起.中华读书报,2007-8-1.

[120]李金铮.定县调查:中国农村社会调查的里程碑.社会学研究,2008(2).

[121]牟永如,许小青.社会调查真开始于清末吗——以清末社会调查为中心探讨.甘肃社会科学,2008(2).

[122]郑清坡.试论民国时期农村调查的兴起与发展.河北大学成人教育学院学报,2008,1(3).

[123]郑清坡.民国时期农村经济调查特点解析.沧州师范专科学校学报,

2009,25(4).

[124]杨学新,庞琳.二十世纪二三十年代河北农村社会状况调查述评.河北学刊.2010.30(4).

[125]李章鹏.清末中国现代社会调查肇兴当论.清史研究,2006(2).

[126]刘云.我国社会调查研究历史的回顾.新疆大学学报(哲社版),1994,22(4).

[127]张椿年,陆国俊.陈翰笙百年华诞集.中国社会科学出版社,1998.

[128]汪效驷.陈翰笙与中国农村派.中共党史资料,2007(2).

[129]冯敏.陈翰笙与中国农村调查.蹼阳职业技术学院学报,2007(2).

[130]张雪英.试论陈翰笙有关中国农村研究的思想与方法.中国经济史研究,2008(2).

[131]汪效驷,郑杭生.史学和社会学视野中的陈翰笙无锡调查.苏州大学学报(哲学社会科学版),2007(2).

[132]何光瑶.统计调查理论方法与实务.中国经济出版社,1994.

[133]王仰之.中国地质调查所史.石油工业出版社,1996.

[134]郑杭生,王万俊.二十世纪中国的社会学本土化.党建读物出版社,2000.

[135]中共中央文献研究室.毛泽东 周恩来 刘少奇 朱德 邓小平 陈云论调查研究.中央文献出版社,2006.

[136]黄兴涛,夏明方.清末民国社会调查与现代社会科学的兴起.福建教育出版社,2008.

[137]王万俊.社会调查方法的研究与社会调查方法的应用——二十世纪上半叶中国社会方法的构成解析.中国人民大学博士论文,2000.

[138]李章鹏.现代社会调查在中国的兴起:1897—1937.中国人民大学博士论文,2006.

[139]牟永如.清末社会调查研究.华中师范大学硕士学位论文,2008.

[140]罗平汉.中国共产党农村调查史.福建人民出版社,2009.

[141]韩明漠.中国社会学调查研究方法和方法论发展的三个里程碑.北京大学学报(哲学社会科学版),1997(4).

[142]米红,李树茁,等.清末民初的两次户口人口调查.历史研究,1997(1).

[143]盛邦跃.卜凯视野中的中国近代农业.社会科学文献出版社,2008.

[144]侯杨方.宣统年间的人口调查——兼评米红等人论文及其他有关研究.历史研究,1998(6).

[145]曹兴穗.民国时期农业调查资料的评价与利用.古今农业,1999(3).

[146]胡旭晟.20 世纪前期中国之民商事习惯调查及其意义.湘潭大学学报(哲社版),1999(2).

[147]曹兴穗.满铁的中国农村实态调查概述.中国经济史研究,1999(4).

[148]曹兴穗.满铁资料的史料学价值.近代史研究,2000(3).

[149]侯建新.二十世纪二三十年代中国农村经济调查与研究述评.史学月刊,2000(4).

[150]吴建庸.民国初期北京的社会调查.北京社会科学,2000(1).

[151]郑杭生、王万俊.论社会学本土化的内涵及其目的.吉林大学社会科学学报,2000(1).

[152]江海.中国近代经济统计研究的新进展.中国经济史研究,2001(1).

[153]萧承勇.民国惟一一次国土调查.民国春秋,2001(3).

[154][日]久保亨.关于民国时期工业生产总值的几个问题.历史研究,2001(5).

[155]黄耀春,彭道宾.中央苏区调查统计工作的特点作用及对统计改革的启迪.统计研究,2001(6).

[156]甘月文.论毛泽东调查研究的特点.内蒙古师范大学学报(哲社版),2001(6).

[157]张泰山.二十世纪三十年代前后中国农村经济调查与成果回顾.湖北师范学院学报,2002(1).

[158]盛邦跃.对卜凯的中国农村社会调查的再认识.学海,2002(2).

[159]辽宁省档案馆编.满铁调查报告(第 1—6 辑).广西师范大学出版社,2005—2012.

[160]赵金朋.20 世纪 30 年代中国农村社会调查研究.山东师范大学硕士学位论文,2010.

[161]任伟伟.南京国民政府社会调查研究.山东大学博士学位论文,2012.

[162]周晓虹.孙本文文集(第三卷).近代社会学发展史.当代中国社会学,北京:社会科学文献出版社,2012.

[163]钱颖一,李强.老清华的社会科学.北京:北京大学出版社,2011.

[164]王先明.走近乡村——20 世纪以来中国乡村发展论争的历史追索.山西人民出版社,2002.

[165]孟玲洲.知中国服务中国——南开经济研究所社会经济调查述论.民国研究,2013(春).

[166]李志英,罗艳,傅奕群.认知中国——近代中国社会调查的人群聚类分析与研究.北京:商务印书馆,2013.

[167]吴增基,吴鹏森,苏振芳.现代社会调查方法(第四版).上海人民出版社,2014.

[168]赵晓阳.寻找中国社会生活史之途:以燕大社会调查为例.南京社会科学,2016(2).

[169]中国农村惯行调查刊行会.中国农村惯行调查(全六卷).岩波书店,1952—1958.

[170]辽宁省档案馆编.满铁调查报告(第 1—6 辑),广西师范大学出版社,2005—2012.

[171]满铁调查部编.北支那と农业の经济.日本评论社,1942.

[172]Dickinson Jean. Observations on the Social Life of a North China Village. Peiping :Department of sociology Yenching University,1924.

[173]Edwin R A Seligman. 1934,chief-in. editor:the Encyclopaedia of the SocialSciences,Volume 14. New York:the Macmillan Company.

[174]Lucien Bianco. Mao'S Views on Peasants(1912,1949):A Report on Mao Re-evaluated——A conference to mark the 110 Anniversary of the Birth of Mao Zedong and Honor Smart Schram for his Signal Contribution to Mao Studies.

后 记

我出生在城市的工人家庭，不曾想能与农村结缘。2011 年 7 月，有感于大城市生活的压力，受西北农林科技大学马克思主义学院的邀请，我从华中师范大学中国近代史研究所博士毕业，来到中国农耕文明的发源地、全国唯一的国家级农业高新示范区——杨凌农业高新技术产业示范区工作。

杨陵小镇安详宁静，生活简单舒适，经常与妻女徜徉在麦田与果园之间，倍感轻松愉快。我不再想回到忙碌、嘈杂的城市之中，开始安然的享受慢节奏的农村生活，并逐渐有了要了解农村、农业和农民的想法。

在马克思主义学院李晓娥教授、方建斌教授、邓谨副教授、郭洪水教授的鼓励和启发下，我将研究兴趣和方向由中国近现代思想文化史转移到民国农村社会发展史上来，并借地利之便在西北农林科技大学图书馆、陕西省图书馆阅读了大量有关农村调查的原始文献。同时也发现：20 世纪二三十年代，国内外各主要政治力量和政治派别、各级政府、各社会团体以及高等院校深入中国农村社会，开展了形式多样的农村调查。这些调查所涉及的地域之广、内容之多前所未有，调查成果所产生的意义与影响重大而深远。有鉴于此，我开始将这一时期的农村调查作为一个完整的体系进行审视与解读，并力求给予比较全面、客观、公正的阐述和评价

2013 年，通过缜密思考和详细论证，我所申报的《20 世纪二三十年代的农村调查运动研究》获批陕西省出版资金精品项目的资助。2015 年，该课题又获得西北农林科技大学基本科研业务费人文社科项目（2015RWYB22）及西北农林科技大学思政基金项目（SZ201504）的支持。2017 年又获得国家社科基金一般项目“民国时期高校的农村调查活动研究”和陕西省重大理论与现实问题项目“延安时期中国共产党的农村调查活动研究”支持。2016 年 12 月底，历经三年多不懈的努力，我与我指导的硕士研究生孟晓婷一起合作，圆满完成课题的写作任务，将编写的书稿交由西北农林科技大学出版社出版。

这项课题能够完成，首先要感谢我的博士生导师华中师范大学中国近代史研究所的罗福惠教授、硕士生导师山东师范大学历史文化学院的田海林教授以及北京大学马克思主义学院的王文章教授，在书稿的写作过程中，三位先生给予

了诸多重要的修改意见，没有他们的指导和帮助，我的研究可能无法继续。其次，要感谢西北农林科技大学马克主义学院的各位领导和同仁，正是他们的鼓励和支持给了我动力，让我坚定写作的信心。再次，要感谢硕士同学任伟伟、崔华杰、周婷婷、师弟孟玲洲、赵金朋无偿提供了宝贵的农村调查资料，我得以在写作过程中有所事实依据并将这些资料运用充分。另外，还要感谢我的家人，妻子郭媛媛女士一直默默支持我、关心我，为我抛弃了理想的工作，承受了巨大的压力。她的理解才让我满怀对生活的希望，坚持不懈。作为养育我成长的父母，他们省吃俭用，供我读书，其中的艰辛可想而知。最后，还要感谢西北农林科技大学出版社的编辑黄丽涛女士，正是她的精心编辑，才使本书最终得以呈现在广大读者面前。

囿于学识，本书定有诸多不圆满之处，恳请诸方家给予批评、指正。

杨鹏

2016 年 12 月于杨凌·西北农林科技大学